贝页
ENRICH YOUR LIFE

U0897030

飞钓股市

从入门到精通，跟高手学炒股

〔美〕斯蒂芬·莫里斯（Stephen Morris） 著　　徐腾　译

Fly Fishing the Stock Market

How to Search for, Catch, and Net the Market's Best Trades

SPM
南方出版传媒
广东经济出版社
·广州·

图书在版编目（CIP）数据

飞钓股市：从入门到精通，跟高手学炒股 /（美）斯蒂芬 · 莫里斯著；徐腾译 . —广州：广东经济出版社 , 2022.1

ISBN 978-7-5454-7923-2

Ⅰ . ①飞… Ⅱ . ①斯… ②徐… Ⅲ . ①股票投资—基本知识 Ⅳ . ① F830.91

中国版本图书馆 CIP 数据核字 (2021) 第 186531 号

版权登记号 19-2021-223

策 划 人：王春蕊
责任编辑：赵　娜　罗嘉慧　王春蕊

飞钓股市：从入门到精通，跟高手学炒股
FEIDIAO GUSHI: CONG RUMEN DAO JINGTONG, GEN GAOSHOU XUE CHAOGU

出版人	李　鹏
出　版 发　行	广东经济出版社（广州市环市东路水荫路 11 号 11 ～ 12 楼）
经　销	全国新华书店
印　刷	上海颛辉印刷厂有限公司 （上海市宝山区长发路 185 号）
开　本	720 毫米 ×1020 毫米 1/16
印　张	17
字　数	252 千字
版　次	2022 年 1 月第 1 版
印　次	2022 年 1 月第 1 次
书　号	ISBN 978-7-5454-7923-2
定　价	78.00 元

图书营销中心地址：广州市环市东路水荫路 11 号 11 楼
电话：（020）87393830 邮政编码：510075
如发现印装质量问题，影响阅读，请与本社联系

广东经济出版社常年法律顾问：胡志海律师

若缺少这几位关键人士的帮助，本书是无法完成的，我希望将此书献给他们。

书中反复提到亚历山大·埃尔德（Alexander Elder）博士，若没有他的鼓励、指导和激励，本书无法顺利出版。

同样要感谢本书才华横溢的编辑马修·库什卡（Matthew Kushinka），他是个真正的绅士，乐于助人、技巧娴熟、尽职尽责又风趣幽默。

感谢我的父亲，他教会我如何飞钓，让我爱上爱达荷州的野外风光。感谢我的母亲，她一直鼓励、支持我们飞钓，每次回家总能吃到她准备的美味大餐。

最后，如果没有我妻子长期的支持、关爱和鼓励，本书也不可能完成。感谢你在我全心创作本书时表现出的耐心。

前言 Foreword

世间万物皆有对立关系：夏季对冬季，买家对卖家，富人对穷人，强者对弱者，新手对老手，大鱼对小鱼，猎手对猎物。

鳟鱼的天然生态圈和股市极为相似。这两个体系中都存在对立，还有不平衡性、被动性和互相攻击等特征。“物竞天择，适者生存”是这两个体系的共同主题，谁掌握欺诈的艺术并能识破无处不在的欺骗手段，谁就是“适者”。

但凡热爱钓鱼之人，总有几次进入化境的经历：在绝佳时间找到绝佳钓鱼点，绑上最合适的假蝇，施展无可挑剔的技术，每次抛竿必有收获。从挂鱼钩，到回拉鱼线至渔网，最后捧着大鳟鱼合影，每一步都尽在掌握。

同样，如果你炒过股，就可能有过在股市恐慌期找到多个股票连续做多或做空，冷静进场，收割利润，最后潇洒离场的经历。

这种化境体验可不是单纯因信心爆棚或是鸿运当头，如果逐步进行分析，会发现这是因为各个行为模式之间达成和谐一致才确保了最终的成功。

我著此书旨在帮助各位认识到这种协同作用，并学会充分利用。《飞钓股市：从入门到精通，跟高手学炒股》（*Fly Fishing the Stock Market: How to Search for, Catch, and Net the Market's Best Trades*）会强调飞钓和股票交易的对应关系，包括追踪鱼穴、捕鱼策略、诱鱼上钩以及其他所有细节。

我在能够进行股票交易前先学会了飞钓。成为飞钓老手的过程中积累的经验可以让你学会从不同角度观察事物。一定要理解股市里大鱼为何且如何吃小鱼，也要学会识别造成这一现象的欺诈陷阱。你要么成为钓鱼的人，要么成为被钓的鱼。

这两种身份我都经历过，而且我敢打包票前者的体验感绝对比后者的要好。在本书中我会解释如何一步步通过学习成为股市里钓鱼的人，而不是沦为被钓的鱼。

本书的理念和策略会帮助你更清晰地分辨技术形态图。另外，我们将一起学习“捕放技术”的相关知识，以及进场、操盘管理和离场的具体知识。

操盘如同飞钓，一旦涉足就会带你进入一个依靠耐心、舍得、专注和知识才能生存的世界。而这里所说的知识，不仅仅局限于技巧和工具的范畴，也与猎物相关。投入的成本巨大，但是愿意付出的人总会有回报。

本书需要你对股票技术分析和指标的策略及技巧有一定基础知识才能理解。书中先进行基础知识的概述，并引用其他资源作为本书之外的学习参考。亚历山大·埃尔德博士是我的导师，他是世界著名的操盘手和作家，其部分著作非常适合作为操盘入门教材：

《以交易为生》（*Trading for a Living*）

《走进我的交易室》（*Come Into My Trading Room*）

《进场与离场：参观16间交易室》（*Entries & Exits: Visits to Sixteen Trading Rooms*）

《以交易为生Ⅱ：卖出的艺术》（*The New Sell and Sell Short: How to Take Profits, Cut Losses, and Benefit from Price Declines*）

这些书籍颇受欢迎，它们详尽地回顾了操盘的心理学原理，并指导大家识别不同时间框架下技术图表呈现出的恐慌和狂热情绪。一旦学会运用技术指标和价格背离，你就获得了重要的操盘优势。

埃尔德博士创建了网站SpikeTrade.com，成员由二十余名专业和半专业操盘手组成，每周进行一次竞赛。每个成员要提交关于进场、目标和止损的操作选择。该竞赛机制提供了十分重要的训练机会，通过真盘实操，我得以将总结出的操盘秘籍付诸实践。通过一次次交易，我逐渐加深了对一些重要概念的理解。我不断纠正以往的错误，使关键的操盘准则和原则无缝对接，并开始产生效果。

我著此书的初衷是与诸位分享自己作为Spiker（即精英操盘手）一员的个人经验和发现。经过持续的提炼，我总结出一套操盘策略，并将在书中详细讲解。

我将借用飞钓进行类比，与大家分享自己的操盘知识。若将二者进行对比，可以发现许多惊人的相似之处：从当初因操之过急或过缓导致的挫败感开始，到后来痛苦的学习过程，为了追寻飘忽不定的成功，钓手和操盘手都在不断完善并提升相应的技术水平。

我衷心希望你们能够喜欢我所热爱的两项事业——飞钓和操盘，并从我的求索之旅中获益。

斯蒂芬·莫里斯

目录 Contents

第一部分　飞钓精神

第一章　三大精神 /3

飞钓和操盘都需要三大精神：热爱、耐心和坚持。若要盘踞顶峰，需三位一体。但凡缺一，不论如何努力，都将沦为平庸。

热爱 4　耐心 4　坚持 4

第二章　钓具箱 /6

每个钓具的最终目的都是辅助钓鱼。对操盘手来说，指标、线图和模型都是用来辅助解读价格行为的工具，价格是操盘的核心要素。

工具箱里的宝贝 7　柱状图和蜡烛图——相同市场、不同角度 8　牛市和熊市吞没形态 12　趋势线 13　顶部形态 16　底部形态 18　假突破 20　缺口 22　三角形形态 25　成交量 27　计算机化指标 28　移动平均线 30　平滑异同移动平均线 33　脉冲系统 40　强力指数指标 42　结论 43

第三章　培养技能 /45

对飞钓入门者我想说：“不急，感受线的伸展，找到操作节奏。”同样的话也适用于操盘手。若想掌握交易的命脉，我们需要充分练习。

分析工具和步骤 46　理解入场指令 49　结论 51

第四章　预期 /52

希望钓到多大的鱼？多久能钓上一条大鱼？对股票收益应该持哪种预期？每年 10%~12% 的稳定收益够吗？如何提升？你能通过严格执行精心设计的交易计划得到答案。

为什么托管基金被“稀释” 53　结论 57

第二部分　期待意外之喜

第五章　眼见并不为实 /61

操盘手一定要避免单一的交易手法。最佳机遇往往存在于人们不屑于关注的地方。大鱼有时会在浅水沟这种恶劣的环境里出现。

困于绝境 62　结论 65

第六章　欺骗的艺术 /66

操盘手可以分为两类：老手和新手。新手贪图图表中显示的诱人技术指标，如同鱼儿捕食；老手耐心等待，渔翁得利。

当鱼儿力竭时 66　V 形底的陷阱 68　对称三角形形态的陷阱 70　上升三角形形态的陷阱 72　头肩形态的陷阱 74　股价突破的陷阱 76　结论 77

第三部分　钓鱼时间到

第七章　钓鱼季节，市场季节 /81

在不同季节需要使用不同的钓鱼策略。交易也类似，市场季节如四季般分明，成功的操盘手必须顺应市场周期。

市场季节 81　波动的影响 83　监测股市季节更替 84　风向标：股市的计时监测工具 84　气象台 92　给价格形态添加细节以强化信号 94　结论 97

第八章　匹配羽化 /98

飞蝇的幼虫会像股市一般周期性地、可预测地、可识别地成长。能否掌握模仿幼虫的确切形状、尺寸、颜色和行为——即能否“匹配羽化”——是区别飞钓领域专家或业余人员的关键。

底部形态 100　回调形态 113　顶部形态 121　拉升形态 128　对称三角形形态：全方位通用形态 135　结论 149

第九章　陆栖生物与凹岸 /151

鳟鱼会躲藏在凹岸的遮蔽处，注视着蚂蚁、蚂蚱、蜘蛛等陆栖生物跌进水中，随即出击。稳定的公司基本面能促进股权价格稳定成长，会成为操盘手的猎物。

基本面分析 152　用基本面补充技术分析 156　技术和基本面的断联 161　基本面势不可挡：动能操盘 162　追逐大鱼 165　结论 166

第十章　先擒后纵 /167

新手看到鱼儿上钩会非常激动，直到发现鱼儿要逃窜，于是立马猛转渔轮，却听到“啪”的一声，鱼儿脱钩。同样，（新手）操盘手很少会思考如何离场，一旦价格下跌，便焦虑地选择止损离场，导致收益归零。

用“浮漂”提钩（进场）168　浮漂法进场步骤 170　挂底管理（止损）173　刹车系统（操盘管理或获利离场）174　刹车松紧设定的案例 177　离场以进场？181　结论 183

第十一章　简谈饵钓 /184

饵钓需要足够的耐心，动得越少效果越好。如果你无法全神贯注于即日股市交易，放饵并等待的策略也能达到收益目的。

一日放饵并等待 185　一周放饵并等待 186　一月放饵并等待 186　结论 188

第四部分　钓鱼日记

第十二章　奖品陈列室 /191

捕获大鱼所经历的追踪、出击、挣扎和落网的所有细节都极具价值。成功的操盘也是这样：要对个股进行翔实的记录，包括大盘情况、技术分析等，以此作为奖品保存并铭记。

颈线突破……上行：9/28/09 191　一月效应：1/5/10 193　埋在垃圾堆里的宝石：1/1/10 196　大笨蛋交易：4/17/10 199　完美的东风：2/5/10 201　持有时间：8/14/10 204　W 底型形态：9/11/10 208　合理的进场和离场——多头进场：9/11/10 210　结论 212

第十三章　溜掉的鱼 /214

鱼线最薄弱的子线会因为大鱼逃窜产生的拉力而绷断。操盘时，当我们看到大鱼上钩，兴奋会扭曲我们对结果的预期并分散我们的注意力，从而无法预测价格的正确走向。

GLF 交易 215　JTX 交易 218　RMBS 交易 220　结论 222

第十四章　成功的结构 /223

结构优良的岩崩坝会形成巨大的天然鱼穴，大鱼不请自来。当我们用稳健的心理、对市场季节的熟知、对成交量和价格模式的分析搭建起操盘“金字塔机构”时，收益也会水到渠成。

建筑模块概念 224　结论 238

结语 /241

附录一　我的操盘日记 /243

附录二　指标列示表格 /251

参考文献 /255

关于作者 /257

关于网站 /259

PART 1

第一部分

飞钓精神

第一章　三大精神

孩提时，我常坐在船舱里看钓鱼船划过水面。

还记得我曾跟父亲坐在前甲板上，听他逐一点评每条经过的船——钓鱼手法如何、经验是否老到、鱼穴定位是否准确，还有是否只是来划船休闲的。有时他会说："难道他们不知道这是我的河吗？"

爱达荷州的蛇河支流亨利福克河，俗称"蓝丝带鳟鱼河"，有着世界上最好的也是最具挑战性的飞钓资源。父亲清楚地知道哪些船能满载而归，哪些却要空手而回。这些幼年的记忆在我心底埋下了种子，我渴望学习并掌握精湛的飞钓技术。既然父亲几眼就能看出门道，那么他必然是个高手，我想和他一样，无论花费多少时间、金钱和精力。

刚做操盘手和飞钓手的时候，我就悟出了观察所蕴含的价值。观察让我认识到，经验老到的高手能在飞钓的每一步都获得极大的满足和喜悦，而不仅仅是在鱼儿上钩时。计划、准备、上饵、放饵、跟踪、追逐、上钩、回竿——步步关键，每步都走对才能钓得大鱼。每当看到钓鱼的人跟 20 英尺[①] 长的虹鳟拍几张照以示庆祝后就放生，这样的场景提醒我高手注重的是过程，而回报则是次要的。我还悟出精心准备和自信操作将会带来预期的回报。我要把整个流程的每一步先学会，再完善，这是我成为飞钓高手的第一课，也是最重要的一课。

股市操盘与此大同小异。我们必须注重过程，注重获取操盘工具、软件以及关于指标的知识和解读。研究和模拟对学习操盘技巧来说非常重要。当你足够熟

① 编者注：1 英尺 =0.3048 米。

练，资金回报会自然涌出，鼓励你继续完善和进步。

飞钓和操盘都需要三大核心精神。若要盘踞顶峰，需三位一体。但凡缺一，无论如何努力，都将不再有意义。

这三大核心精神就是热爱、耐心和坚持。

热爱

热爱是动力，能促进人学习、持续向上、超越自我。

我坚信热爱是每个人与生俱来的本质。从蹒跚学步的婴儿到风华少年，我们见证了生活中的精彩与乐趣，也不断遭遇挑战、失望和挫败。灰心和无力开始笼罩曾拥有无限可能的愿景。大多数人都体验过这种落差，有人因此慢慢变得颓废。体验过打击的人常常把自己囿于僵化的行为模式中，不过热爱能把我们从僵局中解救出来，去拥抱生命和无限可能。

耐心

耐心让人不偏离前进的轨道。我们从书本中了解操盘知识，从实际操作中继续学习。假以时日，我们将如树木一般扎根成长，但不能急于求成。

不过耐心很难培养出来，因为人很容易变得不耐烦和丧失兴趣。但在我们的追求中保持热爱就能培养出耐心。

坚持

操盘总会经历挫折，但为了找到切入点，你必须从不同的角度不断攻击和接近它。

拉尔夫·沃尔多·爱默生（Ralph Waldo Emerson）说过：“我们坚持做的事情变得简单，并非事情本质发生变化，而是我们的能力提高了。”

反之也成立，“我们没有坚持下来的事情变得困难，并非事情本质发生变化，而是我们的能力下降了”。这是普遍定律，适用于生活中的各个领域，包括精神、心理、情绪、学业和社交。

从学习操盘的角度看，则要明白某种程度的不适和煎熬是必要和自然的经历。

数年前，我买下一只配有全新发动机的小渔船，但性能未达预期。我回去找卖家讨说法，他说："你再耐心等等看，让引擎先磨合几小时，发动机气门就位，你要的性能就出来了。"请记住，这台发动机是一台精密制造的机器，但即便如此，它也需要经过磨合才能使气门完全吻合，然后性能才会变得最佳。

只有在操盘中不时感受到痛苦和挫败，逼迫你使用耐心和坚持，你才可能重整士气，达到渴望的表现水平。若想成为操盘高手，则要在感觉走下坡路时坚持下去，直至突破自我极限。

你如果是一个有热情、够耐心、能坚持的人，必然会达成目标。但这需要时间积累，而不是碰运气。

还需要注意些什么呢？当一切进展顺利，人就会变得自满和傲慢，这能毁掉曾经努力积累的成果。要感激而非贪婪，要谦逊而非自大。这一态度会保护你免受自我毁灭心理的伤害。

当你掌握三大核心精神后，下一步就是武装好自己，踏上学习旅程。我们将在后续章节里一一讨论。

知识。拥有工具是一码事，但能否高效使用是另一码事。在刚开始操盘时，我阅读了很多相关书籍，但没有任何一本能像埃尔德博士的书那样能指点迷津。我将其奉为圭臬，并对书中一半以上的文字进行了注解。我反复咀嚼书中的文字，学习辅导教材，然后做习题。我很认真地吸取知识。

操盘工具。操盘工具包括硬件、软件、操盘平台和下单规则。你必须掌握这些重要内容。

通过实践去发展技能。为什么医生的工作叫作"医学实践"？因为这是一个进步的过程，医生要不断丰富并完善自己的知识与技能。这也是为何年轻的医生需要先集中学习重要课题，再在有监督的临床环境中将知识应用到实际病患身上。同理，我们也应把操盘看作"交易实践"，这意味着我们在拿实际资金冒险前，也必须进行如医学实践一般的深度研究和实践。

第二章 钓具箱

父亲的钓具箱曾让我惊叹不已。孩童时我的乐趣就是打开橱柜，拿出他的钓具箱，然后把里面的宝贝拿到外面逐一摆好。每个工具对于飞钓高手都有具体作用，可我却对使用它们的时机、地点和方法一窍不通。于是，我开始向高手提问并观察他们。

一个操盘手的工具箱会让入门者既好奇又敬畏。老手对所有工具驾轻就熟，而新手则要提问、观察、模仿老手，直到形成自己的风格。

每个钓具的最终用途都是辅助钓鱼过程，而操盘手的工具则与分析和交易的实体价格相关。价格是最核心要素，所有指标、线图和模型都能辅助解读价格行为。

一开始，我对解读价格行为的许多不同方法感到不知所措。种类繁多的价格形态和工具搞得我晕头转向，而加入 SpikeTrade 是让我厘清头绪并学习操盘的关键一步。这是一家操盘手的网上社区，既有新手也有老手。新手通过回看和观察 Spiker 的分析和交易管理进行学习。会员可以向 Spiker 提问，辅助自己交易，甚至当 Spiker 的分析发生变化，或发生出入股市的交易时，会员能够收到实时电子邮件。在那里我学会了一些重要概念，并在追踪高级操盘手的同时锻炼了自己的能力。在 SpikeTrade 的磨砺让我厘清了工具箱，找到了最适合自己的组合而非胡子眉毛一把抓。

本章后续会快速介绍我的工具箱，展示技术分析的入门级工具。这将帮助你开始挥竿收线，直至进阶到更高层次。

工具箱里的宝贝

股票的各种图表技术和概念数不胜数。用柱状图还是蜡烛图？用周线、日线、日内图表的哪一个，还是三张都用？是否需要分层？是否在不同时间使用不同图表？

关键原则：首先要有大局观，从广角切入市场并断定是熊市还是牛市之后，再从细节分析并决定开盘和收盘时间。

这就像听歌时先听合奏，熟悉音乐后再开始品鉴乐队里每个乐器的声音。正如一把小提琴只能提供一个音源而演奏不出乐队合奏那样的效果，单独一个指标在单一时间框架下只能传递一条信息，而不能提供关于交易手法的全部内容。每个精心挑选的指标只能为看清全局提供部分光亮，巧妙地结合多个工具和时间框架能奏出美妙的“操盘和弦乐”，以指导你买卖的时机和成交量。

图表之于操盘手如同鱼竿之于渔民。利用鱼竿可做出各个动作，如挥竿、挂钩、钓鱼。先介绍下我们操盘手的鱼竿——图表，然后看与之相关的内容。

下面简单讲解一下我每天使用的几个图表模型和指标。这可不是技术分析课。本章不涉及完整交易手法，后面章节会讲到。

我在此仅是打开工具箱进行展示，不是给你理论，而是请你参观我的工具箱。我将带你们看几组操盘，重点介绍我的两只股票——美国超导公司（AMSC）和普达矿业公司（PUDA），交易它们就像是一次次去往同一条河流飞钓。正如在同一条河流同一个鱼穴里能日复一日钓到大鱼一样，当你学会观察它们浮出水面的时机时，你最喜欢的股票将给你带来多次的成功交易。鱼儿在特定栖息地有特定的行为模式，股票也一样。随着对多只股票的操作愈发熟练，你对其价格行为也会更为熟悉，最终能与价格波动同步。同时，学会交易少量的股票比以平庸的方式交易大量的股票更有效。

本章的初衷是通过展示我的交易工具让诸位明白我的想法和我看到的事情，从我的角度出发去观察，避免在乱翻工具箱时被鱼钩划破手。请参考我提供的资料，以便深入了解这些工具和其他工具。有经验的操盘手会对这些资料的大部分内容感到熟悉，但是我呈现的操作将帮助你们理解我如何看待市场。

学习股票技术分析

本书介绍的其实是我如何在股市里“钓到大鱼”。我将不断提到股票图表工具和指标，但并非为了解释技术分析的精妙之处。基于此，我推荐以下优秀资源：

- 维基百科

维基百科虽然大众化，却有着令人惊奇的优质技术文章。

- www.investopedia.com

该网站比维基百科更专业、更详细。

- StockCharts.com

该网站以图表为主，但有着丰富的学习资源。

推荐几本必读著作，如：埃尔德博士的《以交易为生》（*Trading for a Living*）和《走进我的交易室》（*Come Into My Trading Room*），约翰·墨菲（John J. Murphy）的《金融市场技术分析》（*Technical Analysis of the Financial Markets*），更多书目详见本书参考文献。

柱状图和蜡烛图——相同市场、不同角度

价格反映了价值观念的不断变化。当大多数操盘手蜂拥购买证券时，其价格就会飙升。图表展示了所有市场参与者的总体意见。例如图 2.1 和图 2.2 就反映

了贪婪与恐惧的两个极端及其中间地带。

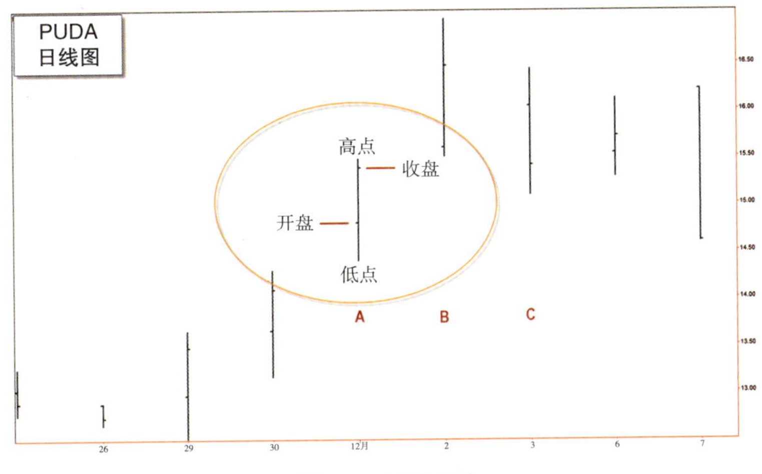

图 2.1 群体行为

PUDA，日线图。
第一日，“牛性”稳健上涨，推动价格接近当日顶点（A）。
第二日，“牛性”放缓，价格停滞在柱条中间点，远低于日间高峰（B）。
第三日，价格低开，整日低迷，以当天的低价收盘，显示本线图末端的价格疲软（C）。

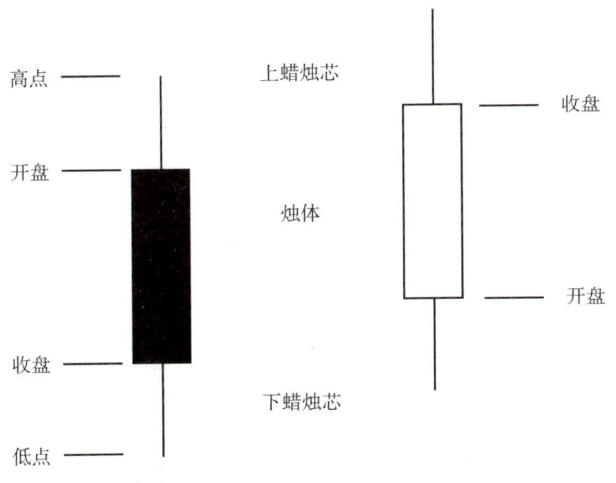

图 2.2 烛光照亮市场

每个蜡烛状矩形由烛体、上蜡烛芯和下蜡烛芯构成。每个时间单元的开收盘价格构成矩形实体的上下两边。股票收盘价高于开盘价则为白色，反之则为黑色。上影线与下影线的端点代表每个蜡烛的最高和最低价格。有些程序使用其他颜色，如用绿色代替白色，红色代替黑色。

每个线图的竖轴跟踪价格，横轴跟踪时间。每个柱形显示一个时间单元内的价格区间。你可以选择线图的任何时长，从几秒到一年，甚至更长。

每个开盘、最高、最低、收盘线（OHLC 线）的投射形成两个小的竖直点。左边的点表示开盘价（在每日柱状图中是当日的起始价格）。右边的点表示收盘价。我通常在多个时长下分析市场，尤其关注日线图和周线图。有很多制图软件可以给价格柱上色，用不同颜色代表上升或下降。

股票分析软件

手动绘制价格图的日子已经一去不复返。大多数操盘手使用软件来分析价格、研究市场、做出决策。这些软件工具对于形成关于市场走向和特征的共识很有必要，同时能反映有利于成功操盘的特征。

不过“软件无法造就操盘手，而操盘手却能创造软件”。最高效、成功的操盘手能把握信息的控制权，提升他们作为自主操盘手的水平。那些迷信软件、认为它能让其通往由黄金铺成的康庄大道的人，很快会失望并永远无法真正地体会到下列工具的妙用。

• TradeStation (www.tradestation.com)

这是一款非常强大的分析交易工具，能够实现与自动交易、分析、扫描和性能分析相关的最高级定制。很难找到另一款软件既能让用户进行复杂的数学计算，又能提供友好的用户界面。

TradeStation 也是一个中介服务平台，很多专业操盘手都使用此平台。我喜欢将账户放在此交易平台。本书大部分图表由 TradeStation 生成，但是所描述的技术并不局限于该平台。大多数程序，包括免费版的，都能制作出本章所使用的图表。

• Telechart

Telechart 可能是我个人使用过的最高效的技术分析制图工具。它是由 Worden Brothers 公司开发的软件程序（获取网址为 www.tc2000.com）。订阅此软件后可获取系统观察列表，涵盖所有股票、指标、交易所买卖基金（ETF），以及美国晨星公司和 Worden Brothers 公司的独家指标。当一个具体列表（传统用户列表或 Worden 列表）呈现后，可选择根据多个基础元素、价格表现、头寸净额、新闻等进行升序或降序排列股票，并附有技术线图（以全时段线图展示）。

• Stockfinder

Stockfinder 也是 Worden Brothers 公司的一款产品，获取网址为 www.tc2000.com。这款制图软件与 Telechart 类似，可让用户根据基准和技术指标等广泛的变量设计自动程序。该软件针对外围程序员设计，解决股票搜索自动程序的设计和代码难题。对股票搜索设计"小白"的作用不是"友好"二字就足以形容的。

• StockCharts.com

这个网站很优秀且对公众免费。在该网站上可以访问股票和指数图表。网站还提供定制服务，用来反映不同的时间框架和指标组合。

• 其他

Metastock、Think or Swim、E*TRADE 和其他股票经纪行提供的软件包可以完成最全面的分析。

尽管很多操盘手称蜡烛图易于分析，但仍有人倾向用更为简洁的柱状图。蜡烛图的主要价值在于它所呈现的形态。我十分着迷于吞没形态，这点后面会详述，但我偶尔也会观察一些更基本的形态，如十字线、流星锤和母子线。高阶形态包括看涨和看跌的岛形反转、空头和鱼钩状反转，其中一些有助于标记重要的转折点。史蒂夫·尼森（Steve Nison）著作的《日本蜡烛图技术》（*Japanese Candlestick Charting Techniques*）是学习蜡烛图的绝佳参考书。以吞没形态为例的多个形态跟柱状图一样便于解读。

牛市和熊市吞没形态

当一个更长柱形的开盘价和收盘价区间吞没前面的短柱形区间时构成吞没形态（图 2.3 和图 2.4）。次日，当开盘价低于前面蜡烛的低点且收盘价也高于该高点时，我们看到的是看涨吞没形态。而当第二天的价格高于前一天的高点且收盘价低于其低点时，我们会得到一个看跌的吞没形态。

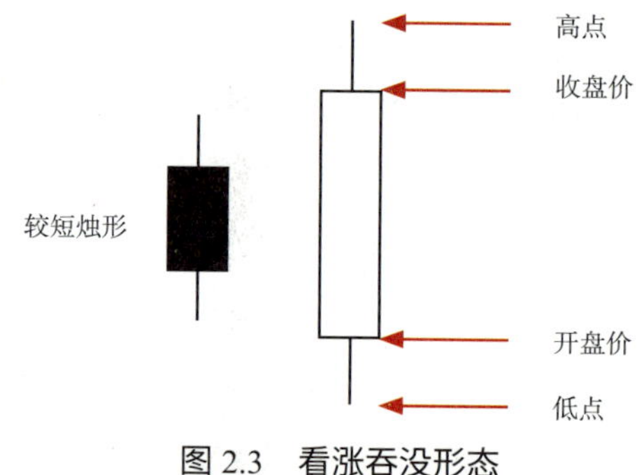

图 2.3　看涨吞没形态

第二支蜡烛从高至低完全吞没了第一支蜡烛，显示上升趋势继续。

看跌吞没蜡烛图或柱状图的开盘价必须高于前一天的高点，而收盘价必须低于前一天的收盘价。这种形态的不利面在于它往往会触发严格的止损指令，在股票下跌之前阻止早期的空头。这通常会导致过高的交易量，因为有弱手退出并且新操盘手跳入。异常高的交易量表明看涨趋势已经消退。

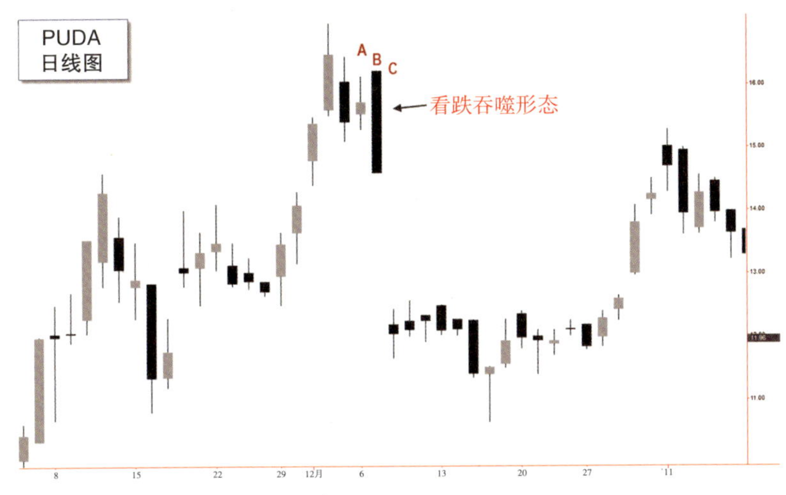

图 2.4 看跌吞没形态后价格下跌

PUDA，日线蜡烛图。

股票到达新高点后三天出现非常严重的下跌吞没形态，表示上涨将出现反转。

- 一根非常短的蜡烛显示多头正在失去力量，而空头正在施加阻力（A）。
- 多方最后一击推出了第一天的高点，但在一天结束时，吞没蜡烛形态显示熊市获得了决定性的胜利（B）。
- 多方放弃而空方全力出击（C）。

为了充分利用看涨或看跌吞没形态，最好能在交易收盘前在屏幕前多停留几分钟。做空 PUDA 这只股的最佳时机是第二日结束前。有时第三日的开盘时间也在第二日时间范围内，但这里不是这种情况。

趋势线

趋势线通过在上升趋势中连接两个或更多重要低点，或在下降趋势中连接两个或更多重要高点来帮助识别趋势。连接低点的水平趋势线识别支撑，而连接高点的水平趋势线识别阻力。我们可以利用趋势线来确定入场和退场时间。

操盘手经常在下跌至支撑线的情况下买入上升趋势的股票，然后在阻力位卖出甚至卖空，并在其回落到支撑位时进行回补。另一种利用趋势线的情况是跟随突破。当价格突破长期趋势线且成交量飙升时，很可能标志着趋势的变化，这可能引发爆炸性波动（图 2.5 和图 2.6）。

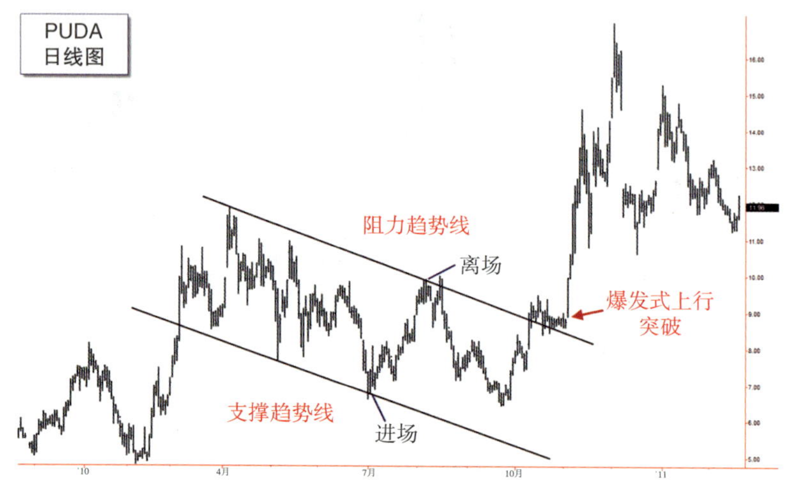

图 2.5　趋势线突破引发大波动

PUDA，开盘、最高、最低、收盘（OHLC）图。

长线操盘手经常将止损设置在支撑趋势线以下，因为他们知道根据历史模式不太可能违反这条线。卖空者通常会将止损设置在阻力位上方。当止损被激活时，价格可能会爆发强大的波动，使价格超出交易区间（图2.5红色箭头）。

图 2.6　趋势线突破导致严重下跌

AMSC每日、8日、21日和50日EMA，技术指标与信号，50日EMA成交量。（股票收盘的价格栏由绿色成交条指定，而股票收盘的价格栏由红色成交条指定）

请注意在箭头标记的四次明细尝试期间如何保持支撑位。在第五次尝试时，支撑消失，导致价格急剧下滑，我以32.35点的价格卖空止损（见第三章“理解入场指令”）。

我在趋势线下方做空的信号来自标记为A和B的柱线。它们在低交易量上回升，进行了测试但未能高过50日EMA。第二日，我设置了止损限价单，在32.35点的价格做空。我的交易在第二天开始，五天后以29.06点的价格回补，获利10%。当AMSC打破较低的通道线但是从下面向该线回撤时，我做空了。

当你观看价格测试支持区时，请注意其反弹的质量。在这种情况下，价格愈发虚弱——直到跌势突破支撑区。当你认为可能会有突破时，最好不要猜测，而是设置支撑区以下的止损限价单，止损后进入空头头寸。莫用赌徒心理——在自己进场前就断定有突破。

价格在支撑位和阻力位之间反弹的模式标志着一些最可预测的交易机会。在图 2.5 的例子中，从 6.85 点的支撑趋势线反弹进入并在 9.85 点的阻力趋势线附近退出，这带来了 3 个点的利润，在一个月内涨幅超过 40%。

你不仅可以将趋势线应用于价格，还可以应用于指标，例如异同移动平均线（MACD），我们将在稍后讨论。指标的趋势线可用于明确动能是否达到极致以及是否出现反转（图 2.7）。

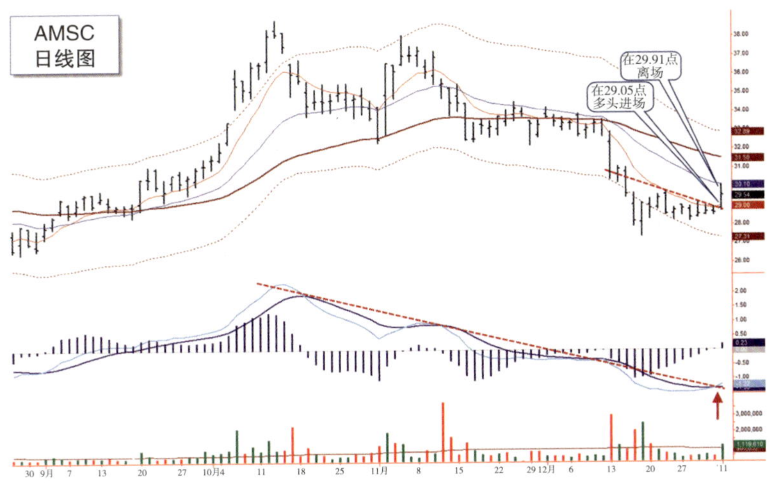

图 2.7　MACD趋势线突破预示价格突破

AMSC，日线图，见附录二第4号指标列示。

可以看到MACD下行趋势的突破是如何随着交易量飙升和反弹而将AMSC推出其拥堵区的。MACD显示看涨交叉，当突破下行趋势线（图2.7中箭头处）时，我在29.05点做多。次日价格突然上涨至29.91点，我快速获取了2.9%的利润。

顶部形态

顶部形态可以以两种完全相反的方式交易。新手在看到双重顶形态和头肩顶形态时，会毫不犹豫地马上卖空，认为这是未来价格走低的明确迹象。然而在大多数情况下，看起来到顶并不会马上结束上升趋势，而是调整形态——仅仅是在强劲的上升过程中做短暂停。经验丰富的操盘手对此心知肚明，并会依此调整交易。

双重顶形态

双重顶形态呈“M”状图形。上升趋势在高交易量上形成第一个高点后回落，之后再次上涨以挑战前一个高点。在有效的双重顶形态中，第二个峰值往往表现出较低的活力，大多数指标的高点较低。当两个峰之间的低点组成的区域体积高于平均体积（称为低谷）时，就会出现双重顶形态（图 2.8）。

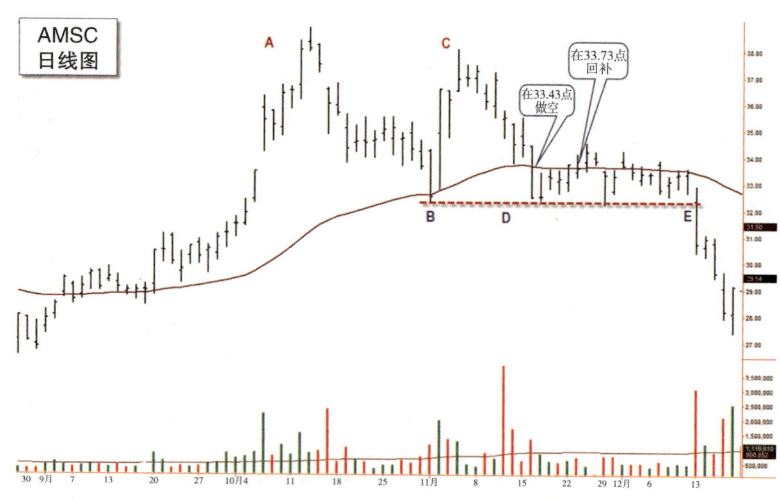

图 2.8　牛市呈双重顶形态摸索

AMSC，日线图，见附录二第2号指标列示。

该图展示了我如何根据AMSC的双重顶形态进行交易。尽管有信号预示着股票走势疲软，但我对这笔交易的设置速度还是过慢。在第二个顶部（C）做空理应是做空的最理想位置，因为目标接近50日EMA或低谷（标记为“B”）。我的错误是在股票接近低谷附近的关键支撑位时才做空。

注意在第二个顶部（C）的价格行为。牛市突破遭遇困难，导致第一个顶端（A）的再次测试失败。另一个疲软动能的信号是第二个顶部的更低成交量。在AMSC突破50日EMA达到33.43点时做空，5天后该股以33.73点止损，损失1%。更好的做法应该是要么早出手——在C或D出现第一个突破时就做空，要么晚出手——在图中E区位置低谷以下突破后做空。

有效的双重顶形态有以下特征。

成交量：第一个峰值较高，第二个峰值较低。

时间：两个顶部间隔约3~4周。如时间不满足（往往由耐心不足的操盘手造成），两个顶点貌似只是一个巩固模式，然后价格再次反弹到更高的高位。

确认项：第二个峰值的滑落必须降到谷底以下。

头肩顶形态

头肩顶形态的关键特征是具有左肩、头顶和右肩，由连接三个近期低位的趋势线构成颈线。

StockCharts.com给出以下定义：

> 头肩顶形态在上升趋势后形成，其完成标志着反转转势。该形态包含三个连续的峰值，中间的峰值（头部）最高，而两侧峰值（肩部）较低且大致等高。每个峰值的低点可连接并形成支撑区或颈线。

头肩顶形态是最常见的几大反转模式之一。请铭记该形态出现在上升趋势后，通常意味着该形态完成后会出现重大的反转。左右肩膀对称最好，但不是必要条件，宽度、高度可不尽相同。最关键因素是颈线支撑区和突破成交量的确认。支撑区突破暗示有以更低价格卖出的新意愿。价格下降加上成交量增长意味着供应增加。这一组合是致命的，有时支撑位突破的机会稍纵即逝。美元的走势（图2.9）是经典的头肩顶形态实例。我使用它是因为各个市场是相互关联的，而美元可以影响某些股票。

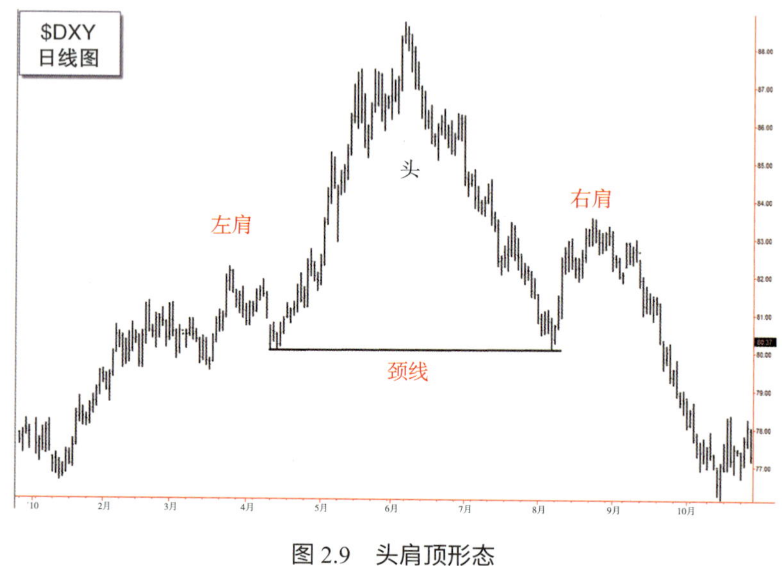

图 2.9 头肩顶形态

$DXY，日线图。
在右肩走势结束时，美元急剧下跌并在颈线突破后加速下跌。

随着美元价格线完成右肩走势，我开始在贵金属股票中建立定位，而这些股票经常与美元价格走势相反。如果美元价格跌则股票价格升。当我看到颈线突破后便加入了这些位置，因为我知道美元价格的疲软很可能推高贵金属股票价格。而结果确实是该美元价格的头肩顶形态刺激了黄金价格，使得矿业股票价格大涨。

这里的要点是，你可以从头肩顶形态中受益而不必直接进行交易。你可以用它们作为其他市场交易的有效指导。约翰·墨菲的著作《市场间技术分析》（*Intermarket Technical Analysis*）中详细讲解了美元价格对金矿业及其他小额股票的影响。

底部形态

底部形态从许多方面来看是顶部形态的镜像。在大幅下跌之后，股票在高成交量上达到新低，标志着极度疲软。随后是适度的反弹，然后在几天甚至几周后，股票跌回并测试第一个底点。在此阶段，我们可以得到两个触底情景的其中一个。

首先，这个股票可能会在较高水平位触底，但成交量较低，随后加速买入。或者，它可以滑到低于先前的低位但也可以落在较小成交量上。价格和成交量的分隔模式确认了双底形态并会形成反转回弹。这些底部形态都是操盘手关注的重点，他们期待能捕捉到上升反转的机会。

双重底形态

双重底形态在图上显示出“W”状图形，第二个底端以较小成交量重新测试第一个底端。第二个底端的反弹通常以成交量扩张为标记（图 2.10）。这一形态可引领重大的上行反转。

当其他指标确认此图形态时，将提供一些最佳交易。操盘手通常在确认枢轴点上方的突破处输入多头头寸，在此处用虚线标记。

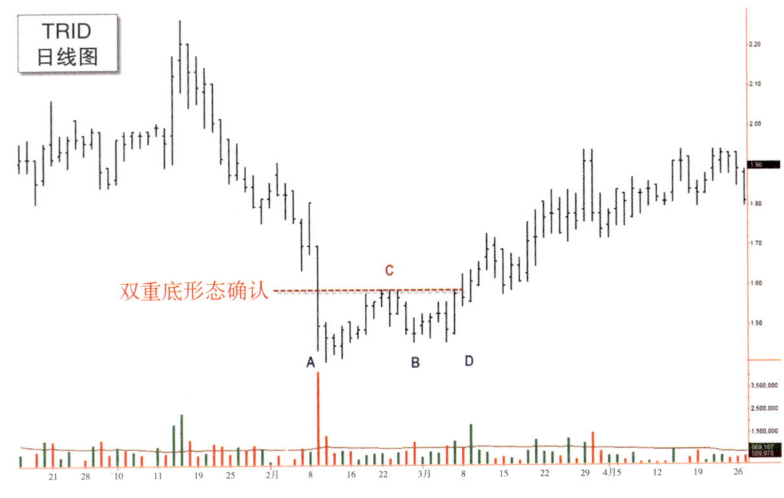

图 2.10　自下而上

TRID，日线图，50日指数移动平均值成交量。

第二个底端（B）以较小成交量测试第一个底端（A），伴随着势头减弱。此处的关键水平是两个底端的峰值（C）。当价格在强劲成交量（D）之上上涨时，确认双重底形态催生了新的上升趋势。

头肩底形态

头肩底形态貌似是头肩顶形态的镜像。我对 AMSC 进行了反向头肩顶形态交易（图 2.11 和图 2.12）。该股票刚经历过一次重大的双底反转，在 50 日指数移动平均值之上形成支撑位，之后下跌并延续头肩底形态。我想的是沿着右肩形成上行突破。

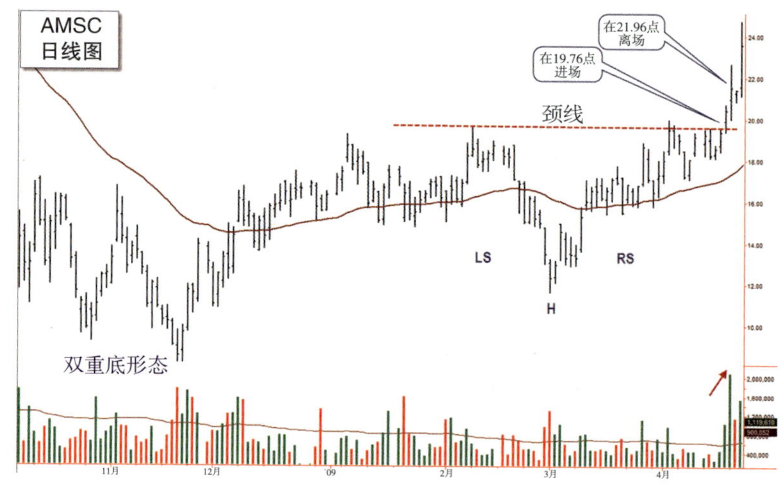

图 2.11　捕捉突破

AMSC，日线图，见附录二第2号指标列示。

“LS”“H”和“RS”分别代表左肩、头和右肩。我的进场指令在19.76点抓住了一个上行突破，我同时在颈线下方设置了保护性止损。次日价格上升，我在21.96点离场，再次快速获得11%的利润。

假突破

假突破是指股票飙升至超过阻力位的新高或下降至低于支撑位的新低，之后反转并反弹。股票试图持续其趋势，但失败了并被逆转走势。

假突破通常表现为一个比平均价格更高的价格柱，在趋势方向上向新的极端冲刺，但随后在收盘价开盘附近收盘。这表明，紧张的操盘手会怀疑突破的有效性并关闭头寸交易，导致突破在收盘前失败。

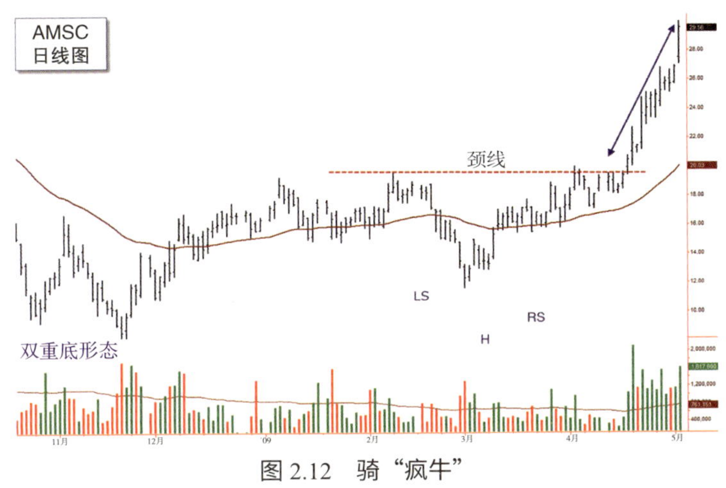

图 2.12 骑“疯牛”

AMSC，日线图，见附录二第2号指标列示。

已确认的头肩底形态的反弹价格目标对颈线的高出部分与最底端的突出部分一致。AMSC达到该目标，在突破后的12个交易日从颈线获得53%的价格提升。

可以在图 2.13 中看到假突破的例子，这标志着群体情绪的巨大变化并导致趋势逆转。

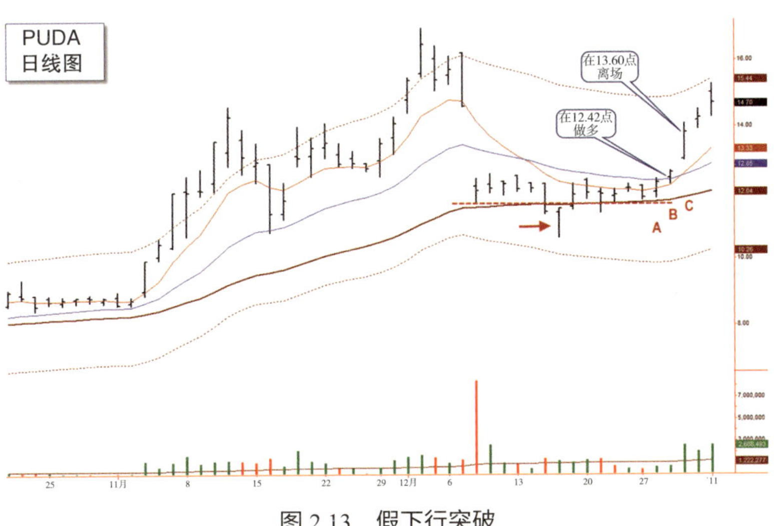

图 2.13 假下行突破

PUDA，日线图，见附录二第1号指标列示。

在假突破引起关注后，我开始跟踪这一交易（由箭头标记）。我耐心等待上行的后续迹象。价格上升超过8日EMA（A），我在下一个条形（B）以12.42点的价格进入多头。第二日价格出现跳空（C）。尽管继续坚持还能获利更多，我还是选择在13.60点时离场，快速获得9.5%的利润。

通过顶底形态及虚假突破进行交易，可以产生非常不错的收益。这些形态并不常发生，但是一旦发生，它们就很容易被发现，而且非常可靠。

缺口

缺口是两个连续价格柱或蜡烛之间的垂直空隙（图 2.14）。例如，如果一只股票收盘价为 20 美元并且是当日高点，次日开盘价为 22 美元且当日维持在 20 美元以上，则会产生缺口。缺口通常由重要事件驱动，如交易时间结束后宣布的收益发布和合并协议。

我们通常在日线图上能看到缺口，在周线图和月线图上则很少看到。缺口主要有四种类型：普通缺口、突破缺口、持续性缺口和衰竭缺口。它们中有些通常预示着强劲的价格趋势。

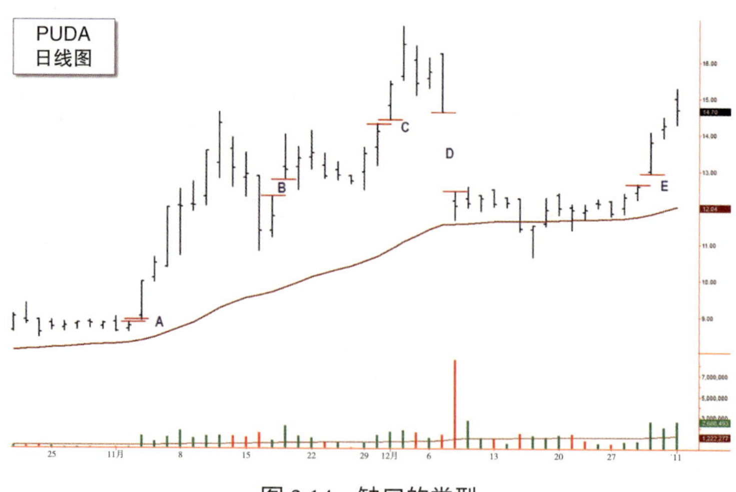

图 2.14 缺口的类型

PUDA，日线图，见附录二第2号指标列示。
持续性缺口（A和E）、普通缺口（B和C）、突破缺口（D）。

普通缺口

普通缺口是最常见的缺口，它们在正常的交易过程中出现，通常很小且不伴随大的成交量。普通缺口往往在形成后立即被填满。在上升趋势中，操盘手通常会在限价填补的确切点设置限价单，当这种情况发生时，它只是意味着价格已经回升到足以填补缺失的部分。

突破缺口

价格突破交易区间或渠道时会出现突破缺口，这比普通缺口更重要。在图 2.14 和图 2.15 上能看到样例展示。

价格在渠道或拥堵区停留时间越久，突破缺口就越夸张。当交易量急剧增加时，突破缺口会触发待执行止损委托并吸引新的委托。缺口中交易量上升越大，则沿着此方向进一步移动的机会越高。突破缺口的水平倾向于成为支撑位或阻力位片区。千万别犯初学者的错误，期望能在短时间内填补突破缺口；相反，应将其视为一种明显的趋势变化，并据此进行交易。

持续性缺口

在强劲的牛市或熊市期间出现持续性缺口，反映出趋势的急剧回升。操盘手错失先机导致持续缺口的出现，他们原本想等待反弹，结果发现自己即将错过这趟列车并急着冲向车门。这种利益的爆发会产生持续的逃逸缺口。在图 2.14 和图 2.15 上能看到。

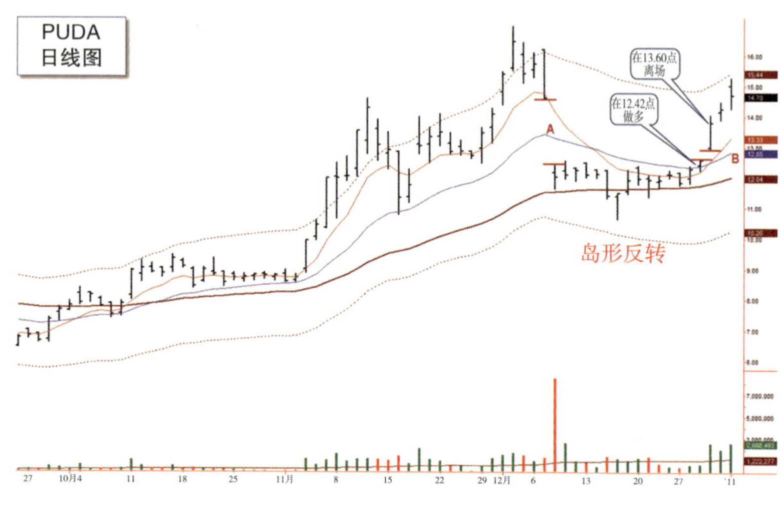

图 2.15　两个缺口和一个岛

PUDA，日线图，见附录二第1号指标列示。

• 下滑导致A出现突破缺口。持有多头的人肯定倒吸一口凉气，因为在下一个柱形的初始就损失了20%。

• B则出现了反转——价格跳空高开并开始逃逸，导致持续性缺口出现。

在两个缺口出现前有很多警告信号：A缺口前出现的跌势吞没柱形态以及B缺口前出现的假下行突破。本章前文已对这两个信号都进行了分析。

衰竭缺口

衰竭缺口（图 2.16）出现在上升趋势的顶端和下降趋势的底端，这类缺口给出趋势即将变化的早期提示。类似突破缺口和持续性缺口，衰竭缺口的标志就是成交量跳空，价格要么“冲破顶端”，要么“撕裂底端”，之后出现反转。聪明的操盘手知道股票价格无法飙升不停。当上升趋势出现力竭，老手就开始寻找衰竭缺口来发现潜在的趋势反转。

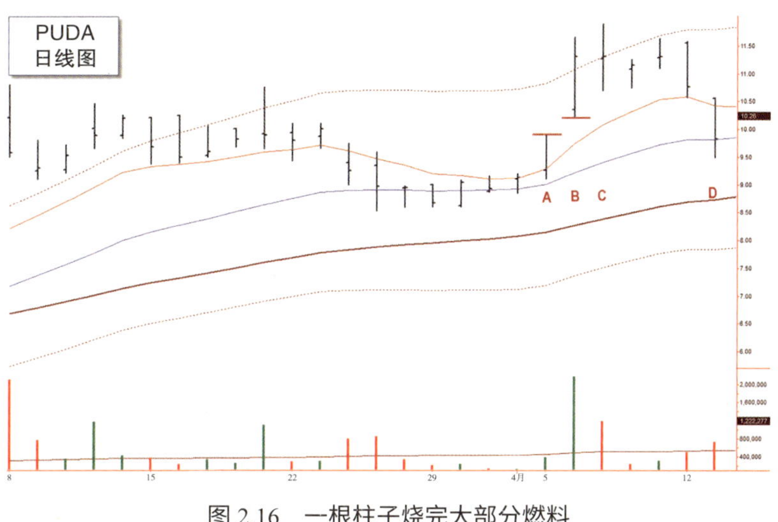

图 2.16　一根柱子烧完大部分燃料

PUDA，日线图，见附录二第1号指标列示。

• 价格在当日高位收盘并高出8日EMA，随着成交量的增加记录了宽幅全天成交量（A）。

• 价格跳涨并飙升至平均成交量4倍的新高——这是疲软的迹象（B）。

• 价格有足够惯性维持前一日的高位但交易量下降。当其跌回渠道后，造成一个假的上行突破（C）。

• 价格回落至价值区间。该股票乞求得到喘息时机，而在此柱形（D）可以看到机会。

我且引用来自 StockCharts.com 上的一句话作为小结：

常言道市场憎恶空隙，所以缺口都将被填满。这或许对普通缺口和衰竭缺口有用，但持仓等待突破缺口和持续性缺口被填满则将摧毁你的投资组合。同样，守株待兔般等价格填满缺口也会让你错失大单。

三角形形态

另一个我喜欢的形态是三角形形态。三角形形态是在边界交会区域内价格出现震荡的区间（图 2.17 和图 2.18）。随着三角形形态发展，价格柱变短而振幅变窄。随着价格接近三角形的顶角，通常会出现急速的突破。通常当三角形形态，大概完成 2/3 时，成交量会在突破前回升。

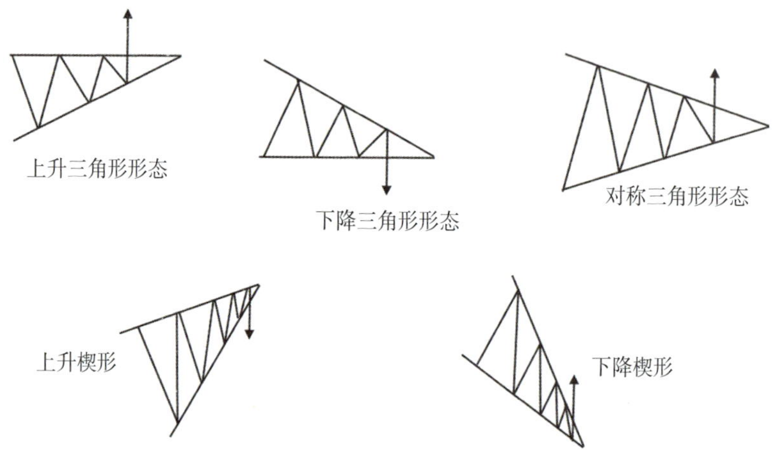

图 2.17　三角形和楔形形态

三角形形态主要形态有上升、下降和对称，同时又有上升楔形和下降楔形。上升三角形形态通常向上突破，而下降三角形形态往往向下突破，但对称三角形形态可上可下，因此需要使用额外工具预测突破的方向。总之，三角形形态通常按照之前趋势的方向突破，并形成延续形态。上升楔形暗示牛市动力下降，前方价格会更低。而下降楔形则反映了消退的抛售压力，也是上行反转的前兆。

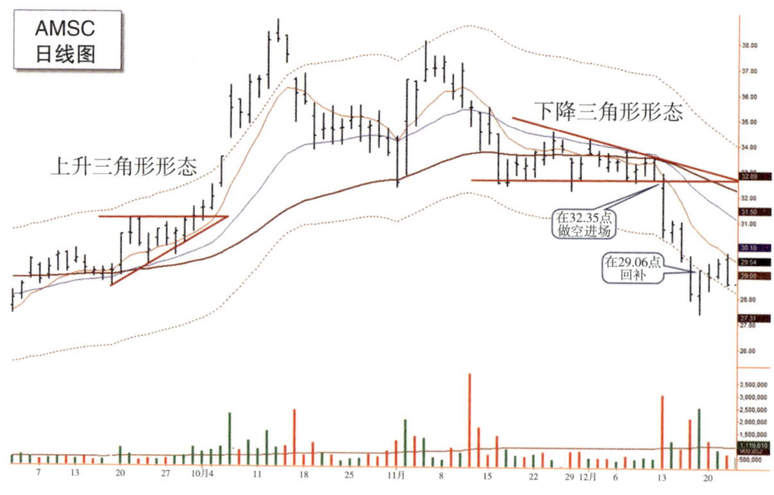

图 2.18　箭指未来

AMSC，日线图，见附录二第1号指标列示。

上升三角形形态和下降三角形形态与箭头一样，都可指出未来价格突破的可能方向。上升三角形形态通常向上突破，而下降三角形形态往往向下突破。

我错失了本图中上升三角形形态的操盘时机，但跟上了下降三角形形态。我们已经在图2.18中看到了这次操盘，在下降三角形形态的短边突破时做空。

成交量

技术分析中成交量是仅次于价格的指标。成交量的原始形态就很有价值，而若将其转化成强力指数指标则价值更大。本章后续会专门讲解计算机化指标。

任何价格变动的成交量水平都反映了变化的动量以及操盘手的信心程度（图2.19）。请牢记成交量的变动比绝对数量更重要。当价格突破阻力位或跌破支撑位，成交量的变化有助于确认突破或质疑其有效性。

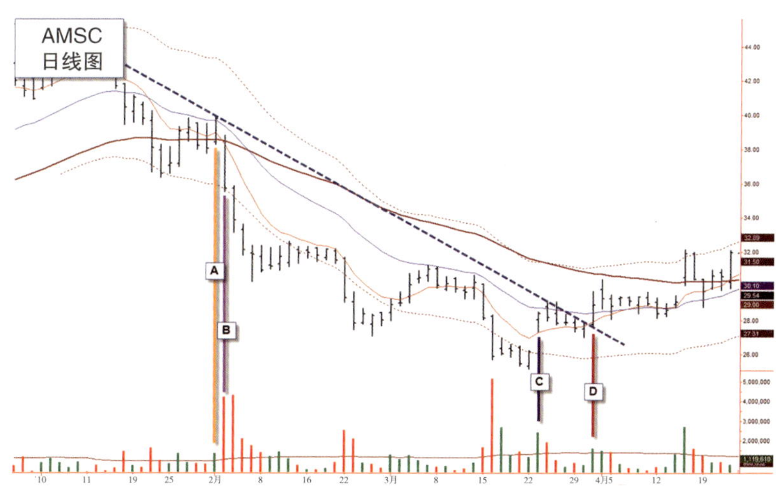

图 2.19　成交量和价格的互动

AMSC，日线图，见附录二第1号指标列示。

当你追踪AMSC的下行趋势时，成交量的变动要么确定趋势，要么警告风险。要注意随着价格与趋势线互动时成交量的升降。

- 价格拉升时成交量萎缩，明确了会出现下行趋势（A）。
- 价格下跌时成交量扩张，明确了下降趋势（B）。
- 股票反弹至趋势线时交易量增加，警告可能出现突破（C）。
- 随着价格偏离跌破的趋势线，成交量扩大，这意味着熊市正在失去对价格的控制（D）。

当股票大幅上涨时，说明卖盘正在被吸收，这意味着上升趋势很可能延续而不会被阻力中止。当股价因成交量大而暴跌时，则意味着弱势持股人在清算股份。随着燃料烧尽，这意味着其他坏消息不太可能导致大量抛售。当一只股票扛住了坏消息的打击并继续大涨，反转时机就已然成熟。

成交量倾向于按照顶部形态引导价格。当成交量达到新高点，我们可以尝试增加一个峰值来期待价格跟进。若一只股票在大成交量时达到新高点，则意味着在停滞之后这一顶端可能被再次测试或超越。

我们需要关注下行趋势中的成交量下滑。在《马丁·普林论市场动能》(*Martin Pring on Market Momentum*)一书中，马丁·普林（Martin Pring）阐述了触底过程中的成交量变化：

> 若一个重要低点的测试伴随着更低成交量，这就是一个牛市迹象。第一个低点是否在边界上侵犯了第二个低点，或者第二个低点刚刚高过第一个，这些都不重要。华尔街有句老话："坚决不做空一个沉闷的市场。"这句话适用于前一个低点被测试的情况。几乎不存在的成交量表明操盘手完全没有抛售兴趣。

计算机化指标

飞钓爱好者对自己的装备引以为豪。钓竿、渔轮、鱼线和接钩绳都是关键工具，每一个工具都扮演着重要角色。钓具箱里的飞蝇更是至关重要，它们的颜色、尺寸、质量都各不相同。

跟炒股一样，这些重要的工具价格不菲，而且不同品牌之间的价格差异巨大。例如，一条全身钓鱼裤的价格从60~860美元不等，而鱼竿则从30~2500美元不等。基本上一分价钱一分货，但用钱是买不到成功的。有些人追求最高配置，而有些人则认为够用就行。

飞钓的挑战

你认为飞钓只是碰运气？请再想想吧！很多人认为飞钓是富有挑战、充满艺术而又讲究科学的运动。

鳟鱼本身是捕猎者，飞钓者通过模拟鳟鱼喜好的飞蝇来引诱它们上钩。

飞蝇从孵卵到其他生命阶段的过渡、衔接如同钟表指针的转动。有些整个夏季每天产卵，有些则一年只有几天产卵。飞钓者使用的假蝇必须完全模拟鳟鱼在对应时刻所吃的食物的形态。

飞蝇由溪流或湖泊底部的飞蝇卵孵化而出（右图）。卵孵出若虫并游向水面，之后长出翅膀，此为羽化虫。它的下一阶段就是发育完的成虫，翅、足、体、尾兼具，浮在水面上。飞蝇成熟期的最后阶段通常称为“轮回”阶段，指的是回到水中产卵并死亡，完成短暂的一生。

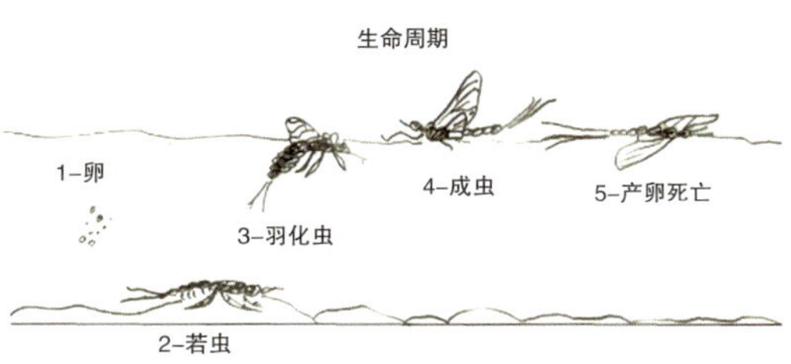

鳟鱼捕食时会尽可能低地消耗能量，因此通常选择接近水面又不会像成虫般飞走的羽化虫。飞钓者面临的挑战是三位一体的：模拟孵化，模拟虫子发育的阶段，以及娴熟地模拟飞虫的自然漂移和形态。能骗到一条经验丰富又时时警惕的大鳟鱼是件令人无比喜悦的事。

装备选择往往令操盘手掉进“分析瘫痪症”的大坑，采纳的指标过多，结果却不如只用一两个指标给出的信息明确。最好的做法还是掌握适当的指标，而不是试图驾驭大量指标还生怕错失信息。

我在布置自己的飞钓钓具箱或操盘工具箱时，都力求简约。就个人经验来看，操盘手使用的指标数量多少和成功的可能性大小成反比。

请容许我讲一下我自己最喜欢的研究和管理交易的工具，它们能告诉我一只股票是否价格过高或过低，且是否会出现剧烈变化。

新手的天然做法是模仿老手布置工具箱。随着自己不断成熟进步，你会发现自己的偏好，这时你将布置能反映出自己特质和交易手法的工具箱。你的工具箱很可能与我的不同，但有一点我很确信，那就是里面干净清爽且配备你所信赖的少数几个工具。

移动平均线

移动平均线这类技术指标颇受欢迎，有助于帮助操盘手识别趋势。计算几个数据点的平均数可得出简单移动平均线（SMA 或 MA）。常规使用的时间窗口是每月、每周、每日或日间等任何时间框内的 10、20、50、100 或 200 个柱形。拉长时间窗口能使 SMA 更平滑，但会降低对趋势的敏感度。时间窗口越短，对价格波动就越敏感。它们也更容易遭受洗盘，而洗盘是无意义的反转。

SMA 的问题在于它们无法充分突出最近数据的影响，而指数移动平均线（EMA）则可以应对该挑战。通过给予最近价格更多权重，EMA 将比 SMA 更敏感（图 2.20）。我倾向于使用 EMA，并在所有时间框内和所有交易策略中使用 50 日、21 日、8 日 EMA。

我的很多交易信号都是基于移动平均线的走势而得出的。对于短线操盘，我的决策基于最能反映最新趋势的指数移动平均值。我尤其关注移动平均线的斜率，它能确定趋势。我也关注价格是高于还是低于移动平均线，即是高于还是低于价值。

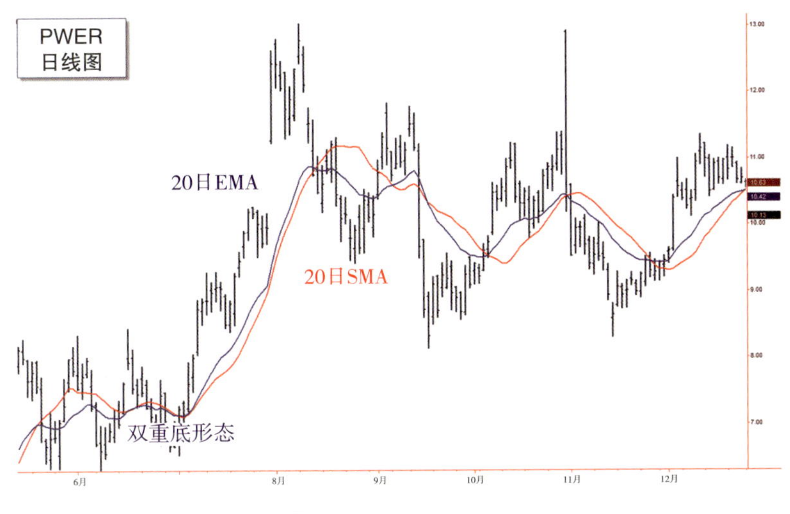

图 2.20 SMA vs EMA

PWER，日线图，20日SMA和20日EMA。

移动平均线交叉

由于移动平均线代表价格在时间窗口内的平均值，因此当价格上行或下行穿过这条线时，它便显得很重要。更重要的是短期和长期移动平均线的交叉显示了短期平均值比长期平均值更“牛”或更“熊”。

移动平均线交叉通常标志着趋势的变化，尤其当其伴随着成交量上涨而发生时。很多操盘手将这些交叉视作做空或做多的信号（图 2.21 和图 2.22）。事实上，很多交易平台提供的操盘策略都是根据你的交叉标准进行自动买卖的，TradeStation 平台则将这一做法称作“策略操盘”。热门的移动平均线交叉形态为黄金交叉（图 2.21）和死亡交叉。

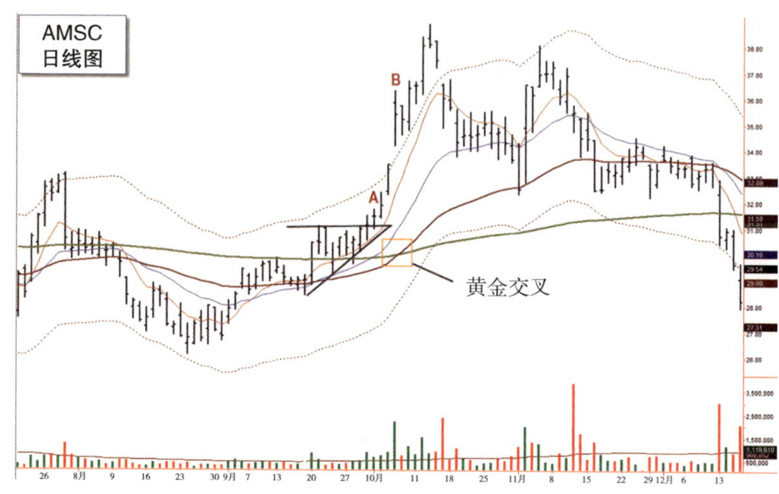

图 2.21　黄金交叉

AMSC，日线图，见附录二第3号指标列示。

注意50日EMA与200日EMA交叉后成交量上升，这个黄金交叉预示着上行趋势会延续。同时，紧跟黄金交叉的是一个持续性缺口。

- 价格从一个上升三角形形态突破，给出做多的信号（A）。
- 价格缺口出现且成交量激增，如果你有多头，那么此时抛售还不晚。但黄金交叉将推动价格达到新高点（B）。

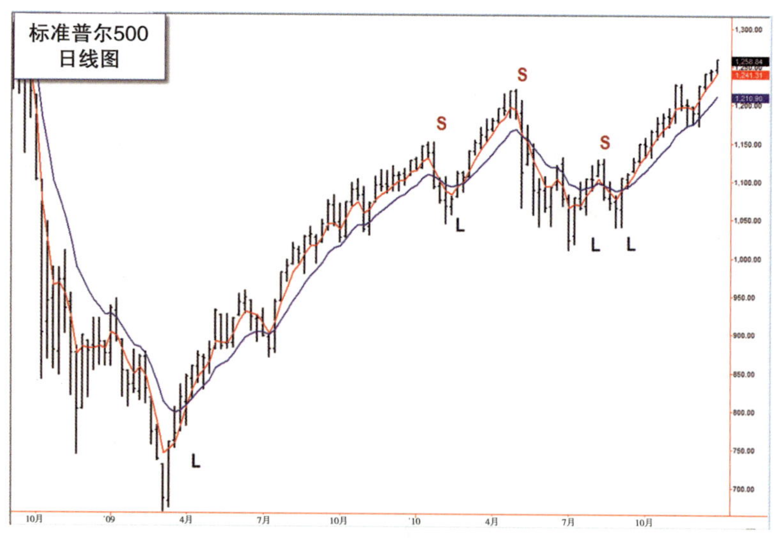

图 2.22　趋势市场的交叉系统

标准普尔500指数，每周、4周和11周EMA。

移动平均线交叉提供了简单但有效的计时工具。能打败众多专业基金经理的简单做法是在EMA交叉上行处做多（标记为L），而在下行交叉处做空（标记为S）。

若20日移动平均线高于50日移动平均线，或50日移动平均线高出200日移动平均线，则出现看涨黄金交叉（图2.21）。若50日移动平均线向下突破200日移动平均线，则标志着熊市的到来。

由于广泛的自动交易，当买卖程序启动时，它们会带来一个瞬间增长的交易量，可以放大价格对移动平均线交叉的反应。因此需要关注最常用的移动平均线的斜率、方向和潜在的待定交叉，这很有价值。

平滑异同移动平均线

平滑异同移动平均线（MACD）由查拉尔·阿佩尔（Gerald Appel）于20世纪70年代提出，是常用的技术指标之一。它能识别趋势并测量其动能。StockCharts.com对其给出了一个简单定义：MACD是简单有效的动能指标之一。MACD是用长移动平均线减去短移动平均线，求得动量摆动指标。因此，MACD可以最大程度地利用趋势跟踪和动能。

MACD通常是收盘价的12日EMA减去26日EMA。MACD的9日EMA被称作“买卖信号线”。MACD柱状图代表两条线之差。MACD位于信号线之上差值为正，位于其下差值为负（图2.23）。

MACD能帮助识别所有交易工具的趋势并评估其动能。上述功能主要通过三种信号达成：MACD交叉、中心线交叉以及背离。

我常用MACD信号来辅助确认价格形态。MACD交叉经常在反转趋势前出现（后文将作详解）。我通过分析每周及每日的MACD对中心线的斜率、方向和位置来确定潜在交易的质量。MACD背离无论上涨或下跌，MACD每周和每日柱状图都会出现在反转趋势前。

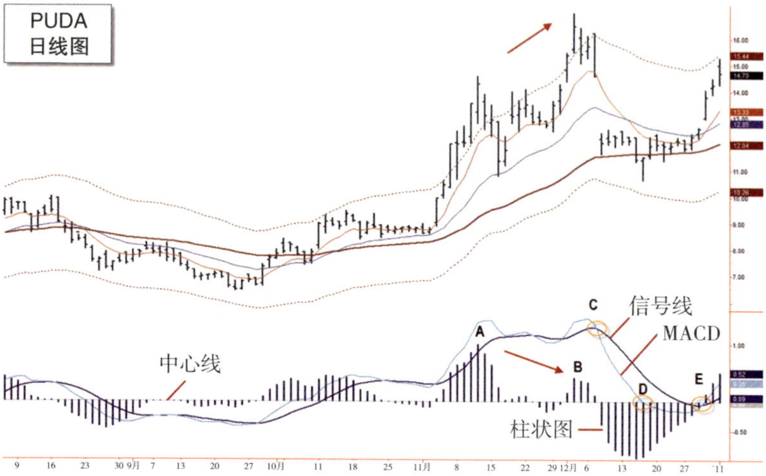

图 2.23　MACD构成

PUDA，每日、8日、21日及50日EMA，技术指标与信号，MACD和信号线，MACD柱状图和中心线。

本图中可以看到MACD柱体（A—B）下跌背离，下跌信号线交叉（C），下跌中心线交叉（D），涨升买卖信号线交叉（E）。

我把我的 MACD 规则按照重要性做如下排序：

1. MACD 交叉（图 2.24，D）。

MACD 和信号线的交叉效果卓越，在 MACD 已触底反弹并且正在向上看多头或向下看空头时更是如此。MACD 在交叉时突破趋势线则信号更明显。

2. 中心线交叉（图 2.24，D）。

中心线交叉表明趋势变化，且通常伴随体量突增。

3. MACD 背离（图 2.28，A—B）。

MACD 背离表明动能与价格不一致。

4. MACD 柱状图背离（图 2.28，A—B）。

与上述信息一致。MACD 和柱状图都出现背离，则互为增补。

5. MACD 斜率（图 2.28，B—C）。

斜率反映了趋势的持续性。

MACD 指标胜过其他动能指标，且每周信号比每日信号更强劲。你将在本书的后续章节看到 MACD 指标是如何将其他指标信号联系起来，并协助制订交易计划的。

由于 MACD 指标很强劲，新手操盘手有时会过分依赖它的信号，将其视作交易的唯一指南。但请牢记，MACD 只是一个指标，而不是一套完整的交易体系。正如人无法单靠一根鱼线或鱼竿去钓鱼，你也无法依靠单一指标完成交易。

目前为止，我们学习了几种关于 AMSC 的交易法（图 2.6、图 2.7、图 2.8、图 2.11 和图 2.12）。现在让我们将 MACD 加入图表中，看看这个指标对我们的分析和决策有什么帮助。

每当一次交易决策变得艰难，我都会使用 MACD 来做最终决策。操盘手应时时关注 MACD 的斜率、位置、交叉和其他信号（图 2.25 至图 2.28）。

不是所有 MACD 和信号线的交叉都同等重要（图 2.25）。大多数交叉发生在正常价格合并期间、股票继续走势前得以喘息之时。在其他时候，MACD 交叉会警告我们价格即将反转或确认。一般来说，当此现象与 MACD 趋势线突破或中心线拒绝同时发生，或此现象出现在离中心线极远的地方时，其对价格的影响就越大。

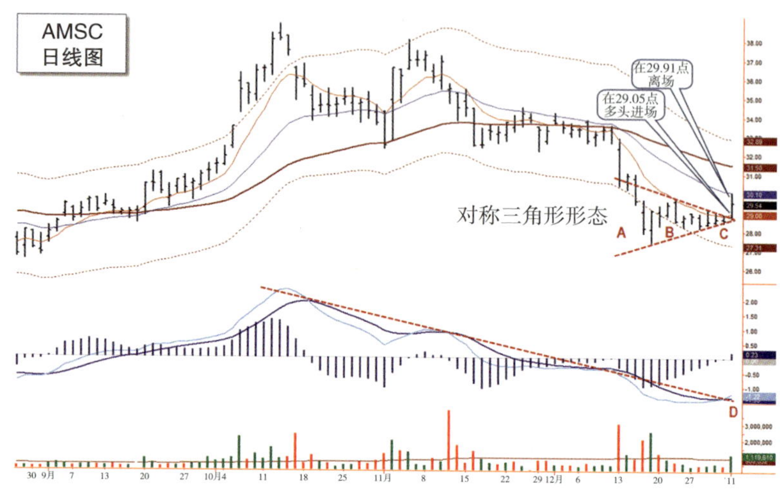

图 2.24　MACD使价格形态明确

AMSC，日线图，见附录二第4号指标列示。

在B区，价格已经回到价格通道，形成一个对称的三角形，并给出了一个做空还是做多的困难选择。买卖信号相互矛盾是交易中常见的现象。

如果想做空AMSC这一股票（图2.24），你应该注意以下现象：

• 基本面消息不佳。12月中旬从支撑位突破（A）的部分原因是有报道称该公司的库存因中国的核心分公司供应疲软而上涨。

• A中的对称三角形形态往往是连续模式，趋势是下降的。

• 下滑的EMA。

• 下滑的MACD。

• 价格疲软导致价格回落至下行趋势线（B）。

如果你想逢低买入，则可以专注于以下四个方面：

• 12月初的急剧下跌是釜底抽薪，标志着成交量飙升（A）。

• 价格已冲破渠道（A—B），整合之后回归渠道（B）。

• 缩短的价格区间反映波动率下降；向下推力减弱（C）。

• MACD位于零线以下的最大距离，向上倾斜，准备在D区看涨交叉。

我的决断是基于MACD的信号，出现强劲的上行反转可能性很大。自11月初，根据MACD柱状图所展示的，动能直到D才能突破中心线。另外，MACD无法在到达D前的两个情景下突破下行趋势线，而D也代表了中心线下的极端位置。这些事件相互促进，从而加强了上行突破的论点。对称三角形形态并不一直沿着已存在的趋势方向突破。由于有报道称35%的浮动利率是空头且空头利率为14.5%，我进一步强化了看涨趋势。所有上述细节都使得交易看起来像是一次低风险、高回报的买进。

我于29.05点即上行突破处做多，在对称三角形形态下的28.74点止损，损失1%。在当日后期价格飙升，我快速在29.91点抛售，盈利2.96%。

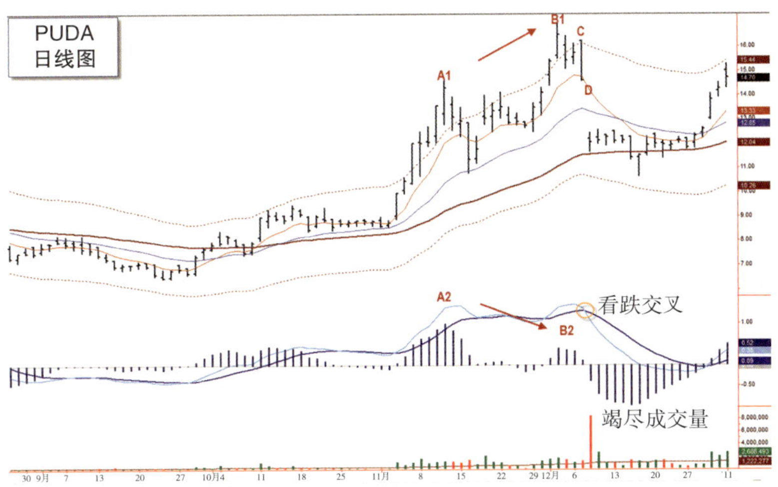

图 2:25　MACD交叉召唤反转转势

PUDA，日线图，见附录二第4号指标列示。

一方面，随着PUDA的反弹，MACD在11月中旬达到新高点（A1），此后动能停滞，最终在当年的首周展示了一次普通的爆发（B1）；另一方面，价格延续之前的高点达到了更高水平。MACD柱状图的这一看跌发散（A2—B2）强化了MACD交叉的看跌信号。

请注意B1和C柱标记区域间的多个抛售信号：

- 假突破至52周高点（B1），MACD柱状图出现看跌发散。
- 对高点再次测试失败，出现看跌吞没柱（C）。
- 衰竭成交量（D）下出现缺口，伴有B2区域的看跌买卖信号线交叉。

所有这些看跌信号都在PUDA最高点附近出现，难怪会出现后续的严重抛售。

就我自己的交易而言，这是一条“漏网之鱼”。我错过了这次交易，因为我没有在C柱收盘前进场，而次日一早PUDA跳空低开，开盘价低于我计划进场的价格。幸运的是，我们可以从错失的交易中学习经验——有时甚至比从得到的交易中收获得更多！在此，我们能清晰地看到在股票下跌前已经累积了多个看跌因素。

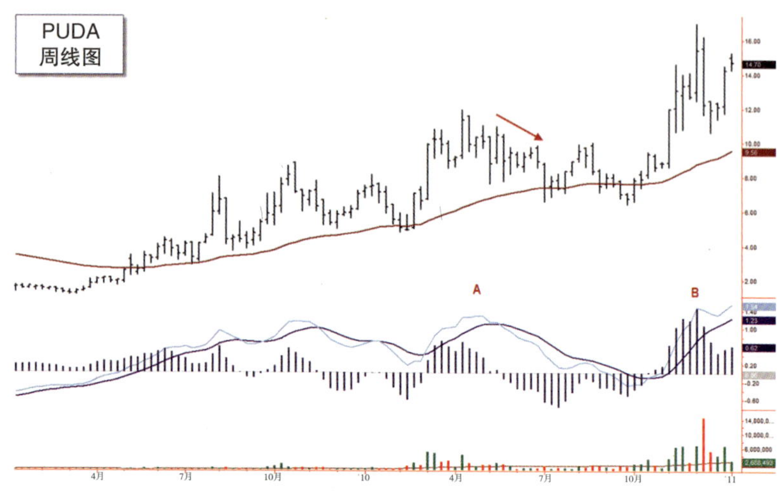

图 2.26　高潮之后就是下跌

PUDA，周线图，见附录二第5号指标列示。

B区域的MACD柱状图的历史高峰反映了PUDA周线图的MACD和买卖信号线间的广泛分布。这是高点买进的迹象，而且趋势即将疲软。当MACD接近同样水平时，该股票在5月出现严重抛售（A）。若一只股票出现严重拉伸，多头应在弱势显现时快速锁住收益。MACD柱状图的快速上涨通常在MACD开始反转时伴随着价格的下跌。

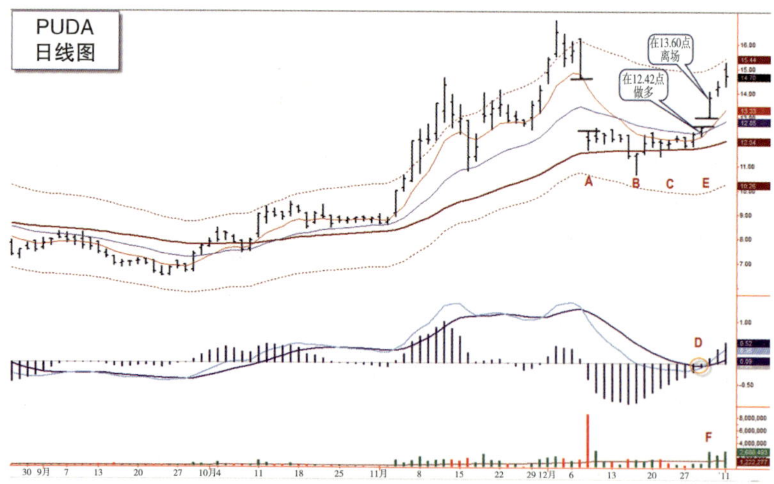

图 2.27　MACD显示预期的变动程度

PUDA，日线图，见附录二第4号指标列示。

将MACD加入图2.13所示的操盘中，我们可以看到以下特征：

- 突破缺口下滑（A）。
- 假突破（B）后在C区盘整。
- 注意买卖信号线的位置（D），出现反转并沿斜坡上爬，在强力展示力量中没有在中心线下交叉。
- 从牛市MACD交叉开始成交量飙升（F），推升价格高出阻力位（E）。

肯定有很多操盘手在A柱出现危险的价格并开始自由落体时还持有多头。他们要么有受虐倾向，要么对这些明显的信号视而不见。能预见下跌而做空的人则会大赚一笔。能做到这些需要具备一双能捕捉多个信号的慧眼。

需要注意的是，若有多个图传递同样的信息，则任何交易信号都将得到极大的强化。它们互相确认并相互促进。

我们在图 2.25 和图 2.27 中可以看到，在 MACD 交叉下跌后，PUDA 是如何在其突破缺口上遭受重创的。正如市场上常见的那样，形势在几天后逆转。熊市失去力量，出现虚假下行突破。反转使得 PUDA 反弹超过其 50 日 EMA，此时股票进入盘整模式（图 2.27，C）。

信号线跌入中心线，但没有在上涨前穿过中心线（图 2.27，D）。中心线拒绝提供一个非常重要的力量展示。与此同时，MACD 出现牛市交叉（D）并且成交量井喷的次数（F）高出平均次数四次。

我们再次回顾图 2.27 中的牛市信号：

- 首先，出现下行顶点排列和大量抛售的信号线，这通常是趋势变化的前兆（A）。
- 起始低位进行再测试，造成虚假下行突破（B）。
- 股票回归 50 日 EMA 水平并在整合阶段保持（C）。
- 在上涨前买卖信号线没有向下穿过基准线（基准线拒绝）（D）。
- 最后，牛市交叉上推价格突破阻力位，在 8 日 EMA 以上收盘（E）。

上述几条中最重要的信号是 MACD 的牛市交叉以及信号线的中心线拒绝，这两者在同一时间发生。我一直很关注潜在的 MACD 中心线交叉或拒绝，它们通常伴随着价格和成交量的上升。

这个强劲信号组合促使我在下一个柱形处做多。一天之后，价格跳空高开而我快速收割利润。我参考的是伴随缺口的柱形。如前所述，它最终成为岛形反转后的持续性缺口——这个形态“牛性”很强。

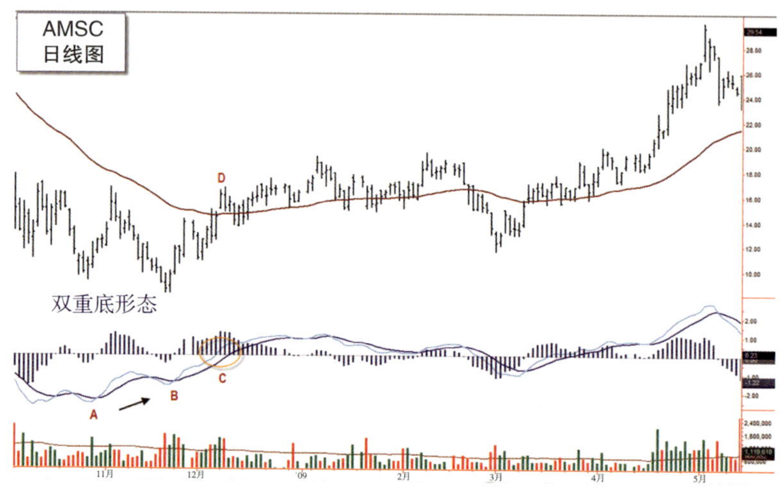

图 2.28　MACD信号出现后成交量飙升

AMSC，日线图，见附录二第6号指标列示。

在A—B区之间，我们看到了伴随着“牛性”背驰的双重底形态，这会激发一次反弹。12月初的中心线交叉（C）推高了50日EMA上方（D）的价格，使之高于平均成交量。图2.28清晰地展示了MACD中心线交叉对价格带来的提升效果，即保持新兴的反弹。

脉冲系统

埃尔德博士创建了市场分析法，并在其著作《走进我的交易室》中作了详细阐述。脉冲系统可识别趋势变化，它由用于测量股票的惯性的 EMA 和衡量其动能的 MACD 柱状图组成。

一个上升的 EMA 反映惯性看涨，而下降的 EMA 则反映惯性看跌。上涨的 MACD 柱状图反映看涨动能，而下降的 MACD 柱状图则反映看跌动能。

若 EMA 和 MACD 柱状图同时看涨，则反映惯性和动能转向上行。柱形呈绿色，意味着只有多头操作得到允许，而做空被制止。如果两者都转向下行，柱形呈红色，这就意味着只有空头可行，不可买进。若 EMA 的斜率和 MACD 柱状图的斜率冲突，则做多做空皆可，柱形呈蓝色。

在《卖与卖空》(*Sell and Sell Short*) 一书中，埃尔德博士写道：

> 脉冲系统最适合用于审查。当脉冲为绿色，可以买进或观望，但不允许做空；当脉冲为红色，可以做空，但不允许买进。我在卖空前等脉冲系统"关闭绿色"，而买进前等它"关闭红色"。

本书中很多章节的价格柱形都显示为红色（图 2.29）。脉冲系统的规则为绿色看涨，红色看跌，而蓝色中立。让我们回到图 2.13 的 PUDA 操盘，看看脉冲系统是如何帮助我们的。

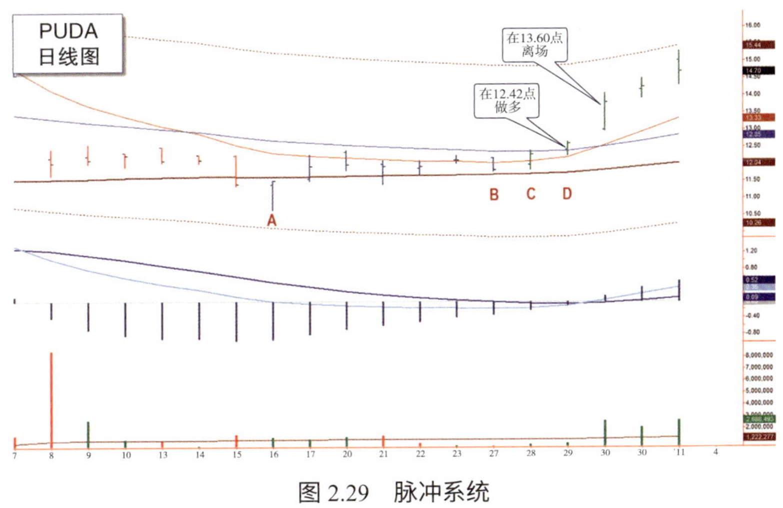

图 2.29 脉冲系统

PUDA，日线图，见附录二第7号指标列示。

你可以看到，在假突破（A）过程中，脉冲是如何从红色变成蓝色的，然后合并成一排蓝色的柱形，最后一条蓝色柱形被标为B。我在脉冲变绿并达到更高上涨水平（C）时买进。脉冲系统允许我继续买进，但禁止我做空，因为EMA斜率和MACD柱状图斜率都在不断上升，预示着价格将上涨。

- 脉冲从红色变成蓝色（A）。
- 脉冲连续7天保持蓝色，既允许做多也允许做空（B）。
- 价格高过阻力位，脉冲从蓝色转向绿色，允许买进但禁止卖出（C）。
- 在跳空高开前进场（D）。

强力指数指标

强力指数指标是由埃尔德博士制定的另一个指标，能帮助我们用数值去表示牛市和熊市的力量。我们计算强力指数指标的方法是将任何交易工具中的成交量乘上一个柱的价格变化，然后求这些数据在几天内的平均值。

再次引用埃尔德博士的《卖与卖空》：

> 每个人都关注价格。但只有成交量才能调动他们。成交量反映了操盘手们承诺的强度、热情的温度和恐惧的程度。除了单纯地看成交量大小外，我使用“强力指数指标”连接成交量与价格变动。当强力指数指标与价格背驰，我就知道一个趋势已经疲软，并且即将反转。相比较而言，强力指数指标的新高点意味着趋势强劲并将持续。

使用该指标的方式多种多样，它是我交易体系的重要组成部分。我依靠它来发现超买或超卖的情况，包括长期和短期，以及高潮期和疲惫期。我也将它视作决定交易入场和退场的明确指标。

我的大部分图表包含强力指数指标的短期 2 日 EMA，同时伴有强力指数指标的 13 日 EMA 的柱状图（图 2.30）。当 13 日 EMA 的柱状图高出基准线，则意味着更长期的上行趋势会保持，反之亦然。短期 2 日 EMA 能帮助我识别处于长期上行趋势的在售股票，构成好的买入。

还记得图 2.25 使用 MACD 对该表进行的看跌分析吗？里面有多个卖出信号。当我们在该表格里加上强力指数指标，则会显示成交量给出的信号与价格一样看跌，从而强化了整体的熊市信号（图 2.30）。也要注意，跟 MACD 相比，强力指数指标对更短期的价格波动更敏感。强力指数指标能对我的组合指数分析起到锦上添花的作用。

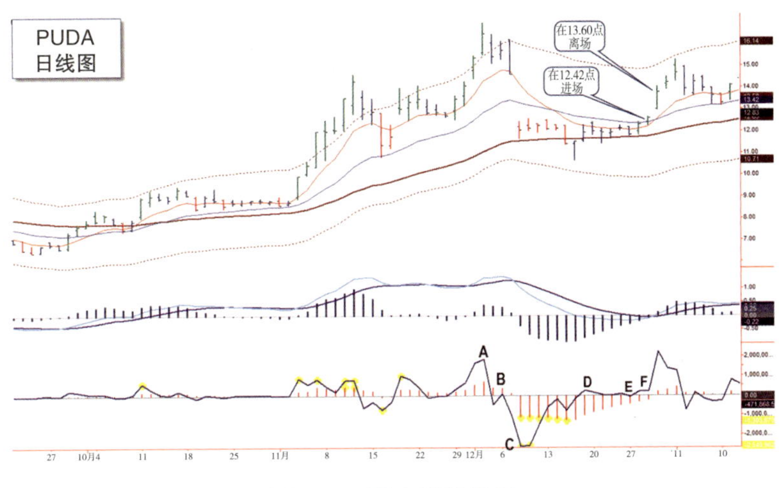

图 2.30　强力指数指标

PUDA，每日、8日、21日和50日EMA，自动包络线，脉冲系统，MACD（12、26、9），以及强力指数指标的短期两日EMA并伴有强力指数指标13日EMA的柱状图。

- 强力指数指标2日EMA的熊性背驰（A—B）导致价格下跌。
- 之后强力指数指标继续在价格上背驰，向C—D区域更高点上升。
- 它反弹高出基准线（D），再次测试（E），并在价格爆发前再次反弹（F）。

结论

无论何时，飞钓者都要记得模拟鱼儿正在吃的飞蝇。站在溪流中，你能看到无数的孵卵，以及各种鱼儿在捕食若虫、羽化虫和成虫的场景。飞钓新手往往为了弄明白用哪种飞蝇而绞尽脑汁。

对此我有自己的办法——连续使用三种拟态假蝇，将它们拴在同一根接钩绳上。首先我把干假蝇成虫拴在孵卵点，之后我把其余两个假蝇跟第一个连在一起。成虫后面 30~40 厘米的位置放着的是羽化虫，羽化虫后面大约 30 厘米的位置跟着的是小若虫。我让鱼儿来帮我解决该用哪种假蝇——吸引鱼儿数量最多的那个就是。用这种组合测试假蝇法非常有效，但前提是我的钓钩没挂住我耳朵。

操盘和飞钓非常像：我们需要巧妙组合多种工具以提高成绩，并加上一个合适的指标以提升成功率，就像在主要假蝇后面再投入补充飞蝇。何苦纠结于单一交易信号或者单一假蝇而一无所获？将多种工具与积极的基本面和利好的价格形态结合起来，会帮助我们发现交易机会并采取重大举措。统一的变量越多，突破越强劲，而新趋势的延续力则更强。

用渔轮而不带钓竿，或用假蝇而不带接钩绳都不行。只有结合所有的技术工具，才能捕捉和正确解读市场信号。你将看到它们结合之后能提供何时进场、头寸保持多久以及何时退场的关键线索。

我已通过两只股票让大家浏览了我的“工具箱”。尽管你需要多种工具和技术，但千万不要过度使用。你不需要交易多只股票，几只就很好。当涉及分析和操盘时，掌握少量的工具和股票其实更好。如前所述，要与股票同步并了解其在上涨和下跌市场中的表现，而在这方面还有很多要说。

我在年轻时能很快找到河里最熟悉的鱼洞。有一次，我很快抓到两条鱼后还注意到了下游的其他鱼洞，这引着我离开了熟悉的区域。而我哥哥则跑到我的鱼洞钓到了冠军鱼。

操盘手总是想要打一枪换一个地方。如果我在 AMSC 第一次交易后就换成另一只股票，我就扔掉了存有多笔利润丰厚的交易的财宝箱。

学会部署这些工具、解读信息、了解它们相互间以及它们同价格间的互动，这将提升你的技能并让你成为一个成功的操盘手。

第三章　培养技能

现在来轻松一下——我们一起把钓竿组装好、安装好渔轮、穿好鱼线和接钩绳、拴上假蝇，然后开始练习挥竿。对飞钓入门者我想说：“不要太急，不要太慢，感受线的伸展，找到操作节奏。”同样的话或多或少也适用于入门级的操盘手。

当你掌握了工具箱的具体内容，如每个工具的作用以及使用的手法和时机，就要开始制订常规练习项目。专业运动员，如高尔夫球手、网球手或足球运动员，都会研究比赛、评估自己的表现并尝试不断提升。新手则恰恰相反。大部分新手会忽略这些关键步骤，重复犯错直到这些错误成为习惯、根深蒂固以致难以纠正。

若想掌握交易的命脉，我们需要充分的练习。这需要时间，有些人需要数年不断试错与纠正，而另一些人可能因为借助了有效的工具和科学的帮助，几个月就能快速掌握交易的命脉。

我的本职是一名牙齿矫正医师，并保持着主动练习的习惯。我花了十年的时间，接受研究生教育并大量地实践才达到了专业水平。在这一行中，解决问题的能力和对畸形的敏锐观察力最为关键。口腔正畸案例绝不重复，每个案例都有独特的因素，因此需要有区别的治疗模式。

我先介绍一遍整体情况再审视细节。我的工具数量较多，功能重叠度很高，很容易让人在数据中迷失。通过识别和组织关键变量来为每位患者制订个性化的治疗方案，我学会了如何把握关键信息。

牙科的所有分支对精准度、普遍问题处理及个体问题的应对能力都有着同样的高要求。这一技艺只有通过勤学苦练才能掌握。

刚开始学习操盘时，我仿佛回到口腔学院从头开始学习。我需要掌握全新的知识体系，培养新的分析技能，还要学习新的精细化动作。我并不提倡照搬别人的方法，不过你可以在发展自己的交易风格的初期将其作为辅助的拐杖。学会从操盘熟手的角度去观察很关键，但是更为关键的是学会用自己的视角去观察。

培养技能需要时间和精力。以你自己的职业为抓手，从中吸取你每天解决问题的能力，并将其应用在操盘中。采用此方法形成自己风格的时间越快，你离成功的门槛也越近。

我坚持完成自己的“操盘作业”并按照自己从医的标准去安排、约束和解决问题。捷径可能是致命的，即使医生看一眼病人就知道他有什么问题，但若只凭肤浅的诊断就去写处方是危险且愚蠢的。对症状的细致检查，甚至在开始治疗前细微到分子级别的检查都十分必要。

操盘手一瞥股市图即知股票是否健康。这或许正确，但若因此就一头扎进去，不规划就做空则是蠢到极致。这种“治疗”会危及账户存续和操盘手的职业生涯。在拿资金冒险前要进行认真的分析和规划。

为了适当留心自己的交易，我已经开发出一套专属的常规作业。在本章，我将以我所描述的方式去寻找机会。

分析工具和步骤

当我开始市场分析时，我的第一个目标就是评估总体市场状态。总体是上涨，下降，抑或平稳？这种情形持续或变化的可能性有多大？之后我将评估股票组合的强度，进而对个股进行分析。此处列出的工具有助于我将最终关注点细化到与市场方向同步的低风险且高回报交易。

VIX指数（波动率指数）

我做作业的第一步是评估总体市场情况，以决定自己应看涨还是看跌，以及看涨或看跌的程度。此后我才会开始搜寻个股。我评估 MACD 和脉冲系统的市场指数，然后引入 VIX 指数。

VIX 指数的全称为“芝加哥期权交易所波动率指数”（VXX 指数则指 iPath 标准 500VIX 指数短期期货交易所交易票据），其测量标准是标准普尔 500 指数期权的隐含波动。很多人将 VIX 指数看作“恐慌指数”，因为当市场充斥恐慌时它会急速上升。VIX 指数于 1993 年由罗伯特·威利（Robert Whaley）提出，用于测量未来 30 天内市场对波动的预期。

我喜欢使用 VIX 指数，因为它能像镜子一样反映市场情况。若市场显示恐慌性抛售，则 VIX 指数和 VXX 指数通常表现强劲。VIX 指数飙升，通常会伴随或预示着股市严重疲软。相反，VIX 指数下跌，则伴随股市急剧反弹。

我的目标是了解市场处于哪个“季节”或哪个循环阶段，是接近探底并上涨，还是接近顶端并下降。标准普尔 500 指数和 VIX 指数的周线图及日线图是我赖以分析的两个关键参考因素。第七章还将进一步解读市场季节和 VIX 指数的价值。市场季节决定了在未来一周我将使用的操盘策略形态。

美国晨星公司

安排好未来一周的市场预期后，我开始更进一步观察个股。我先从大盘入手，然后进入领域、行业和产业集群。

美国晨星公司将美国所有股市分成 9 大领域、31 个行业和 215 个产业集群。9 大领域包括：原材料、综合商品、消费品、能源、金融、医疗、服务、技术和公用事业。每个领域由几个行业构成，每个行业又细分成几个产业集群。例如，互联网行业包含三个产业集群：互联网服务提供商、互联网信息提供商、互联网软件及服务。每个产业集群包含多只代表相应集群的个股。

这类数据可以从网上获取，包括但不限于 quotesplus.com、morningstar.com

及 prudenttrader.com。

在第二章提及的多个软件程序如 Telechart 也会提供这类数据。

美国晨星公司的分析步骤

如前所述，我首先对总体市场作了看涨或看跌态势的判断 。然后，我选择了最适合这种市场环境的策略（参见第八章），并在下一周使用。最后，我继续分析美国晨星公司，具体步骤如下：

1. 从 Telechart 提取产业集群的列表。

2. 从高到低的排名次序整理“5 日价格百分比变动”，这让我获知过去一周价格百分比。

3. 选择前 25 个产业集群做多头调查或选择后 25 个产业集群做空头调查。

4. 对排名最前的产业集群的各只股票进行每周及每日图表的审视，把最适合上一周所定策略的形态标出来。

5. 详细审视这一列表后，我将最终目标缩减到 6 只股票。

经过这一波过滤与筛选，可找出最适合多头交易的高排名产业集群列表，而空头交易的股票列表则按照上一周最弱势产业集群获取。

过滤筛选的最后一步涉及每只目标股票的入场、止损和利润目标。这就涉及如何利用回报 / 风险比（R/R）。

回报/风险比（R/R）

回报 / 风险比是把投资或交易的预期回报同承担的风险进行对比。具体算法是，当价格走向不利或你被迫止损时，用预期利润额除以预期损失额。

我用 Excel 表进行此类简单计算并根据结果排名。大多数股票的 R/R 差距很小，这是因为其图表模型基本类似。偶尔我会因为一只股票风险过大而放弃，我也倾向于避开 R/R 低于 2.0 的股票。

如果操作后还是没有明显的最佳结果，我会选择每周图表模型最佳的股票，尤其会在该股票的 MACD 从基准线下开始超越时选择做多，反之则做空。我认为这是事件的最佳安全特性，因为在此事件期间我对入场时机把握不准而且必须等交易恢复。这些 MACD 反映了实力的优势，即使存在短暂的反向走势，也能重新确立自身地位。

在找到最适合的股票后，我练习了如何书写相关报告：该股票的标记和信号是什么？周线图表告诉了我什么？每日图表传递的信号是什么？“牛性”和“熊性”得到控制了吗？改变当前股市格局需要具备什么？整理出这些思路并列出关键因素能让我高效操作交易。

理解入场指令

当你列出备选股票清单后，就应该从条目开始执行计划了。愈来愈多的操盘手转向运用互联网下指令，鉴于你的指令会从电脑直接进入市场，了解各种类型的指令变得至关重要。市场指令越简单，效果越好。单纯的市场指令指导中介只按照当前价格买卖，而无论市场情况如何。当然，在一个快速变化、流动的市场中，即使这种指令很有道理，也会使你面临很高的贬值风险。

限价指令

若希望以固定价格买入、卖出，就要选择限价指令。此类订单可控制交易价格。这意味着中介的工作量更大，所以有些中介会据此收取更高的中介费。

止损指令

止损指令可保护你的头寸免受突然的不利变动的影响，可将其视为在指定价格水平上设置的触发器，用以激活市场指令以退出不良交易。

例如，若做多，就要在当前市场价格以下设置止损指令。当价格低于所设置的水平时，止损单就会变成在当前价格立即退场的指令。这些指令如同安全网兜或是保险，能应对预期外的下跌。

大多数新手都熟悉保护型的止损指令，但不熟悉买入止损指令。如果你希望按高于当前价格水平的上行突破购买股票，就设置一条买入止损指令。当股票升至该点时，买入止损就成为按当前价格买入的市场指令。

我使用的指令

由于最终买入价格不可预测，我很少使用市场指令。正如整本书使用的交易，我要么用限价指令，要么用买入止损指令入场。我喜欢用买入止损指令，因为它们只在股价按照预期运动时才启动。我使用买入止损或限价指令的决策因素众多，其中包括任何特定股票的价格形态及其成交量和资本总额。

在飞钓时，我在不同时间段去水深不同的地方钓鱼。我有时在溪流底端拉着若虫跳动，有时把干飞蝇甩在水面上。每个场景都需要不同的钓鱼技巧。若沿着水底钓鱼，假蝇将引起鱼的关注，但或许只引得它们轻轻一咬——这种接触柔和缓慢。轻咬的动作类似于激活限价指令购买低于当前价格的股票。当股票回落到支撑位以测试更低价格时，它通常会下跌，并以增量“蚕食”，直到某个仓位被填满。这种指令的优势是你可以选择价格来确保能在固定价格水平上填补。当然它也存在劣势，那就是股票在下跌时的趋势可能会比你预期的更为疲软。填补空缺后又眼睁睁地看着股价继续跌出支撑位，这种经历很糟糕。

浮在水面的飞钓也称“干式飞钓”，此方法通常用于鱼会快速出击的情况，所以把握放钩时机很关键。这就好比交易有上行突破趋势的股票。在此情况下，我使用止损指令来捕获突破的机会。我在上阻力的上边缘设置买入止损指令，以“要么行动，要么闭嘴”的态度入场。如果股票突破，我的指令被激活，我将处于快速上升位，因为供不应求的局面突然迸发；如果股票跳进阻力位并下滑，我不必跟着承担损失。这种操作同样有劣势：第一，满仓后股价通常高于近期的平均价，这意味着要支付溢价；第二，突破失败也很常见，如果突破失败，价格就会反转并大跌。

切记买入止损指令有两类：停止市场委托指令和停止限价指令。这两类指令都在等待达到触发点，但是触发后反应不同。停止市场委托指令是一种市场指令，而停止限价指令则是一种限价指令。

停止限价指令特别适合大成交量的大盘股。如果对小成交量的小盘股使用这一指令，我只能部分填满我的仓位，因为股票会快速穿价成交并超出我的买价。

这就是为何我更喜欢对小盘股使用停止市场委托指令。我得到自己的填补收益，但要冒着买入昂贵的“气穴股票”的风险——买入指令不够，无法匹配出价。低成交量的股票和小盘股票的风险尤其高，会导致损失惨重的下滑。

图 2.6 的 AMSC 的空头交易以及图 2.7 的多头交易代表了突破的两种情况——上行和下行。面对这两种情况，我都采用了停止限价指令。

交易设置、管理并完成后，我回到 SpikeTrade 并在第一份报告里加入反思内容:“哪里做对了”“哪里做错了”以及“为什么”。写回顾报告有助于纠正错误、避免重复犯错，以便取得更大成功。

结论

至此，我已分享完股市的黄金交易法则。这相当于一种筛选，以大格局为开端，以剩余几只通过细节考量后的“黄金股”做结尾。此分析手法最重要的优势是让你与市场同步，让你能心无旁骛地挑选最适合当下市场策略的股票。

小时候，我曾因为连着几天找不到大鳟鱼而沮丧。我问父亲:“鱼儿都跑哪儿去了？”他的答案永恒不变:“鱼儿都在你能发现它们的地方。”

股市最好的交易就在“能发现最好交易的地方”。按照本章阐述的步骤培养分析能力，能让你在合适的时间和地点用恰当的方法搜寻到高质量个股。

第四章 预期

我应当对收益持哪种预期？合理的回报是什么？我的目标和理想是什么？我是否想获得每年持续 10%～12% 的稳定收益？该如何把它提升到 20%？每年 40% 的持续收益对我的储蓄金有何长期影响？

也许你问过自己这些问题，也许你已经通过严格执行精心设计的交易计划知道了答案。

与此同时，你也可能有过我在学习操盘时经历的相似失落。十多年前，“期待”这条船撞上了“失望”的巨岩并严重搁浅，这都怪我没有做好清晰的规划和情绪准备。在遭受了严重的资金回撤后，我抖落“未来值”电子报表的尘埃，开始进行新的预测，并期待以此重振交易账户。我不断在交易计划中添加复杂细节，以为它们能带来成功，比如资金管理、交易股票类型、持股时间等。

曾有一段时间股市非常惨淡，导致我直接放弃了操盘，让基金经理接手。几年后，我发现他的终极目标就是从账户里套取尽可能多的佣金，于是便把股票要了回来，同时继续学习操盘教材。我在内心深处仍坚信自己可以找到高效的制胜策略并超越市场的平均水平。

命运得由自己把握，我必须掌控自己的财务命运。

我从几个低效的经理手中把储蓄金夺了回来，开始一步一个脚印地制订自己的商业计划。我计划的基础是“市场季节”策略、时机、风险管理以及相当程度的情绪管理能力。最终，我证明了自己可以每年持续地获得 10 个点、20 个点、

40 个点乃至更高的利润。

为什么托管基金被“稀释”

太多的基金经理过于频繁地更改投资策略，久而久之就导致了股东收益被稀释。詹姆斯 · P. 奥肖内西在《投资策略实战分析》（*What Works on Wall Street*）一书中写道：

> 唯一能长期驾驭股市的方法是持续地使用理性的投资策略。美国晨星公司跟踪的共同基金中有八成无法超过标准普尔 500 指数，因为这些基金的经理缺少咬住一个策略并坚持到底的自律。这种半途而废摧毁了长期收益。

你要在定好的时间阶段内明确行动计划，在看涨阶段、看跌阶段乃至整盘阶段皆是。缺少明确的计划意味着时间和金钱的损失。

我花了大约十年时间，不仅在智力上，更在情感上深刻地学习了这些经验。调研产生信心，信心带来持续性，而持续性提升了我的业绩。

纵观全书，我介绍的工具无非就是合适的策略和合适的时机。使用正确的方法并严格自律将帮助你提高自己的交易水平，以达到远大的目标。

我在受邀成为 SpikeTrade 中的 Spiker 后拿下了多个执照。我在 2010 年的第一、第二、第三和第四季度的交易竞赛中都拿到了第一名，打破了 SpikeTrade 的纪录。通过不断的实践和磨炼，我的技术和策略已经在市场周期的所有阶段都持续有效。

《股票和商品期货技术分析》（*Technical Analysis of Stocks & Commodities*）杂志对我的几个每周大赢操盘做了专题报道。埃尔德博士用三篇文章介绍了我的交易：《橡皮筋效应》（*The Rubber Band Effect*）、《垃圾堆中的宝石》（*A Gem in the Junk Pile*）和《满满一杯的 JOE》（*A Full Cuppa JOE*）。其中一个的交易描写如下：

大热的JOE下跌了！……不！……涨了！

JOE的多头交易

著名体育主持人霍华德·克塞尔（Howard Cosell）应该为此感到欢喜。St.Joe有限公司（JOE）是一家位于佛罗里达州的房地产开发商，其股票对利息率敏感，刚完成做空。随着JOE跳出支撑区位后他们加满仓位。他们全神贯注于美联储的预期利息率变化而对每日波动图熟视无睹，无视牛市信号（图4.1）。

图4.1　JOE的反弹

JOE，每日、8日、21日和200日EMA，技术指标与信号，脉冲系统，MACD（12、26、9），50日EMA成交量以及强力指数指标短期2日的EMA并伴随强力指数指标13日EMA的柱状图。

看这张JOE的每日图时需要注意指向“牛性”的上行压力。

缓慢地上升导致脉冲先从红色变蓝色继而变成绿色。紧接着出现轧

空、空头恐慌。由于空头努力补空，周三 4.9% 的上涨突破了阻力位。

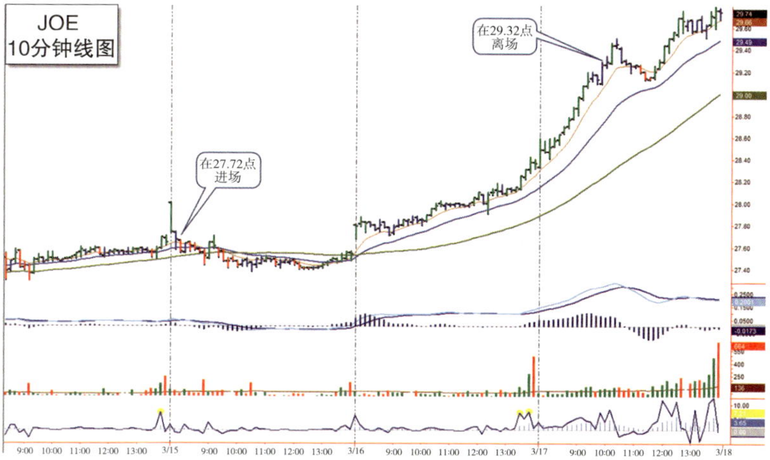

图 4.2 操盘管理

JOE，10分钟、8柱、21柱和50柱EMA，脉冲系统，MACD（12、26、9），50柱EMA成交量以及强力指数指标短期2日的EMA并伴随强力指数指标13日EMA的柱状图。

下面是操盘的入场和离场点：

入场。我想在下跌到 27.57 点时入场，但是 JOE 在 2010 年 3 月 15 日周一开盘时跳空高开至 28.00 点。我将入场订单提高至前一日高点，期待缺口能被填补——确实被填满了，但之后下跌至 27.38 点。JOE 出现反弹并从该位积累动能。

止损。填满后，我在 3 月的 26.92 低点处设置了止损限令。

目标。仅次于 2 月的 29.75 高点。

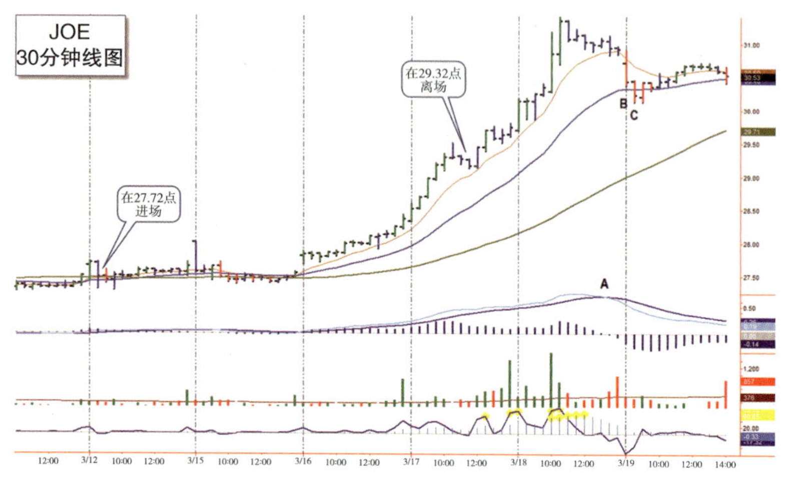

图 4.3　离场

JOE，30分钟、8柱、21柱、50柱和200柱EMA，脉冲系统，MACD（12、26、9），50柱EMA成交量，强力指数指标的两柱EMA。

2010 年 3 月 17 日，JOE 蹿高至 29.32 点，而后从该阻力位下跌。当天 JOE 已经上升了 1.00 点，这已经是日均交易范围的 2 倍以上。我决定将目标降至 29.32 点并收割利润。结果是在 3 日波动周期内获取 5.77% 的收益。我的常规退场规则需要“熊性”MACD 交叉（图 4.3，A），紧随其后的是低于 8 柱 EMA（图 4.3，B）的收盘。当具备两个看跌事件后，我在下一个柱图标示的时刻退场（图 4.3，C）。

总之，我感觉美联储不会在决定当届政府政治未来的关键时刻让股市产生震荡。这一交易貌似很诱人，但很多人如果看到价格未按照预期推进就会恐慌。

该交易的主要教训是，让毫无准备的人产生恐慌的关键事件随时都会出现。从反面看，我本应在进场时更有耐心，在扣动扳机前应先等 5 分钟或 10 分钟图出现上行反转。最后，退场应该基于我最谨慎和最理性的决

策。通常情况下，我进场时使用 10 分钟图且只在退场时使用 30 分钟图。在此案例中，我对 10 分钟图中出现的短期弱势过于警惕，过早地收盘。这一错误导致机会成本本应是 9.3% 的收益率降至 5.77%。

在前面提到的复盘文章中，埃尔德博士对我的 JOE 多头交易做了如下评价：

斯蒂芬的进场靠近 EMA 间的价值区。他在靠近股价轨道上限时获取收益，而该上限标志着高估值区。我把任何能捕获每日股价轨道 30% 以上收益的交易评为 A 级。斯蒂芬进场时 JOE 的每日股价轨道恰好达到 4 美元。他的交易捕获了 1.6 美元，占该股价轨道的 40%，评为 A+ 级。

成功的短期交易可经常转化成长期交易。但太多操盘手执着于失败交易，很快就放弃了高利润交易。我在 SpikeTrade 的搭档凯瑞·陆望（Kerry Lovvorn）喜欢指出有多少 Spike 精选股票能在三周横轴的表现超过一周的表现。

结论

从此操盘实例中可以认识到，尽管成为专家或专业操盘手需要知识、技术和一定程度的专业能力，但你并不需要成为专家或专业操盘手就能取得我们所追求的成功。在 SpikeTrade 的 25 个月里，尽管经历了“大萧条”后最为复杂、混乱、动荡和有挑战的投资环境，我仍分析、提交并进行了 94 次操盘，平均收益率达 264%（图 4.4），年化收益率达 127%。

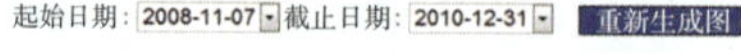

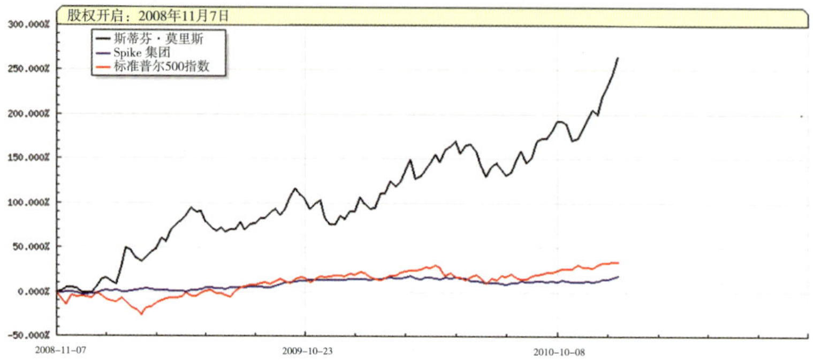

图 4.4　SpikeTrade会员期间的资金曲线

我将在后续章节中分享在“操盘实践”过程中总结的秘诀。

既然已经学习了如何做好充分准备，也一起回顾了钓具箱基础知识，那我们抛出鱼线开钓吧！

在第二部分的“期待意外之喜”里，我将带大家一起探险，展示最佳捕鱼点在哪里、要注意什么、要小心什么。

第二部分

期待意外之喜

E x p e c t t h e U n e x p e c t e d

第五章　眼见并不为实

我是土生土长的爱达荷州乡下人，一直享受着大自然风光。7 岁那年，父亲把一根飞钓竿交给我并开始教我钓鱼。我们在蛇河支流亨利福克河停靠自己的小船，而这条河流现在是世界著名的飞钓胜地，也是公认的盛产蓝丝带鳟鱼的水域。

我尝试后抛，结果把好几个假蝇抛到了松树枝上，于是父亲把我扛在肩头，离开岸边，涉水到河中央。在新位置我不会再弄丢新的假蝇，但还是不停地令接钩绳打结。这些都是美好的回忆，没过多久我就爱上了飞钓，这离不开父亲的指导。

几年前我有机会回报父亲的教导了——我教我的儿子们飞钓。曾有一次，我带着俩小子到能钓到大鱼的"金奖湖"边，那里的鱼远近闻名。据说如果你能在没拉断鱼竿的情况下钓上鱼，你一定会带着酸痛难忍的胳膊回家。我们靠在浮动管上开钓。

大约一小时后，我们还一无所获，我注意到小儿子向岸上走去。我立即问他要去哪里。"我要去湖后面的水沟边钓鱼。"他回答。

"儿子，别上岸。要有耐心，坚持到底，跟我学怎么做，否则你不会有长进的。"

他不予理睬，继续去往湖后面的水沟钓鱼。那里的水来自湖的上游，水仅没过膝盖且水道狭窄。

过了差不多 20 分钟，我听到他在大喊，叫我赶快过去。我首先想到的是他碰到了蛇，甚至可能折断了我的鱼竿。在他持续的叫喊声中，我离开水面走过去看到底什么情况。没想到他竟从小水沟里钓到了一条 50 多厘米长的虹鳟鱼，这令我喜出望外。

放好这条大鱼后，儿子向我展示了他的方法。他发现一块石头后面有一摊水，上面有个小瀑布。有些鱼在此产卵，却被困在这摊水里。由于鱼本身的领地意识并正处于被困的境地，它们非常有攻击性。儿子只需轻抖色彩绚丽的假蝇，它们就会上钩。他又钓了 3 条鱼，每条都超出 50 厘米。这一天不得了！

这次经历其实跟操盘有很多共通点。首先，你不需要成为专家也能成功。其次，最佳机遇存在于人们不屑于关注的意外之地——大鱼反而出现在浅水沟这种极端位置里。

困于绝境

操盘手一定要避免“重蹈覆辙”，坚决不可囿于单一的做事方法。很多操盘手被困在失败交易里不可自拔，因为贪婪蒙蔽了他们的判断，使他们不断拖延直到损失严重被迫退出。NetSuite 公司（N）的连续图表（图 5.1 至图 5.3）就展示了操盘手如何被困在价格轨道线的极端边缘。

彼时，N 是所在产业集群（电脑软件和服务）的一家小公司，但是其技术定位非常好。我预想它能吸引到投机商。如果买家一窝蜂现身，就会触发空头回补的“踩踏事件”。随着空头资金涌入 N，放空比率（当前卖空股数除以平均每日成交量）达到了 12.45%，这意味着以目前的成交量计算，卖空者需要用 12 天以上的时间来补仓。

大量做空导致出现下跌三角形形态，该股票却显示出反转信号。它在周线图（图 5.1，A）上大跌，之后进行了四周的盘整，脉冲由红变蓝（图 5.1，B）。另外，日线图显示了多个看涨信号（图 5.2）。强力指数指标已经上升超过零线，伴随着 D 区的正向背驰。最后，MACD 形成“牛性”交叉。

我想参考如下顺序进行交易：

（1）入场。在轻微下跌至支撑区的 12.58 点时设置限价指令。

（2）止损。跌至 12.19 点，刚好低于日线图的上行趋势线。

（3）目标。达到 13.90 点，刚好低于阻力位和 200 日 EMA。

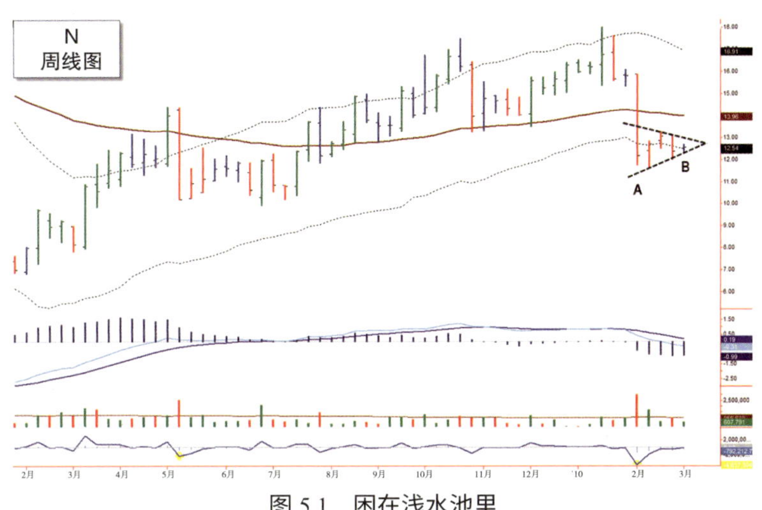

图 5.1　困在浅水池里

N，周线图，50周EMA，技术指标与信号，脉冲系统，MACD（12、26、9），50 EMA成交量以及强力指数指标2周EMA，并伴随强力指数指标13周EMA的柱状图。

周线图显示了2月初（A）的急剧抛售耗尽下行趋势，紧跟着盘整（A—B）。价格退回轨道，下推动力消解，反映在脉冲上则是红色转为蓝色（B）。

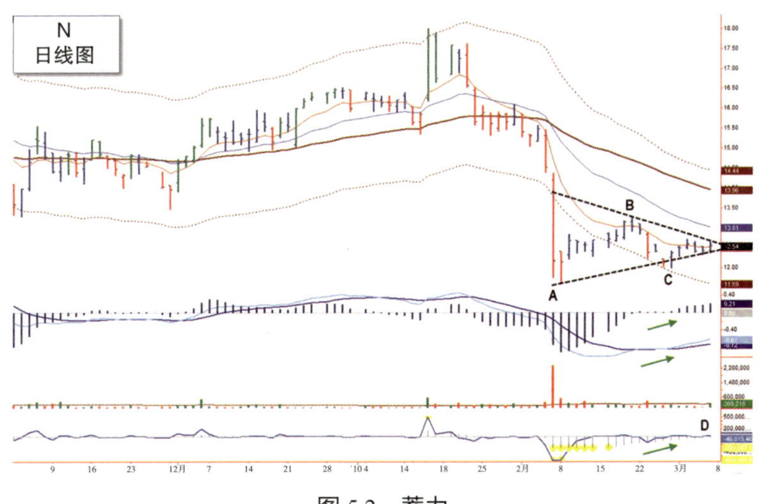

图 5.2　蓄力

N，日线图，见附录二第8号指标列示。

从周线图换成日线图，可以看到价格因高成交量而飞涨，甚至超出价格轨道（A），反弹回至8日EMA（B），再次测试低点（C），而后在持续缩小的每日波动范围和成交量间来回波动。绿色箭头表示随着强力指数指标再次契合基准线（D），“牛性”开始积累。

图 5.3　股价弹升冲出三角区

N，每日跟进，见附录二第8号指标列示。

三角形按以下方式消解：

• 随着股价变化朝向三角形顶点爬行，“牛性”压力累积，直到最小波动范围的柱形形成，标记着“牛性”和“熊性”的对抗轴心点（A）。

• 成交量开始放大，推动股价上涨（B）。

• 股价大幅攀升，超过21日EMA（C）。

• 上行动能持续积累，推动股价靠近50日EMA（D）。

在轴心柱的12.60点进场，在紧随突破的柱形的12.58点离场，在4个交易日内获得5.3%的收益。我的交易计划中的目标是13.90点，理应产生超过10%的收益。因为担心50日EMA对继续上行产生阻力，我决定尽早收割利润。

这样做可以获取10.49%的利润，但同时需冒3.1%的风险，因此回报/风险比值为3.38。

结论

此次交易表明了困于绝境时操盘手行动的重要性。如果能掌握股价变动情况，便可以充分收割利润。

若多数操盘手没有意识到“通常”一词并不等于“总是”，他们就会经历惨败。例如，盘整三角形通常随趋势消解，却并非一直如此。高放空比率结合看涨技术形态，导致利用反转的机遇很少。然而对于持空头的投资者来说，收益来自那些过于一边倒的投资者的亏损。

研读这一系列的技术图让我回忆起儿子在水沟里钓大鱼的经历，它传递了简洁和非常规操作所具有的价值。我们并非一直需要复杂手法才能让交易成功。我得到的教训是，当自我感觉良好的时候，一个孩子都能证明你是错的。

第六章 欺骗的艺术

在飞钓时，狡猾的鱼儿看到了拟饵，却不知里面藏的铁钩会穿破鱼鳃让它成为盘中餐。欺骗，是飞钓的精髓。

大鱼之所以大是有原因的，分辨真假的能力可确保其存活。有无数次，我准备了诱人的拟饵，但巨无霸鳟鱼游到距鱼钩咫尺的地方的最后一刻掉头了，它仿佛在说:“不吃了，谢谢。”

小鱼则相反，不够谨慎，容易被骗。它们没有意识到假蝇的颜色、尺寸不对，以及不像真飞蝇一般在水面漂浮。当饥饿战胜理智，这些小鱼就会出击去咬鱼饵。有一次，我钓上一条鱼却让它溜了，结果它再次咬住同一个假蝇，最终被我成功钓到。这一非理性做法违背了“一朝被蛇咬，十年怕井绳”这一古训。

股票操盘手可以分为两类：老手和新手。前者是钓手，后者是鱼。老手耐心等待新手贪图技术图中显示的诱人技术指标，如同鱼儿冲进去打算捕食，却被钓手捕获。

你要明白股市中吃与被吃的关系，让自己紧跟钓小鱼的人，获取持续收益。而下一步，则是让自己成为钓手。

当鱼儿力竭时

在关键转折点上常常会出现衰竭性变化。例如，人们会竭尽全力做空一只下行股票。疲软的多头按下启动“不计代价离场”的按钮，抛售击穿股市。股价跌出支撑位，偏离价格轨道。

这种极端的超卖情形吸引了逢低买入者，这些聪明的卖空者开始买入以回补空头并获利。其结果是众所周知的“死猫反弹”，虽然可能会把价格上拉至快速移动平均线，但是这种反弹很快就会屈服于重力。价格下跌并再次测试低点，通常会劝退原先的逢低买入者。在该节点，新的卖空者被新低价吸引，跳进卖空，但是股价会随着成交量和波动减少而逐渐趋于平稳。

聪明的多头买者恰好在此时参考指标的看涨背离开始买入。股价开始上扬，让经验不足的空头买者轧空。恐慌补空达到高潮，之后新的多头恐慌式买入，生怕落后。此类剧烈的上行反转趋势并不难识别（图 6.1）。

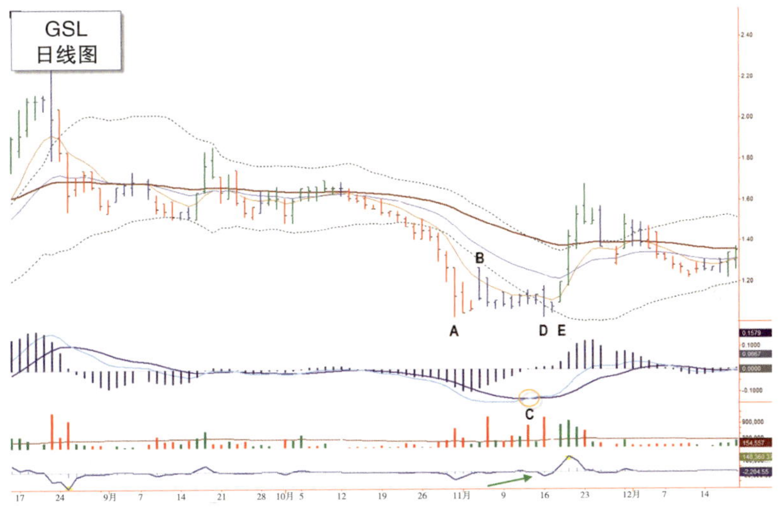

图 6.1 衰竭之后是反转

GSL，日线图，见附录二第8号指标列示。

衰竭性抛售中价格的反应：

- 衰竭性变化中抛售达到高潮（A）。
- 反弹超出快速8日EMA但之后下跌（B）。
- MACD出现的“牛性”交叉标记着靠近低点的转折点（C）。
- 重新测试之前的低点，导致更高成交量的止损订单（D）。注意强力指数指标上的看涨背离（以箭头标记）。
- 趋势转升，脉冲变绿，剧烈反弹出现（E）。

后续大量跟进者开始做空股票，使其放空比率上升。该指标是任意一只股票的空头数量比上股票的平均日成交量，显示的是全部空头回补的天数。比率越高则表明空头交易越拥挤。这个信号告诉专业投资者，最终的上行反转很可能导致恐慌式买入。

V形底的陷阱

V形底是股票在某个价格被大量抛售到达低点，然后突然反转并飙升的反转形态，其上行轨迹同下行轨迹对称（图6.2）。

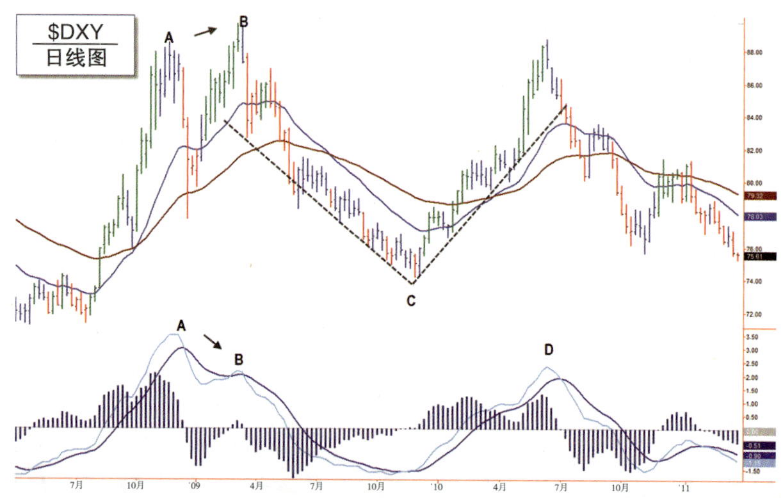

图6.2　V形底

$DXY，日线图，20日和50日EMA，脉冲系统，MACD（12、26、9）。

V形底的技术特征如下：

- 价格升至高点，由MACD的极端高峰确认（A）。
- 随着价格回归价值，股价升到新高点（B），同时看跌MACD背离（A—B）。
- 严重抛售出现，价格急剧跌出价值，MACD向下滑向基准线。在C点，两线相交，价格开始上扬，V形底确认。
- 价格因反弹涨回至之前的高峰，而MACD高出基准线（D）。

经验不足的操盘手通常会冲向那些因剧烈抛售而反转的股票。要记住，V形底会被频繁测试，该形态几乎总是在趋势出现可靠变化前演变成看涨背离双底形态。老手欣然接受事实，新手则忽视这点，损失惨重。通常情况下，老手不会在“死猫反弹”时回补空头。如果在靠近顶点的B处买入，可以想象价格立马下行并在C区间再次测试低点。

在QCOM日线图（图6.3）上也可以看到该进程。新进者追逐V形底的反弹，只看见上行衰弱而下行触达新低点，而此时老手辨识出看涨背离并大量买入。

老手们通常静观V形反弹的惯性变弱，然后再次测试低点。在此例中，直到第二低点出现后才有持续反弹。

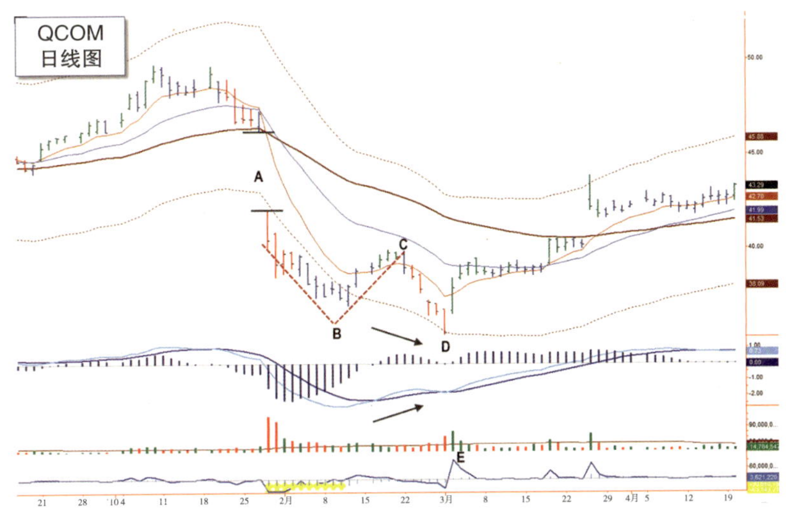

图 6.3 V形底的再次测试

QCOM，日线图，见附录二第8号指标列示。

V形底的再次测试：

- 价格在缺口处突破，引起剧烈的下行趋势（A）。
- 价格走低，而后反弹，形成V形底（B）。
- 涨幅直逼价值区（快速和慢速EMA之间的区间）（C）。
- 触达阻力位后，股票再次下跌，到达新低点（D）。
- MACD和柱状图的上升则提示做多（D）。
- 价格提升伴随着强力指数指标的激增（E）。

对称三角形形态的陷阱

对称三角形形态通常被视为调整形态，但千万不可认为这是理所当然的。根据形成对称三角形形态前的趋势进行交易似乎很容易，但是对称三角形形态有时标志着趋势的终结，接着出现反转。ALKS 就是很好的例子（图 6.4）。

图 6.4　对称三角形形态

ALKS，日线图，见附录二第8号指标列示。

把图横向压扁更容易看出阻力位、支撑区及突破。在这里我们可以看到三角形边线间的价格锯齿线以及清晰的反转点。当反弹在下行趋势线中止（A、B）时，做空的最佳机遇出现。但是看一下C处的变化，价格不像以往那样碰到趋势线就被弹回，而是继续突破并延着新的趋势线飙升。为什么会有这种一反常态的变化？我将从以下三点解答：

（1）成交量。随着三角形向顶点收缩，成交量通常会减少，突破前的收紧如同风暴前的宁静。突破由高成交量（D）确认。

（2）突破。通常出现在到达顶点前2/3处（用高亮区间表示）。

（3）MACD。MACD和柱状图在突破前有冲突，如图6.5所示。

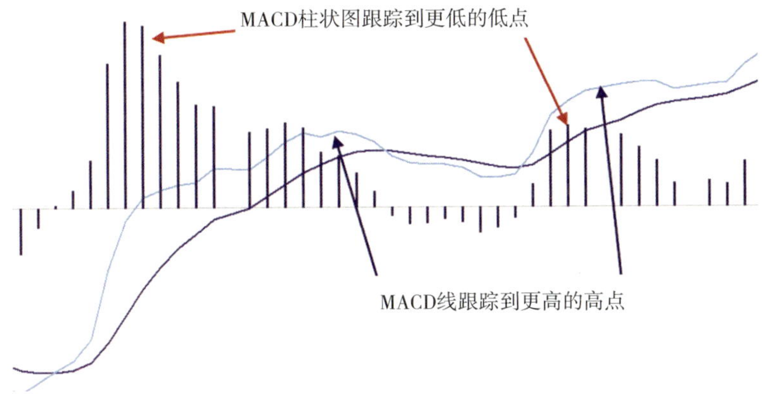

图 6.5 三角形内的MACD和柱状图

ALKS，日线图，MACD（12、26、9）。
MACD和柱状图在此不一致：
- 柱状图呈看跌背离。
- 曲线呈积极形态。

在三角形形态内这类不一致十分常见。

上面的 MACD 柱状图背离都是诱饵，让人禁不住做空头交易。谨记，MACD 比 MACD 柱状图更重要。图 6.6 显示出对称三角形形态的更多细节，包括我是如何交易的。

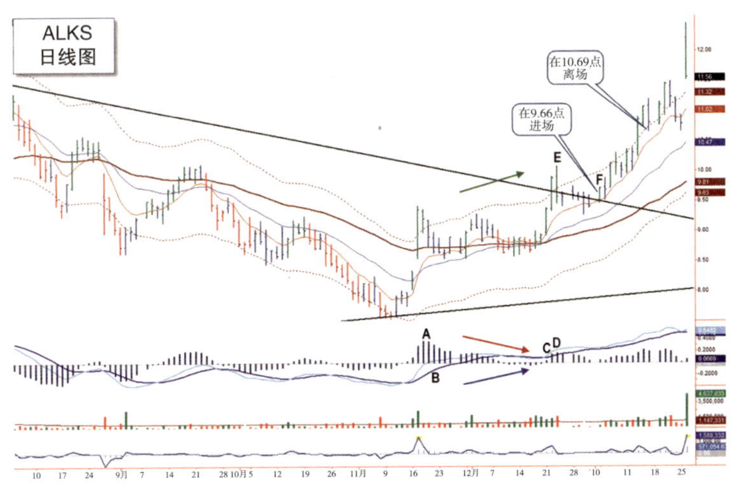

图 6.6 MACD指示可能性较高的突破方向

ALKS，日线图，见附录二第8号指标列示。

随着价格在对称三角形内摆动，MACD指标做出如下反应：

- 随着价格突破三角形，MACD柱状图出现看跌背离（A—C）。
- MACD的新高（B—D）否定了看跌警告。
- 在靠近E区间做空的操盘手被迫轧空，进一步加大上行压力。

MACD的上行走向让我十分确信，在该点出现的反弹会触发轧空。我设置止损限价指令，在MACD柱状图的报升点做多，紧随其后股价在8日EMA以上收盘（F）。我在9.66点买入，在经过9天强劲反弹的10.69点卖出，获得10.7%的利润。

MACD 的上升斜率显示新趋势可能向上，忽略此规律的操盘手会被 MACD 柱状图的较弱信号欺骗而最终面临股票贬值。

上升三角形形态的陷阱

通常情况下，突破的方向与三角形形态形成前的趋势走向很可能一致。但是“很可能”并不意味着“总是”！必须要警惕例外情况，AMD 三张系列图就说明了这一点（图 6.7 至图 6.9）。

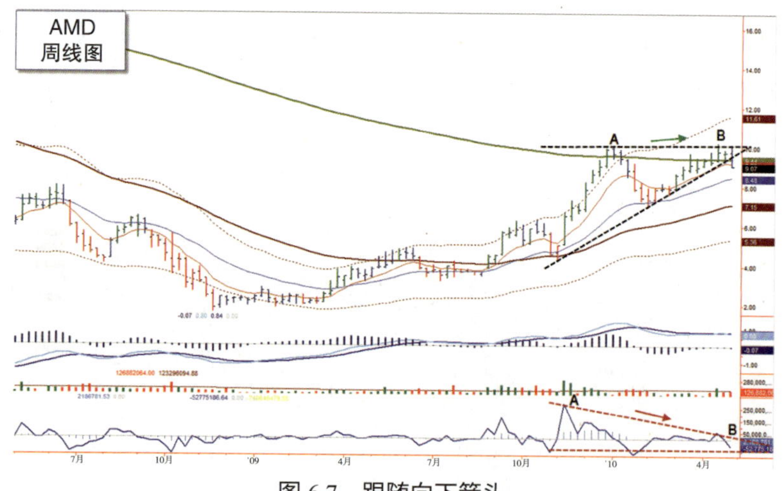

图 6.7 跟随向下箭头

AMD，周线图，见附录二第12号指标列示。

注意这张周线图上有两个截然不同的三角形形态。价格的上升三角形显而易见，但是也应看到下面强力指数指标图中的下降三角形。看跌背离（A—B）警告价格突破的风险。

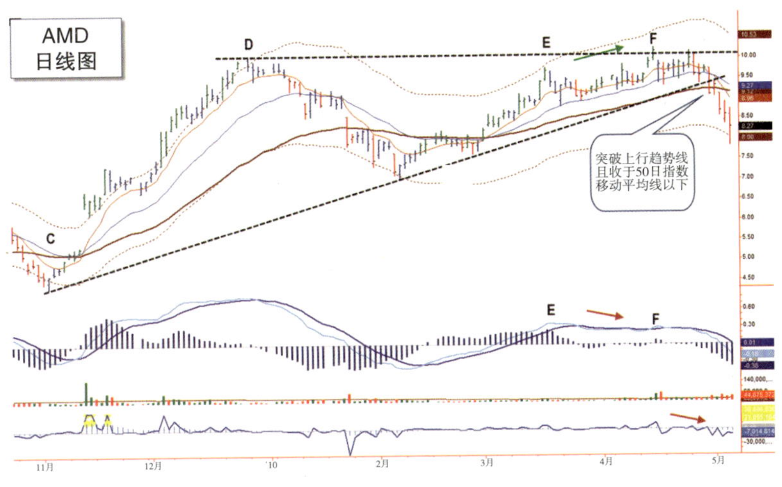

图 6.8 指标跌破

AMD，日线图，见附录二第8号指标列示。

回看日线图，可见强势的反弹（C—D）。在区间E和区间F价格再次测试高峰D。MACD、柱状图和强力指数指标的看跌背离一起发出迫近的大跌警告。

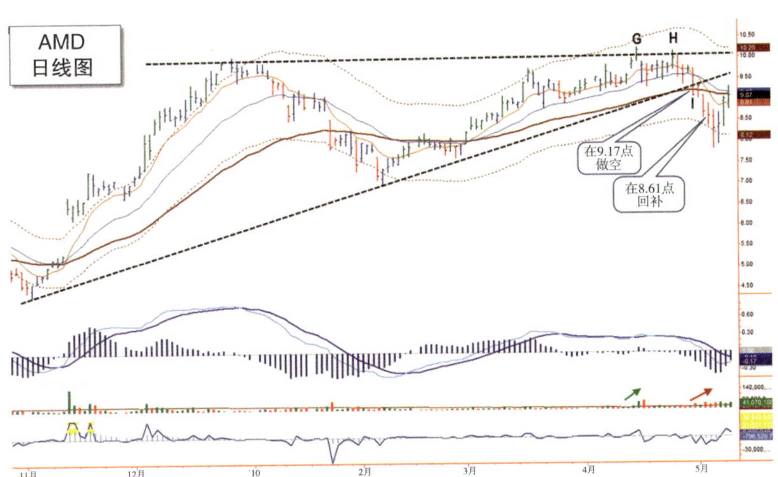

图 6.9 新手的贪婪是老手的福利

AMD，日线图，见附录二第8号指标列示。

在日线图中可以找到看跌背离的末期及其后续：

- 价格倾向于在阻力位以上突破（G）；高成交量表示很多操盘手期待突破，但是由于价格疲软，操盘手们没有在次日继续跟进补仓。
- 阻力位之上有另一个冲刺点，但价格在该线以下收盘（H）。
- 由于老手“惩罚”了坚持上行突破的多头，抛售随之而来。价格下跌并在大成交量的情况下收于50日EMA之下（I）。

在图 6.8 中能看到价格在上升三角形内整理。价格不停从支撑位弹升并跳进阻力位。如假上行突破（F）和看跌背离（E—F）所示，向上惯性似乎被消解了。

一般经验是在支撑位买入，在阻力位卖出，而新手往往唱反调。假突破中的高成交量反映买入。高成交量的假突破是老手从新手的错误中谋利的核心点。当价格无法维持在阻力位以上时，股票价格下跌。

我决定在 50 日 EMA 的缺口处做空，而该曲线同样构成不完整的上升三角形形态。我以 9.17 点入场并于其后 3 天价格无法突破较低价格轨道并反弹超出前一日的低点时回补。我在 8.61 点时离场，收益率 6.1%。预期失败导致恐慌延续，股票价格再次下滑。

头肩形态的陷阱

头肩形态可以说在股市中最受关注，它能让众多操盘手看似把握十足地下单。但是这个形态是否能永远如他们所期待的那样呢？根据托马斯·波考斯基（Thomas N. Bulkowski）的著作《股价形态总览》（*Encyclopedia of Chart Patterns*），23 个头肩形态中只有 7 个能成功反转上行趋势。

这些流行的形态引诱新手操盘手赚快钱。新手要注意警告标志，避免被困在错误的趋势判断中。看看 AMLN 是如何出现轧空的（图 6.10）。

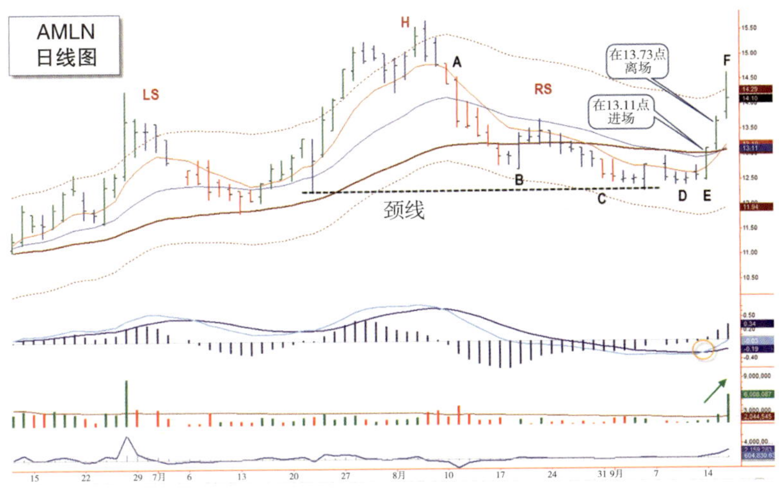

图 6.10 头肩顶形态：股价最终没有下滑

AMLN，日线图，见附录二第8号指标列示。

AMLN图中，上行趋势受限，形成了左肩、头和右肩。此后价格在C下降。新手在此做空，满以为颈线会被突破，却没意识到表面下积累的“牛性”。

- A开始出现急剧抛售，价格在B达到低点。
- 低点在C再次被测试，形成颈线。脉冲系统从蓝色变红色，仅维持了两天。
- 价格此后在D进入盘整模式。注意低波动性（如短价格柱所示）。相比持续形态，该变化更常见于反转形态。
- 逢低吸纳者介入，老手开始在E补空。
- 随着疲软空头的让步和补空，轧空开始自我蚕食（F）。

随着脉冲由红变蓝再变绿，一个多头机会引起了我的注意。它提示：可以买入，不可做空！我参照看涨的MACD交叉买入，第二天在价格高出50日EMA的位置收盘，获得4.7%的收益。我的进场和离场充分利用了多头对空头的“疯狂捕食”。

毫无疑问，尽管疲软的空头继续坚守阵地来证明自己是正确的，但当价格呈抛物线式上涨并完全轧空头寸时，他们便再也无法忍受了。头肩形态就好比引诱贪婪而弱小的空头的饵，这些空头仿佛咬鱼饵的小鱼，而老手则拿这些小鱼做寿司。

股价突破的陷阱

在价值回调时买入比股价突破时买入更容易成功。绝大多数突破会失败，但是大多数新手仍然被高利润的诱饵吸引，这些利润来自交易波动范围的价格突破。我曾被一次明显的突破形态欺骗，并根据 WU 的波动股票形态进行交易（图 6.11）。

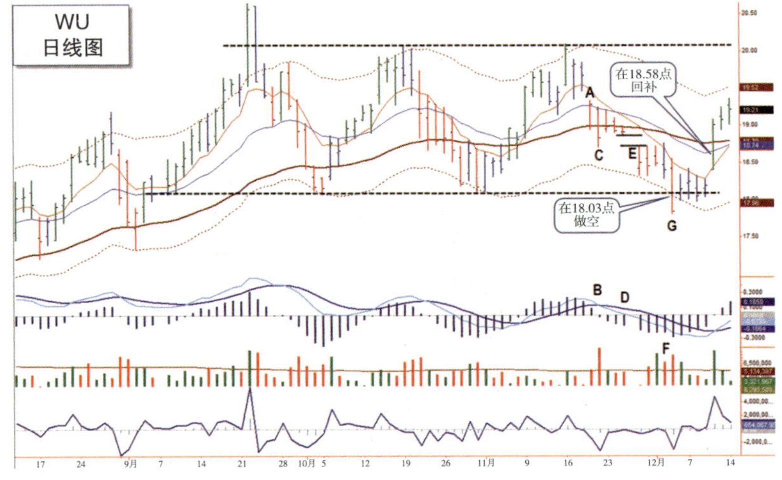

图 6.11 “鱼饵”和“开关”

WU，日线图，见附录二第8号指标列示。

从2009年9月底至12月底，价格经常在18.00点和20.00点间波动。从A点开始，多个疲软信号开始显现：

- 股价跳空下跌（A）。
- MACD柱状图和曲线下滑（B）。
- 股价违背50日EMA下行（C）。
- 曲线形成MACD中心线交叉（D）。这引起另一个无法弥补的跳空下跌（E）。
- 强劲的成交量减少（F）导致价格轨道的下行突破（G）。

通常来说，价格的波动持续越久，支撑位和阻力位就越靠近边缘。众多止损指令的集中出现会让突破能顺畅进行——只要价格能如期跟进。

我注意到多个看跌信号，这意味着下行突破即将出现。总之，价格一直跌出支撑位，我在下行突破的 18.03 点处做空。在 G，当日价格于价格轨道外低点收盘，引发下行跟进。

令我意外的是，价格次日并没有跟进，而是靠近突破的支撑线，同时脉冲颜色变蓝。后续三天，盘整模式开启。当价格突破支撑位但成交量小且股价没有持续突破时，就需要警惕突破失败。四天后，价格跳空高开并在 18.58 点轧空，损失 3.1%。

后来我在反省此次操盘时意识到，症结是下行突破的根基太弱了。强力指数指标追踪了看涨背离，预示了更高价格。当时我并未注意到这一重要的警告信号，相反，我继续将错误的交易合理化并坚持过久，希望下行压力恢复。当这一交易时段的突破失败，我就陷入了困境。

结论

我们学习了那些欺骗操盘手且让他们悔不当初的图表模型实例。老手看破这些陷阱并从新手的失误中渔翁得利。

大鱼吃小鱼的规则不仅存在于河流中，也适用于股市，这就是适者生存的最原始表现。谨慎是所有动物的内在品质，人类亦然。若要避免成为食物，在交易时就必须谨慎。

每次操盘结束后总有人获得资本收益，也有人经历资本损失。通过技术分析能识别出老手和新手的行为模式，这将给你带来优势。刚操盘时要学会模仿老手——他们可是吃小鱼的大鱼呢！

PART 3

第三部分

钓鱼时间到

Time to Go Fishing

第七章　钓鱼季节，市场季节

鱼的行为模式会被多个因素影响，如是处于产卵期还是捕食期，或者水温是高还是低，这些都会让鱼表现出不同的行为模式。因此，在不同季节需要使用全然不同的钓鱼技巧、策略。有些飞蝇产卵会吸引鳟鱼游到河边，而水流则会把成虫持续地卷进水中。鱼如果以若虫为食，则会靠近河流的中央及水面之下。鱼能适应环境而生存，适应力极强。若飞钓者仅仅将飞蝇甩出，不分方法和时间，就不可能有收获。

交易也是如此，成功的操盘手必须顺应市场周期，学习并掌握知识，积累经验，以及沿着学习曲线的艰难之旅前进。虽然这样进展缓慢，但能逐渐消除你对运气的依赖，并让你开始学会抓住有利的机会，从而提高成功率。下面，我介绍两个有助于适应市场多变的“季节”和“天气”的工具——风向标（Weathervane）和气象台（Weather Station）。

市场季节

股市季节分明，股票在不同季节表现各异，因此需要用到对应的操盘技巧。在图 7.1 中可见区分市场季节的方法。马丁·普林开发出一套股价季节模型，并首次提出股市季节性的概念。在该模型中，适用于所有季节的决定性因素是 MACD 指标，特别是 MACD 相对于中心线的位置。

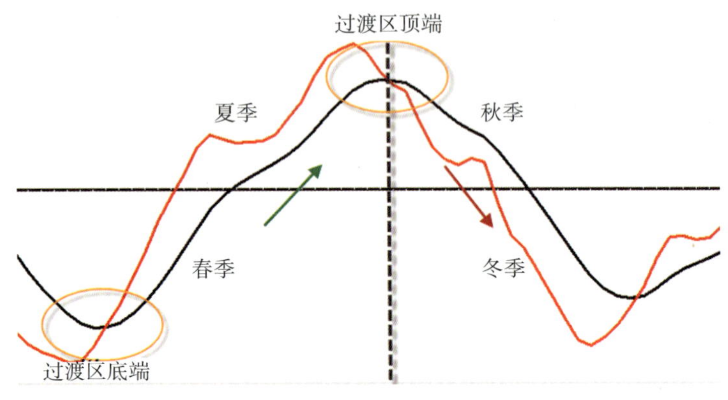

图 7.1　市场季节性

MACD相对于中心线的位置决定了市场的季节性。

每个对应的市场周期都会对股价产生直接影响。例如，夏、秋两季新牛市出现，动能累积，市场上扬。这些市场季节的多头交易表现最好，因为那时股价正处于底部或即将从支撑位弹升。随着投资者对股票的持有期在股价下跌前变长，波段交易和头寸交易在该时间段内也变得更有效。相反，在秋、冬季市场动能到达顶峰，修正期和熊市随之而来，做空是最有效的交易模式，尤其当进场点处于临时高点或当反弹趋于微弱并累积阻力时。在季节交替的过渡区间，交易环境变得最具挑战性。此时股市走向不明，在趋势持续和趋势反转之间反复不定。在该区间交易一定要快，因为投资者持有期较短，有时仅有几小时。任何利润都要快速收割或设置严格的止损指令。

季节对价格影响之大，往往能打破支撑位和阻力位的能量平衡。例如，在看涨市场中，随着春季过渡到夏季，动能持续累积。此时的阻力位被削弱，更易突破（秋、冬季则相反）。对比来看，关键支撑位往往更强力，提供了在支撑区反弹前进场或追加多头的机会。

操盘手需要敏锐察觉到这一点，尤其在涉及反趋势交易的情况下。如果将夏季交易策略用于冬天或将冬天交易策略用于夏天，会有投资者收获一定的反趋势成功，但最终，长期趋势会因为强势的支撑位或阻力位而快速反转。

波动的影响

波动率指数也称“恐慌指数”，是衡量价格在平均值上下波动程度的技术指标。若波动较大且价格波动范围扩大，投资回报将比一般情况下更分散。

该指标使得市场价格和波动程度之间产生直接且重要的联系。随着波动的缓和，股市往往上扬；若波动剧烈，则股市下行。

波动性对价格有直接而强烈的影响，因此持续地进行正确评估非常重要。那这要如何做到呢？

汉斯·瓦格纳（Hans Wagner）在为“投资百科知识”（Investopedia）撰写的一篇文章中给出了建议：

> 方法之一是使用 CBOE 波动率指数（VIX 指数）。VIX 指数衡量标准普尔 500 指数买方和卖方期权一篮子价格的隐含波动率（IV）。VIX 指数作为工具能衡量投资者风险。VIX 指数的高数值表明股市处于较高波动期，高波动率与股市底部形态一致。VIX 指数的低数值表明股市处于较低波动期，低波动期可持续数年，并不适用于识别市场顶端。VIX 指数是前瞻性指标，可衡量股市未来 30 天的预期波动率。

瓦格纳在文章收尾时写道：

> 与熊市如影随形的较高波动率会对投资组合产生直接影响。当投资者看着组合的价值发生更剧烈的变动并下跌时，他们确实会因为高波动率而担忧。高波动率会引起不合理的反应，进一步加剧投资者的损失。

因此波动率通过记录投资者合理与不合理的行为，而能对价格行为进行独特的预见性推测。

VIX 指数的评估对投资者有以下作用：

• 作为市场预期波动的前瞻性测量指数。

• 预期价格行为。

• 衡量投资者理性。VIX 指数越小，投资者越理性，收益越高。

• 衡量市场的恐慌程度。VIX 指数越高，投资者越不理性，越容易引起恐慌行为。恐慌会使市场进一步下跌。

最终，价格通过反映投资者的情绪对波动作出了回应。当价格波动剧烈时，恐慌加剧，理性减弱。高利润交易只会偶尔发生，最终导致投资者不敢出手。波动率此时的功能是腐蚀投资者的信心，没有价格下行的支撑位，投资者最终会屈服于下行压力。

监测股市季节更替

至此，我们重点学习了与价格相关的 MACD，以及用其相对于中心线的位置来确定市场季节的方法。此外，我们也分析了对应时期波动率对价格的影响。

现在我们结合风向标和气象台两个指标，来观察它们如何共同指示买入和卖出信号。

风向标：股市的计时监测工具

周线图结合 VIX 指数及与其呈负相关的标准普尔 500 指数，能让操盘手预测即将到来的市场变化。图 7.2 展示了我所说的风向标。如前所述，VIX 指数是一个前瞻性指标，能协助预测股价的转折点。若将 8 周 VIX 指数的移动平均线斜率作为主要监测指标，并用标准普尔 500 指数 MACD 交叉确认，我们可以准确地确定价格反转趋势。这些重要的市场轴心点同样与市场季节变化相关，因此，这两个指标可以用作监测市场季节的工具。

记住，VIX 指数的上扬（即 8 周 EMA 提升）意味着恐惧、恐慌或非理性投资行为的增加，反之亦然。当该信号通过标准普尔 500 指数 MACD 交叉的形式被实际疲软的股价所证实，就预示着股市即将迎来转折点。我们可以根据该信号进行操盘。按此方法监测 VIX 指数和标准普尔 500 指数的动能，就能有效辨识市场季节。

结合一个图中两个呈负相关的指标能很容易地观察到两者的区别。图 7.2 显示两个指标分久必合，但随着股价的波动，两个指标又再次分离。

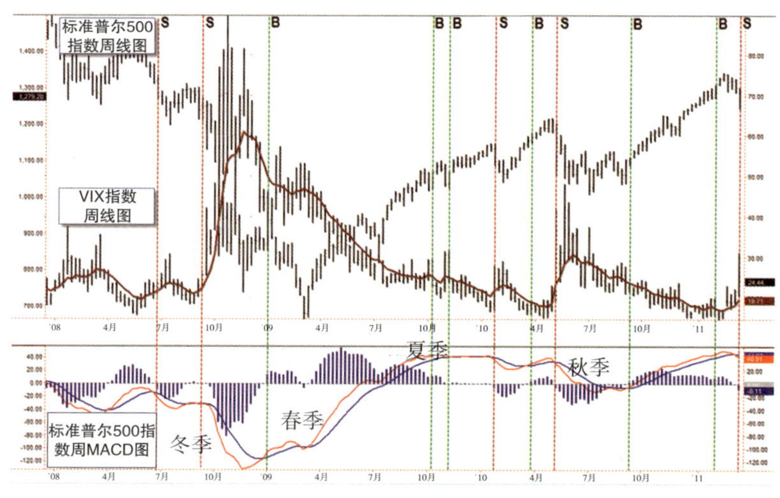

图 7.2 风向标

上方面板：标准普尔500指数和VIX指数（波动率指数）、周线图、VIX指数8周EMA。下方面板：标准普尔500指数MACD（12、26、9）。

风向标展示了标准普尔500指数和波动率指数的重叠对比。其功能如下：

- 辨识形态。两个互为负相关的指数的分离和逼近。
- 释放买入信号（B）。鉴于VIX指数8周EMA的斜率出现下行，结合标准普尔500指数的看涨MACD交叉。
- 释放卖出信号（S）。鉴于VIX指数8周EMA的斜率出现上行，结合标准普尔500指数的看跌MACD交叉。
- 确认市场季节。由MACD线相对于中心线的位置决定：冬季——位于下方且下滑，春季——位于下方且上升，夏季——位于上方且上升，秋季——位于上方且下滑。

如用其他工具来对图表进行补充，我们可以获得更多有用信息。图 7.3 对各个市场季节用不同颜色标记，还对 VIX 指数的脉冲系统的颜色进行了关键调整。脉冲颜色设置了反转，这样就能与标准普尔 500 指数的价格变动直接相关。

• 红色指示卖出信号（上升的 VIX 指数）。

• 绿色指示买入信号（下降的 VIX 指数）。

• 蓝色指示中立信号。

相对应的是，VIX 指数脉冲颜色代表了大盘的买入或卖出信号。

这两处提升使得图表解读起来更为直观。为季节涂色能直观地看到伴随的牛市或熊市，从开始、成熟至结束的季节更替。

通过展示波动率指数图中突出的颜色柱，脉冲系统可以辅助确认现有的趋势。无论是从红色还是绿色转为蓝色，都要警惕潜在的趋势改变。

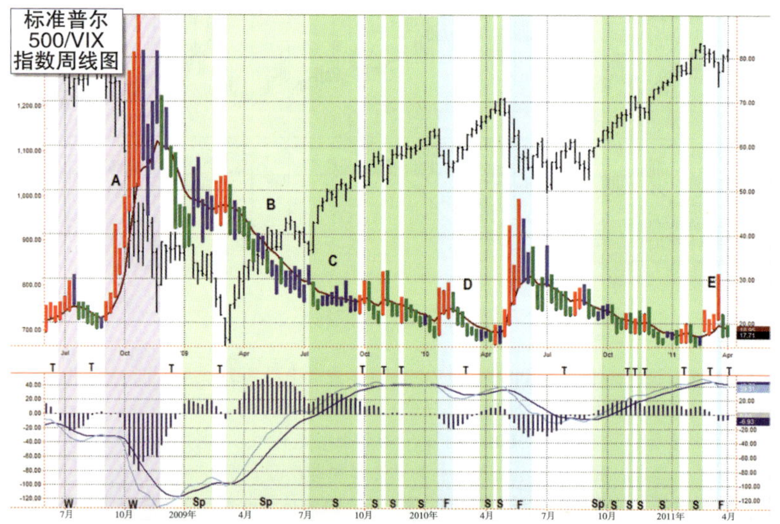

图 7.3　补充了季节填色和脉冲系统的风向标

上方面板：标准普尔500指数和VIX指数（波动率指标）、周线图、适用于VIX指数反转颜色后的脉冲系统。下方面板：标准普尔500指数MACD（12、26、9）。

指标的缩写：W＝冬季，Sp＝春季，S＝夏季，F＝秋季，T＝过渡。

需注意如下事项：

• 生成买入或卖出信号的区域按照对应的市场季节涂色。

• 注意冬季较多的红色VIX指数柱状图（A），以及春、夏季突出的绿色和蓝色柱状图（B、C）。

最后，我们观察到在图 7.3 中所有的价格柱状图都按照特定季节上了色。没有颜色的区间不属于任何季节，称为过渡区（T）。它们指代 VIX 指数信号同标准普尔 500 指数 MACD 出现不一致且无法相互确认的情况。在过渡期进行交易十分困难，因为市场动荡不止，急于寻求稳定趋势。其间的脉冲系统附加值之一是脉冲的主色调（D、E 区）会指导买入或卖出。另外，脉冲颜色能为下一个趋势的可能走向提供线索。例如，D 的过渡区中主要柱状图为绿色，预测价格会更高。过渡持续了 7 周，之后出现夏季买入信号。

VIX 指数或标准普尔 500 指数周 MACD 等单个指标本身就能传递强烈的信号，若用两个指标互相确认则得到的结果更加可靠——洗盘概率更低。

介绍完了风向标，让我们再次回顾一下决定市场季节性更替的方式和时间的一些规则。

标志季节性更替的规则

每当 VIX 指数的 8 周 EMA 的斜率出现变化（上行或下行），并由标准普尔 500 指数 MACD 交叉（上行或下行）确认，季节开始更替（图 7.3）。根据下列规则区分春夏秋冬：

- MACD 位于中心线以下并由于“牛性”交叉而上扬，冬季转为春季（Sp）。
- MACD 上行与中心线交叉并继续上升，春季转为夏季（S）。
- MACD 位于中心线以上并由于“熊性”的每周交叉下降，夏季转为秋季（F）。
- MACD 下行与中心线交叉并继续下降，秋季转为冬季（W）。

风向标的其他重要特征

关于风向标的其他特征，还有以下要点需要思考。

市场季节性的颜色含义 不同色彩对应不同季节（紫色对应冬季，浅绿色对应春季，绿色对应夏季，浅蓝色对应秋季），能让人对季节变化趋势的长度和强度一目了然。注意图 7.3 中的颜色是如何从紫色变成浅绿色再变成深绿色（A—C）的。操盘手由此可以看出市场的温度——随着季节更替，市场温度要么升高，要么降低。

同样需注意市场由漫长夏季变成短暂秋季的过渡期（E）。随后，VIX 指数下滑，预示短期上行市场环境的回归。这一形态通常由外部事件触发，就如同 2011 年春季暴发的海啸随即导致了日本的核危机一样。尽管彼时市场确实扩大且标准普尔 500 指数与 VIX 指数的分离程度较大，但这并非意味着一定触顶。牛市直到价格飙升触顶力竭后才会收尾，我认为这一判断基本正确。

过渡区　如上所述，过渡区代表了市场中充斥着犹豫不决。从图 7.3 能清楚地看到多数已确认的季节更替前后都是过渡期（空白区间），每个区域延续数周之久。这种形态警告我们要对暴风雨未雨绸缪。我使用过渡区指标的目的有三个：①对处于危险的头寸积极止损；②清算此类头寸；③准备好头寸，争取在下个季节表现良好。

预测市场“天气”

风向标背后的市场季节性概念有助于制定长期的策略性交易规划。就像季节的真实更替，市场天气的变化也是逐渐过渡，有时会延迟数日或数周。例如，在爱达荷州，春分时节的天气可能还冷如寒冬。尽管日历提示春天到了，气温却还在零摄氏度上下波动并伴随着下雪——这也是 2 月的常态。

市场的季节与之类似。有时我们发现市场貌似要大变，从夏季转为秋季时，却又立即见证了市场突然剧烈的反弹。这时就需要一种更精准的方法，不仅要监测市场的季节，还要监测每日和每周的市场“天气”。

天气变化最能让正在进行户外活动的人们扫兴。恶劣天气本身就足够糟糕，突然的到来更是雪上加霜。

股市操盘充满了意外，不利于交易的剧烈反转，经常让人措手不及。恶劣的股市天气会突然到来，并破坏账户价值。预测这些多变环境的能力对于避免股票账户遭受严重资金回撤至关重要。

作为市场价格行为的预测，VIX 指数也可以用于较短的时间范围。图 7.4、图 7.5 和图 7.6 是 VIX 指数紧挨着标准普尔 500 指数的图，用于每日、30 分钟、10 分钟范围内的两指标关系分析。这让我们不仅能预测每周市场表现，还能预测每日和当日的市场表现。

每周预测 风向标测量波动程度，并将其与标准普尔 500 指数的 MACD 交叉相结合以计算股价按特定方式变动的概率。如前文所述，每周 VIX 指数脉冲颜色能预测每周价格上升或下降的可能性。我利用这一信号决定做多还是做空。

每日预测 预测天气的科学家使用特定工具来计算各种天气的概率，还有复杂的雷达设备可以实际记录将至的风暴强度。

在图 7.4 中，两个图同时展示：VXX 指数（iPath 标准普尔 500VIX 指数短期期货交易所交易票据）日线图在左边，而 SPY（标准普尔 500 指数交易所交易基金）日线图则在右边。VXX 指数日线图是用来预测每日价格行为的工具。SPY 日线图的作用类似于雷达，记录被波动率影响的实际价格回应。例如，剧烈的反转柱状图（SPY 图中标为 G）出现前是 VXX 指数连续三日的高点（A、B、C）。A 是蓝色的反转柱状图，接着的是 B 和 C，后两者呈红色传递卖出警告信号。该证据暗示 VXX 指数出现反转并上扬，且预测到 SPY 的反转迫近。MACD 交叉跟进以及价格收于 SPY20 日 EMA 以下，则确认了 VXX 指数日线图的卖出信号。

如该案例所示，以任何时间框架衡量波动率时，都可有效预测对应的股价行为。

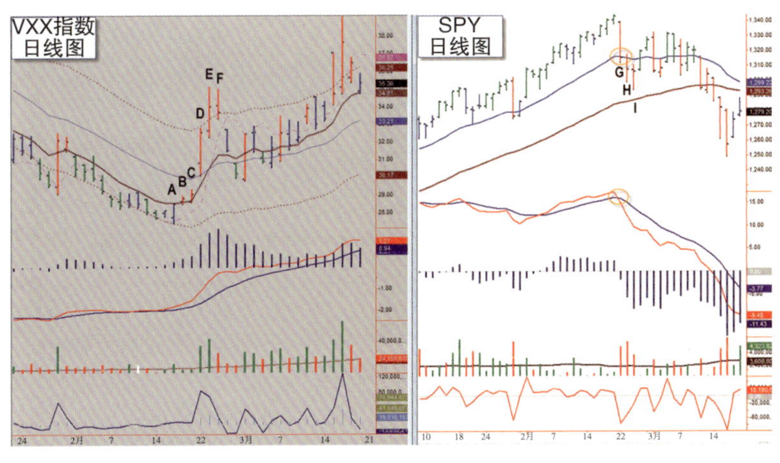

图 7.4 每日预测

VXX指数及SPY，日线图，MACD（12、26、9），50日EMA成交量，2日强力指

数指标移动平均线，脉冲系统（VXX指数脉冲上设置相反颜色）。

对比VXX指数和SPY能让操盘手从波动中捕捉前期警告信号及后续股价的反应：

- 看跌的吞没形柱状图出现，单表VXX指数的下行反转（A）。
- VXX指数跟进并上行，收于快速EMA以上，脉冲变红色——每日卖出信号（B）。
- VXX指数持续上扬，使价格柱状图在强劲成交量上延长（C）。
- VXX指数跳空并在大成交量下向上爆发（D）。
- VXX指数冲出价格轨道，产生衰竭（E）。
- VXX指数未能抓住前一个高点，回撤到价格轨道内。
- SPY下崩（G）以回应波动率的飙升（D），并收于20日EMA之下——提示卖出。
- 价格沿着下行跟进（H）以回应VXX指数的衰竭性变化（E）。
- 假的下行突破形成（I）以回应VXX指数无法跟进上行（F）。这个“袋鼠尾”形态触发紧随的SPY反弹。

日内预测

投资者可以在更短时间段内寻找相同线索，例如观察30分钟日内股价图，就能计算价格趋势的日内预测（图7.5）。通过寻找日内VXX指数的新高点，我们可以预测SPY的新高点将随之而来。这可以让投资者在每日高价突破前提前进场。

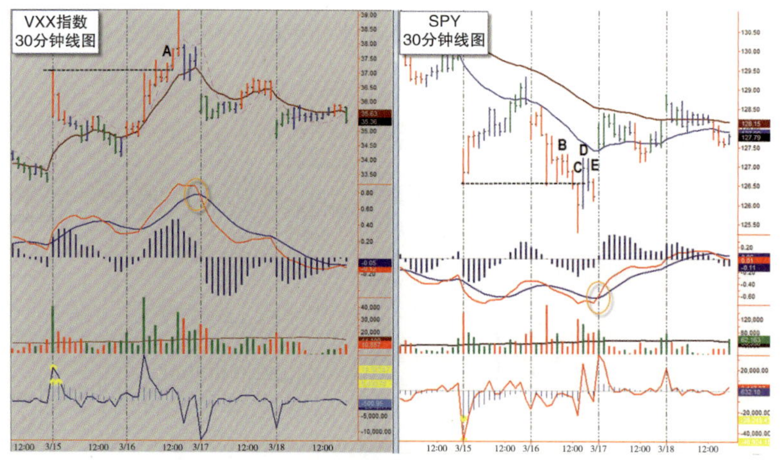

图7.5 日内（下午）预测

VXX指数及SPY，30分钟线图，MACD（12、26、9），50日EMA成交量，2柱形EMA，强力指数指标13柱形柱状图，脉冲系统（VXX指数脉冲上设置相反颜色）。

VXX指数的动能变化预测了SPY的价格变化：

- 美国东部标准时间3月16日13:00，VXX指数伴随着强劲动能收于开盘高点之上（A），该信号强烈提示当日新低点很可能在大盘出现。
- 同一时间点的SPY图中，价格仍高于当日低点（B），这是很好的做空机会。
- 价格急剧下跌抓住当日低点（C），VXX指数峰值形成的假突破传递出明确的回补信号。
- 股价反弹，脉冲变成蓝色（D）。
- 股价在收盘前大跌，脉冲变为红色（E），但是VXX指数收盘脉冲为蓝色，确定SPY为假突破（C）。将这些现象添加到即将交叉的MACD的极限位置，可以看到次日很可能出现向上跳空的缺口。

如果这些突破失效，则警示 SPY 可能出现价格反转。

每小时预测

为了更早地获得即将到来的变化警告，操盘手可以使用更短期日内股价图，例如 VXX 指数和 SPY 的 10 分钟线图（图 7.6）。在该线图上可以看到 VXX 指数是如何开始在盘整形态中上扬的（A）。此前的脉冲柱形很不连续，由红变绿，继而由绿变蓝。从 A 开始，价格在维持红色卖出信号时开始上涨。预先警告可使操盘手在股价呈现疲软前有足够的时间买入或卖出，而预期的疲软在 SPY 上也很快成真（E）。

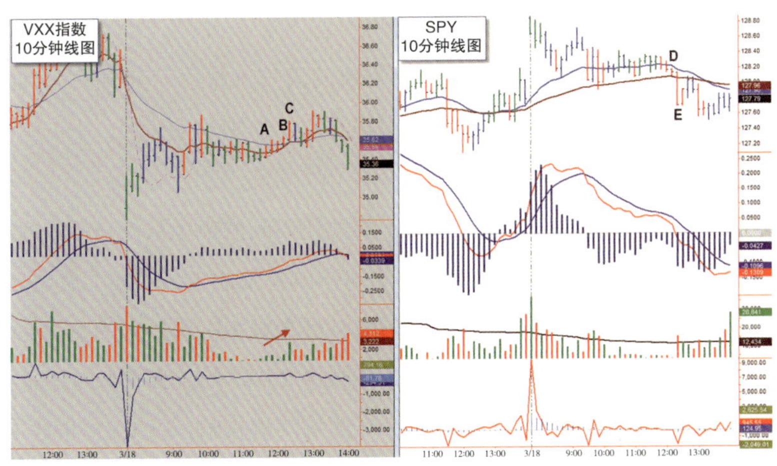

图 7.6　每小时预测

VXX指数及SPY，10分钟线图，MACD（12、26、9），50日EMA成交量，2柱形EMA，强力指数指标13柱形柱状图，脉冲系统（VXX指数脉冲上设置相反颜色）。

盘整后VXX指数的上扬预测SPY在下午抛售：

- VXX指数收于价值区，脉冲变红（A）。
- 第四个红色柱形收于慢速EMA之上（B）。
- VXX指数在大成交量出现时急剧上涨（C）。
- SPY跌入上升支撑区并准备好反弹（D），但VXX指数此前信号指向相反行为。这本应是卖出或做空的绝佳时机。
- 急剧抛售（E），回应波动价格行为所指示的疲软。

若按这四个时间框架（每周、每日、日内、每小时）分析线图，操盘手可以轻易看出标准普尔500指数的巨大价格反转。若波动率变化快速且强劲到足以改变一日VXX指数脉冲颜色，就很可能出现重大反转；如果波动率变化半途中止并无法影响到一日VXX指数图，则暗示已有趋势内出现了常规的回调。此类回调为符合一周买入或卖出信号的操盘交易创造了理想的进场点。

气象台

爱达荷州人有句俗语："天气不好莫着急，十分钟后必变天。"在河边或湖边钓鱼的话会觉得这句俗语真准。亨利湖是世界上最多产的浮管飞钓胜地，该湖泊毗邻黄石公园的大陆分水岭，天气瞬息万变。

每次在这里钓鱼，我们都要查一下当地的天气预报，尤其要关注风向和风速。北风以带来恶劣天气著称。风速也同样重要，如果早上风大，下午湖面很可能变得危险重重，甚至危及生命。

当我们进行波段交易或日内交易时，要关注不利的市场条件是否临近或者会在何时到来，要懂得使用可以全天候监测并作出警报的工具。如上所述，每周、每日和日内预测正好具备这些功能。实时且持续地观察七张不同的图很耗时。为解决这一问题，我将所有要素融合进一个系统中（图7.7），即气象台。这些层叠图配备了上述所有工具。更短期图最小，从前端左侧开始，以VXX指数10分钟线图为开端（灰色背景），紧随其后的是SPY10分钟线图（白色背景）；之后是30分钟线图套图，而后是日线图套图；最后，在最右边的是每周风向标。

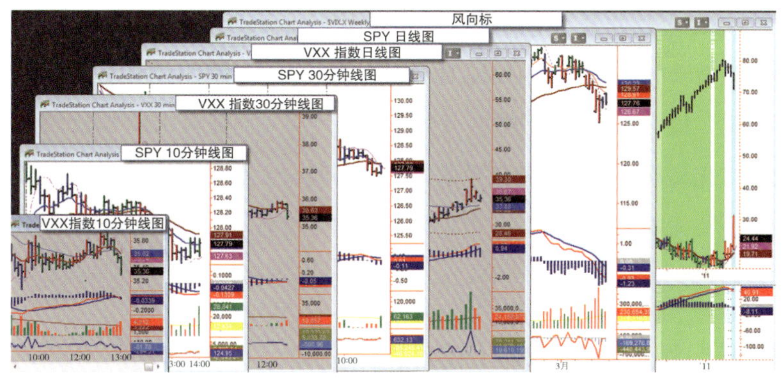

图 7.7　气象台

从左至右：VXX指数10分钟线图（灰色背景），SPY10分钟线图（白色背景），VXX指数30分钟线图（灰色背景），SPY30分钟线图（白色背景），VXX指数日线图（灰色背景），SPY日线图（白色背景），风向标。

如此就能一眼看到短期图、中期图和长期图中显现的持续变化。这个气象台非常有效，能预告即将到来的市场变化和变化速度。

监测波动脉冲颜色变化所产生的买入或卖出信号，类似于在钓鱼前先评估风向与风速。有时，颜色变化会预测低波动率、平稳的市场和更强势的大盘。有时，颜色变化会预测高波动率以及伴随而来的市场疲软。脉冲颜色变化的速度和程度能提示当前趋势的持久程度。如果一个上行市场突然开始变弱，而且 VIX 指数脉冲由绿转蓝再转红——从 10 分钟线图开始并延续至日线图，则可能出现在日内剩余交易期的持续疲软。

操盘手该如何使用气象台呢？我来介绍一下自己在日常交易中是如何使用这一工具的。首先，关注 VIX 指数，提出如下问题：每周脉冲是什么颜色？提示买入还是卖出？之后，观察左边更短期的灰色图并进行分析。我观察波动变化速率以及变化是否重要到能影响每日或每周的颜色。例如，在图 7.7 的最右边可以看到 VXX 指数图红色柱状图所显示的卖出信号，在日线图的左边能注意到 SPY 脉冲为蓝色，但同一个价格柱显示了看跌的上蜡烛芯。于是我问自己：看跌的一日价格进一步下行跟进的可能性是多少？如果将分析用于更短期图，能发现

VXX 指数已经登顶并开始下行。结合 SPY 的上行反转，说明气象台将预报平稳的风和近期看涨的市场天气。结论是什么？我不认为日线图或周线图会有进一步的下行跟进，相反，我会对已有头寸加仓并向多头一侧倾斜。

我会在交易日内频繁观察该系统，它能助我与大盘的时间同步。它给了我无数次预警，要么跟进，要么远离市场行动。这是极有价值的工具，能将资金回撤最小化，而将利润最大化。

给价格形态添加细节以强化信号

纵观全书，我一直在强调价格形态的重要性。价格形态可以增大上述股市线图中信号被确认的概率。

例如，在 2011 年 2 月至 3 月的调整期（图 7.8 的最右侧），可以看出市场在 2011 年 2 月 20 日进入过渡期（蓝色箭头所示）。VIX 指数显示红色柱状图，提示出现卖出信号。

在同一时间，我们从日线图（图 7.9）可见看跌 MACD 交叉（A）传递出的卖出信号，紧随其后的是价格收于 20 日 EMA（B）以下。股价确认了风向标红色 VIX 指数脉冲柱状图所发出的警告。

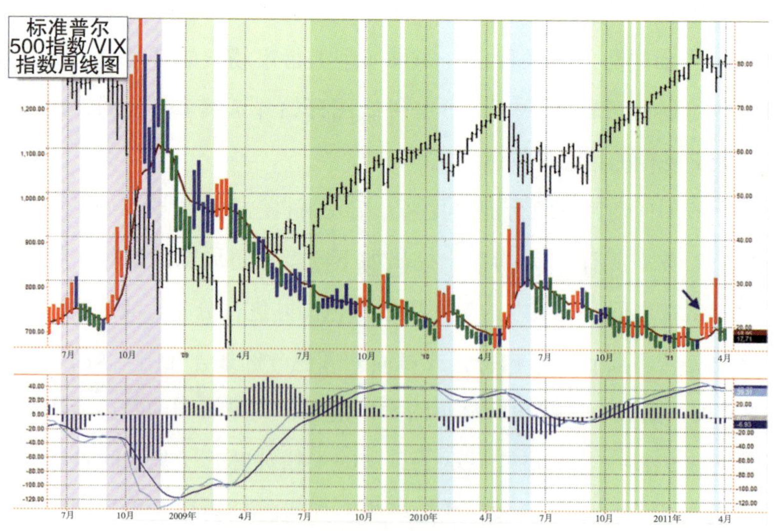

图 7.8　风向标显示不同季节的不同色彩

标准普尔500指数和VIX指数（波动率指数），周线图，MACD（12、26、9），脉冲系统VIX指数脉冲上设置相反颜色。

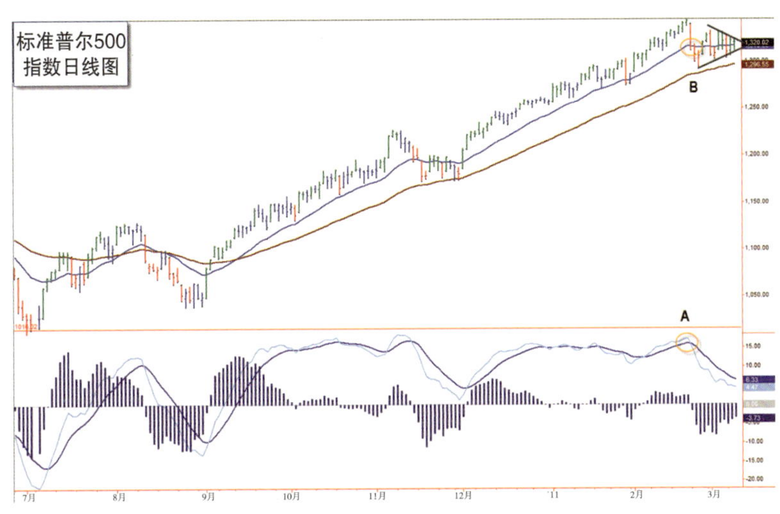

图 7.9 一日股价开始疲软

标准普尔500指数，日线图，见附录二第16号指标列示。

卖出信号：

- 看跌MACD交叉（A）触发卖出警告。
- 后续价格收于20日EMA（B）以下而给出卖出信号。

若放大图像并仅关注其局部（图 7.10），可以看到更多形态，它们也预示进一步的下行。

在标准普尔 500 指数的日线图中，我们看到价格以大成交量从上行楔形跌出（B）。在价格进一步下滑的下行突破出现前，盘整形态形成。

由此，结合上述工具，可以将日线图以及相应的价格形态中临近的转折点标出。

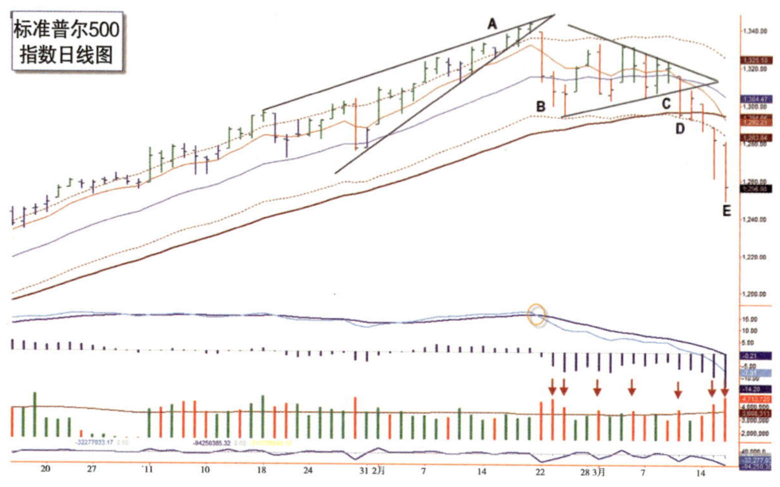

图 7.10　价格形态预示抛售

标准普尔500指数，日线图，见附录二第8号指标列示。

多个价格形态提示抛售将至：

• 在低交易量形成的上升楔形形态（A），确认了VIX指数中疲软将至的警告信号。注意，在上升楔形内绿色和蓝色脉冲柱状图占多数。

• 楔形在大成交量下消解，脉冲变成红色（B），导致MACD交叉。

• 未来12日，脉冲直接从红色变成绿色三次（B—C），同时价格盘整。这显示股市长期反弹触顶后出现的极度的犹豫不决。我们也看到大多数下行成交量柱状图（红色箭头标记）比上行柱状图更高，表明更多的操盘手愿意在强劲时卖出，而非在疲软时买入。

• 最后，随着盘整三角形的高点逼近，价格坚决地以大成交量下行突破（D）。

• 随着成交量持续扩展，抛售进一步加速（E）。

哪里能找到适合自己的气象台？

你可以访问我的网站，寻找更多关于本章和其他章节涉及工具的更多信息。

登录 www.FlyFishingStocks.com 可以看到各种类型的指导工具、软件和其他资料。该网站还会提供“捕捉和释放”交易系统软件——包含风向标、气象台、其他进场（浮漂）和离场（刹车系统）的工具，能助你成为更出色的操盘手。你也可以找到讲解市场季节性的视频，它们能帮助你理解季节何时出现、为何出现、如何分辨季节以及如何使自己的交易与季节同步。想获取该网站的更多信息，请参阅本书最后的“关于网站”部分。

结论

若配备了类似风向标和气象台的高效预报工具，操盘手就能与市场季节同步。长期和短期市场的走向都会更加清晰，同时操盘手对牛市和熊市的持续时间也能有更深刻的见解。最终，这将帮助我们辨识出最佳的进场和离场时间的临近转折点。个股并非一直与大盘的表现关联，但若期望出现反转来拯救头寸，最好以市场反转的整体影响来做支撑。很多操盘手因为操之过急，没有确认反转信号就过早进场，而遭遇失败。试图“空手接落刀”（接手价格暴跌的股票）会招致严重损失。流血的手会痊愈，但账户里的资金通常不会恢复。这些工具有助于操盘手规避常见错误。

最后，我从不在没有确定钓鱼季节和没有查天气预报的情况下花时间和精力去钓鱼。同样，除非明确了市场季节和使用本章介绍的工具做好了短期预测，否则我绝不盲目投资来之不易的资金。

能识别市场的季节变化是宝贵的技能。能发现季节变化规律的操盘手已将他人远远地甩在后面。正如在合适的季节用合适的假蝇可以钓到大鱼，操盘手如能让最高效、最匹配的交易策略与市场走向同步，就能收获高额利润。

第八章　匹配羽化

在错误的季节用错误的假蝇钓错误的鱼，注定徒劳无功、一无所获。无论于何时何地飞钓，飞蝇孵化的形态都在变化中：日间、日内、每周、每月。持续发生变化的飞蝇孵化形态迫使钓手模拟它们的各种孵化阶段来顺应飞钓的多变环境。如果能“匹配羽化”则会妙不可言。因为一旦匹配成功，那么每次回竿必钓大鱼，而围观者也会一拥而上，争相请教使用的是何种假蝇。

飞蝇的幼虫会像股市一般周期性地、可预测地、可识别地成长。能否掌握模仿幼虫的确切形状、尺寸、颜色和行为——即能否“匹配羽化”——是区别飞钓领域专家或业余人员的关键。

可以说，最好用的飞蝇幼虫出自蜉蝣。蜉蝣一直是鱼的美餐。蜉蝣的卵孵化成幼虫后，蜉蝣开始了它的生命周期，后续有四个阶段，以若虫为开端，到成虫回到水面产卵后死亡为结束（图 8.1）。针对每个阶段，飞钓者要使用不同的飞蝇形态并以对应的方式钓鱼。除了尺寸、外观、颜色外，飞钓者还必须模拟蜉蝣的行为和动作。

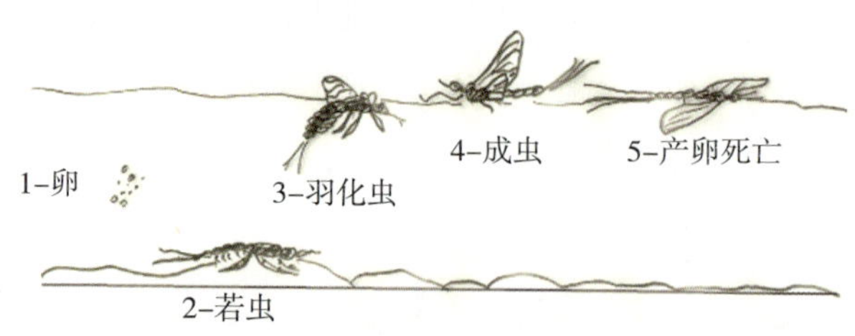

图 8.1　蜉蝣生命周期

蜉蝣的生命周期包含5个阶段：卵、若虫、羽化虫、成虫、产卵死亡。

牛市和熊市也会经历相似的生命周期，操盘手需要根据每个季节的特性去调整与之同步的策略。表 8.1 列出了每个市场季节对波动、支撑位、阻力位和市场形态的普遍影响。无论股市触底、登顶还是回调，交易策略都必须与之相匹配，这样才能实现利润最大化。

表 8.1 市场季节及其影响

市场季节	波动	支撑位	阻力位	市场形态
春季	下降	强化	弱化	底部
夏季	最低点	强劲	疲软	回调至上行支撑位
秋季	上升	弱化	强化	顶部
冬季	到达最高	疲软	强劲	拉升至下行阻力位

成功交易的基础是识别出占主导地区的市场季节，并制订“匹配羽化”的交易计划，即匹配大盘总体形态的计划。若能做到匹配，那么最合适的股票就会“浮出水面”，带来最大收益。

在前一章，我引入了股市季节的概念并着重阐述了季节对价格的影响。本章我将重点讲解利用各种股市形态进行交易的方法。表 8.2 提供了一份形态识别快速指南，列出了每个季节对应市场形态的与之相匹配的交易策略。

表 8.2 形态识别快速指南

市场形态	交易策略
底部	盘整上行反转
回调	从上升支撑位反弹的上行反转
顶部	盘整下行反转
拉升	从下降阻力位反弹的下行反转

注意表 8.2 中“反转”一词。它清晰地提示了应该做的每种交易策略，旨在确定盘整结束、趋势继续或开始时的关键反转。

接下来让我们逐个仔细地观察各种形态的特征和细节，先从底部形态开始。

底部形态

底部形态很容易识别。顶部形态和底部形态都形成于股票市场极值，通常与趋势跟踪指标的背离相关，偶尔伴随衰竭行为。

下列是底部形态的基本元素：

• 出现具体事件或技术特征导致严重的价格抛售。

• 价格跌出支撑位，导致操盘手急剧抛售，价格跌至新的中期低点。

• EMA 下行，快速下降趋势线位于慢速下降趋势线以下，而慢速下降趋势线位于 50 日 EMA 以下。

• 动能开始变弱，表现为成交量减少和相应的指标（MACD、强力指数指标）看涨背离。

• 在一次虚弱的反弹后，之前的低点被再次测试，这通常会导致更低的低点出现。

• 价格的下推动力持续变弱，导致价格柱变短和移动平均线反转。这一情况通常结合了 MACD 和柱状图看涨背离，因为该指标中出现了更高的低点。

图 8.2 展示了 SPY 日线图中该形态的技术构成。

交易策略

当市场处于触底过程中时，最有效的交易方法是采用策略，从低档盘整中捕捉上行反转。

图 8.2 展示了底部形态的特色。若股价达到超卖水平（B），逢低买入者悄然靠近，将价格从底端上拉，直达由向下慢速 EMA 导致的阻力位（C）。这引起对低点的再次测试（D），随后 50 日 EMA 出现反弹（E）并在再次测试后出现另一低点（F），从而触发新的上行。

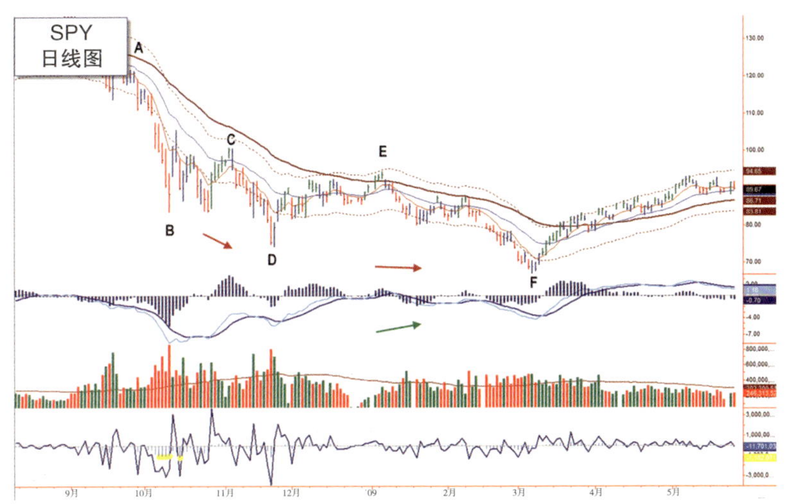

图 8.2 市场触底反弹

SPY，日线图，见附录二第8号指标列示。

- 剧烈抛售（A—B）。
- 价格远低于移动平均线达到低点（B）。
- 反弹至不能维持的价值区间（C）。
- 随着MACD和柱状图出现更高的低点，价格跌至新低（D）。
- 价格回升至50日EMA（E）并再次下跌。
- 出现新的低点（F），最终构成三重底（B—D—F）。
- 股价反弹并飙升（F）。

当出现真实的触底，股票通常表现出爆发式上涨。这是因为高收益卖空者急于回补和套利，而新的多头则急着在高收益卖空者离开前赶紧“上车”。这类走势通常在回归价值区域期间轻松地突破多重阻力。

底部形态有多种变体，其中一些曾在第二章中简要提及。所有底部形态的元素都或多或少涉及股价盘整，结合向上趋势跟踪指标的“牛性”，能有力引导强势突破的发生。基于此，操盘手应重视此种交易策略，即利用这些盘整形态的上行反转进行交易。

接下来，我介绍几种交易策略（表 8.3 及图 8.3 至图 8.7），它们能够让我科学地适应不同的市场环境，其中每种策略的命名与特定形态都对应着一个市场季节。利用该方法，我可以轻松识别交易设定的特征和对交易进展的期望，有助于我将操盘与特定市场季节的具体需求进行同步。

每种策略的特点都是利用当时突出的总体市场模式。我将先讲解“自下而上策略”——用于市场底端交易，然后讲解“回调策略”，即在长期的上行趋势中利用上行支撑位（价值）的回调，最后讲解“滚动”和“拉升”策略，即当牛市趋势结束，看跌者控制市场时，操盘手利用顶买户和下行逆转所进行的操作。

表 8.3　底部形态下推荐使用的交易策略

交易策略	波动	季节
自下而上（类型 1）	下降	春季
自下而上（类型 2）	下降	春季

自下而上（类型1）

自下而上策略利用了因超卖导致的盘整形态的突破。当股价出现深度回调时，操盘手对估值的担忧开始显现，这些担忧迫使熊市疲软而转为牛市，从而导致反转趋势产生。从技术层面看，这会生成低风险 / 高回报的可交易图模型，可获利巨大（图 8.3）。

策略设定的特点

MACD 指标结合移动平均线对应的价格行为组成了这个设定。

价格行为　触发这个设定的价格下跌并下拉所有移动平均线：50 日 EMA 低于 100 日线，21 日 EMA 低于 50 日 EMA，8 日 EMA 低于 21 日 EMA。

快速（8 日）EMA 向上与慢速（21 日）EMA 交叉（图 8.3，B）。

随着股票价格下跌，日线图的形态从平缓到略微向上倾斜，价格柱开始缩短。无论是在对称三角形形态还是在下降三角形形态（B），价格形态在三角形基础形态内达到高峰。

图 8.3 自下而上（类型1）

MW，日线图，见附录二第8号指标列示。

自下而上（类型1）的特征为：EMA位置改变、价格柱收缩和指标轻微上扬。

- 看涨MACD交叉（A）。
- 在该形态中最短的价格柱出现后，当日脉冲变绿（B）。价格收于快速和慢速EMA之上。我在下个价格柱以20.75点进场。
- 价格突破50日EMA，之后飙升至股价轨道上限（C），我以22.43点卖出套利，5日收益率为8.1%。
- 价格继续呈抛物线形式上升（C—D），随后卖出者进入（D）。

MACD 价格在抛售后趋于稳定，MACD和柱状图呈现出一种平滑渐进的看涨背离形态（绿色箭头所指示），下推动力逐渐减弱。

股市形态按类似方式设定并设置高放空比率，就仿佛创造了一个“炸药桶”，仅需要些许的“牛市火星”就能燃爆。

自下而上（类型2）

两个类型的区别仅在于形态设定的特征。类型 1 的设定特征是价格的逐渐降低，而类型 2 的设定则具有更多的突然性且充斥着衰竭性行为（图 8.4）。这两种类型的交易规则一致。

策略设定的特点

类型 2 的特征是剧烈的衰竭抛售，导致移动平均线快速下滑。在类型 2 中移动平均线比类型 1 的下滑得更快且幅度更大。通常，若此设定继续，则形成“死亡交叉”，即 20 日 EMA 向下与 50 日 EMA 产生交叉。

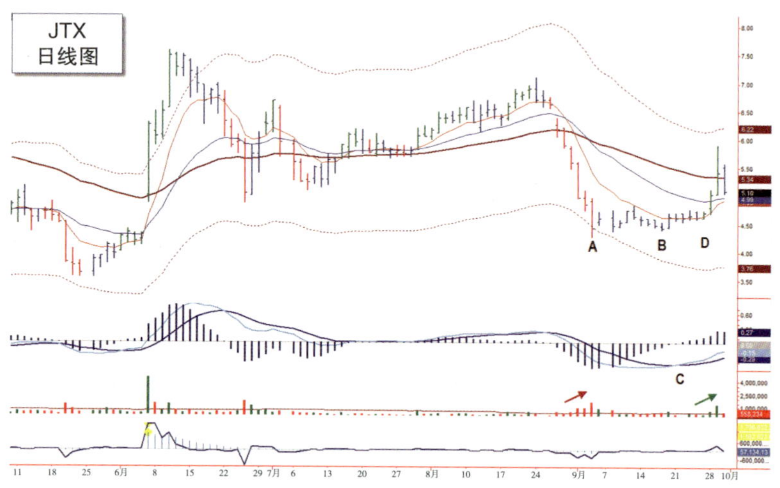

图 8.4　自下而上（类型2）

JTX，日线图，见附录二第8号指标列示。

- 价格出现衰竭抛售（A），形成巨大的MACD柱状图低谷。
- 价格反弹至8日EMA，然后再次测试低点（B）。
- 在经过看涨MACD移动平均线看涨交叉（C）后，看涨形态生效并伴随着价格收于价值区内（D）。

从此案例中可以看出，成交量的提升会急剧抬升股价，在4天内可能实现17%的收益。

以下是自下而上（类型 2）的其他具体特征。

价格行为　当价格从衰竭抛售中触底（图 8.4，A）后，必有反弹。在此反弹过程中，价格回归价值区。

此时，更多卖出跟进。熊市把价格压低至再次测试之前的低点（B），有时会促成价格新低，但是看跌的信念较弱。股价恰好在突破反转前进入盘整形态（B—D）。

MACD 在股价最初的下跌过程中，MACD 柱状图构成大的低谷形态，代表投降式抛售（A）。

随着价格再次测试此前的低点，MACD 和柱状图反转并上行，代表较弱的下行动能。

最终，一个看涨 MACD 交叉出现（C），随后出现或同时伴随着价格飙升和盘整价格形态的突破（D）。

通常，套在此形态中的股票正因为负面新闻而下跌。对股权施加下行压力的操盘手当面对技术图出现缓慢、轻微的反转时还是会很吃惊，因为他们继续全神贯注于负面事件，过度相信自己的判断，最终被轧空出门。

如何用自下而上策略交易

以下是自下而上策略的进场标准、操盘管理指导方针和离场规则。

进场 无论是类型 1 还是类型 2，当其设定接近完成时，都会显现突破将至的迹象。对于真实进场场景，我习惯先使用提醒信号，随后便用触发信号进行做多操作。这一方法能确保我的进场既不过早也不过晚，过早或过晚进场都会让人在交易中被洗盘。进场要求操盘手等待两个信号出现：提醒信号和触发信号。

下列是提醒信号、触发信号、进场的流程。

1. 提醒信号。MACD 的看涨交叉传递了提醒信号。MACD 在该形态此阶段会触底反弹并反转上扬。当快速 MACD 与买卖信号线交叉，则出现重要的“牛性”上涨。处于这些极端头寸的空头在此时显得焦虑，而多头则急于抓住潜在的新上行趋势。MACD 指标衡量动能并通常引领价格行为，且价格为王。除非价格行为显示出了同样程度的看涨模式，否则不会发生交易。因此，提醒信号必须伴随着价格行为触发信号来确认是否进行买入操作。

2. 触发信号。有效的触发表现是价格飙升，价格高出 8 日 EMA，收于价值区内（8 日和 21 日 EMA 间的区间）。这种事件通常发生在高于平均成交量上。

3. 进场。提醒信号和触发信号结合显示买入信号后，进场指令设定在下一个柱形出现时或次日，并且要么通过市价委托或限价指令，要么通过止损限价指令设定。我最常使用的是限价指令，偶尔用到止损限价指令（高于阻力位，通常用于有明显上升三角形形态的交易），极少用到市价委托。

图 8.5 显示了进场步骤。

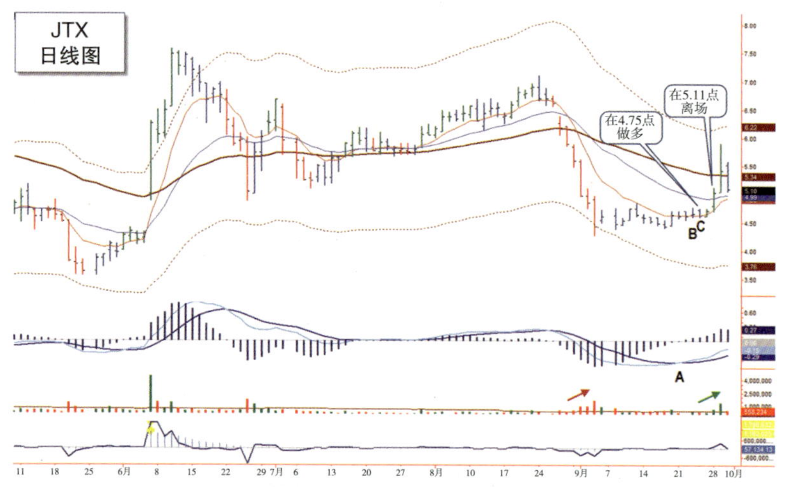

图 8.5 衰竭后的反转

JTX，日线图，见附录二第8号指标列示。

当以提醒信号或触发信号确认进场而持有头寸时，要等待前两步出现再建仓：

- 看涨MACD交叉（A）。
- 价格收于价值区内（B）。在下一个柱形买入（C）。
- 我在4.75点限价买入。2天后，价格向上突破。我在5.11点离场，2天收益7.58%。

止损 进行止损设置的技巧很多，各不相同。我相信大多数人都有过刚建好仓却出现反转趋势并突然下跌的经历。在这种情况下，如果我们没有进行保护性的止损操作，就会对账户价值造成突然且巨大的损失。所以，若要争论是否要使用止损机制，答案是“要”。

我设置止损指令是为了防止意外失败的发生（图 8.6）。在自下而上的模式下，以日线图为例，止损点可以设置得相当密集，而不会有被日内波动触发的风险。

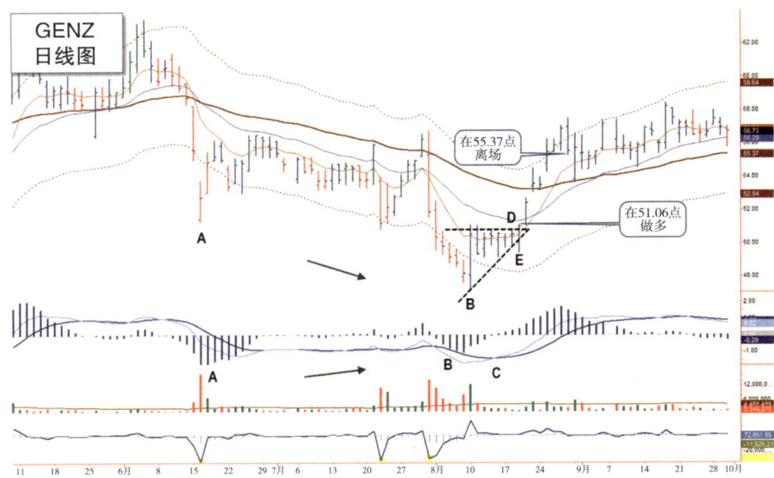

图 8.6 经典线图元素构成的自下而上形态操盘

GENZ，日线图，见附录二第8号指标列示。

自下而上（类型2）操盘。

- 衰竭抛售进入上升三角形形态，在此之前看涨MACD柱状图出现背离（A—B）。
- 随着上升三角形达到顶峰，MACD交叉出现（C），随后，收于价值区的D使脉冲变绿色。
- 由于出现上升三角形形态，我决定在阻力位设定买入止损指令，以确保在进场前价格能完全突破（E）。次日，价格开于三角形之外但收盘走势强劲，突破阻力位，我止于51.06点的多头头寸。这一柱形竟是一个看涨的吞没形态，“牛性”十足。
- 我建完仓，在E点下面设置了止损指令，作为对上升三角形形态失败的保护。未来几天内股价上扬，而且价格在疲软显现前突破了轨道。
- 价格以55.37点退回到价格轨道内，此时我收割利润，7天合计收益为8.4%。上升三角形和看涨吞没柱状图这两个经典形态与自下而上反转形态相结合，能带来巨大的爆发力，上例为证。

总之，我在最近几个小价格柱的前期低点或略低位置设置了止损指令，这通常与此前一至四天的设定一致。同时，我也考虑其他因素：之前低点的位置或其他影响止损指令设置的相关图表形态。

理想的止损应超过一日范围而不放弃 3.0%~3.5% 的利润。当设置完风险等级，建仓量可以用合适的整体风险管理目标来计算。

反转形态的突出特征是看涨吞没柱标记了最后反转点前出现的，最近操盘波动范围内的低点（图 8.6，E）。因此，如果进场过早而最终的盘整恰好被看涨柱状图限制，那么止损指令应该间隔足够大，以吸收假下行突破。

当价格强力上行突破阻力位（例如高过慢速 EMA 或突破上升三角形形态），我将注意力从保护性止损转向获利离场（本书第十章会解释说明）。这一类交易管理是在股价惯性消解时协助离场的实质性举措。

操盘管理 当股价突破阻力位，并伴随巨大成交量时，动能持续积累，将快速 EMA 拉向并穿过慢速 EMA。该 EMA 交叉通过触发自动的移动平均线交叉买入程序，引发了另一次价格或成交量的飙升。这种设置被广泛使用，很受欢迎。

随着股价继续上行，看涨的价格行为会触发一系列其他价格或成交量的大涨，涨幅之间也互相影响，使得价格向上突破关键移动平均线（图 8.7）。下列为触发该行为的技术事件：

- 价格上行突破 50 日 EMA；
- 快速 EMA（8 日 EMA）与慢速 EMA（21 日 EMA）交叉；
- MACD 中心线交叉；
- 随着 21 日 EMA 与 50 日 EMA 会合，黄金交叉出现。

当按此模式操盘时，需要关注上述事件（图 8.7），它要么会使股价弹升，要么会形成阻力。股价在 50 日 EMA 处停滞并轻微回调的情况很常见。此处如果出现进一步的下跌，那么就需要退出该头寸，日线图或更短时间线图的成交量降低和指标的看跌背离也可以指导何时离场并让操盘手获得收益。

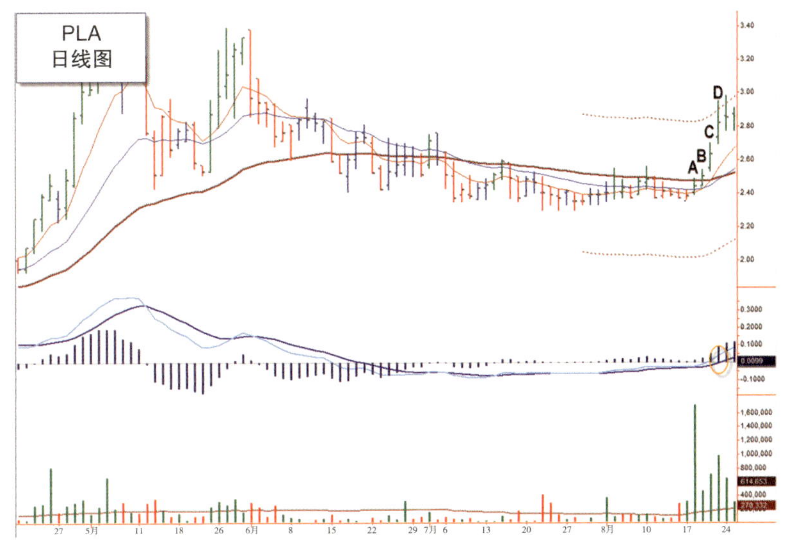

图 8.7 连锁反应

PLA，日线图，见附录二第8号指标列示。

自下而上（类型1）的特色：底边长，MACD和柱状图，轻柔、平滑的轮廓。注意，每次都发生持续性激增：

- 收于大成交量的21日EMA的阻力位以上，而大成交量由盘整（A）导致。
- 收于50日EMA（B）以上，成交量飙升。
- 价格在8日EMA与21日EMA的交叉点处开始上扬（C）。自动买入程序使成交量飙升。
- 股价从黄金交叉（21日EMA与50日EMA）点位急剧上扬。由于出现EMA交叉和MACD中心线交叉（D），成交量扩大。

如果在熊市期间利用该形态逆势交易，你将很难看到价格超过50日EMA——这是卖空者回补的常用区间。基于此，熊市也存在股票严重超卖的时候，因此，股票反弹回价值区会触发强有力的逆势交易。所以，我倾向于确认30分钟线图的设定，根据5分钟线图的信号进场，并基于10分钟线图管理收益。这一方法将迫使持货者缩短持有期，在下行趋势重拾长期主导地位之前快速捕获收益。

离场 离场是股票交易最重要的一环（图 8.8 和图 8.9）。离场极为关键，本书的第十章将阐述这一点，在该章中能找到最有效控制风险且使收益最大化的策略。执行离场策略时需问自己一个重要问题：我何时卖出——现在还是以后？

我倾向于先达成两个目标再从高收益交易中离场。这是执行离场策略的核心。这能使理性战胜感性，而感性往往会让我们无法作出何时卖出的正确抉择。

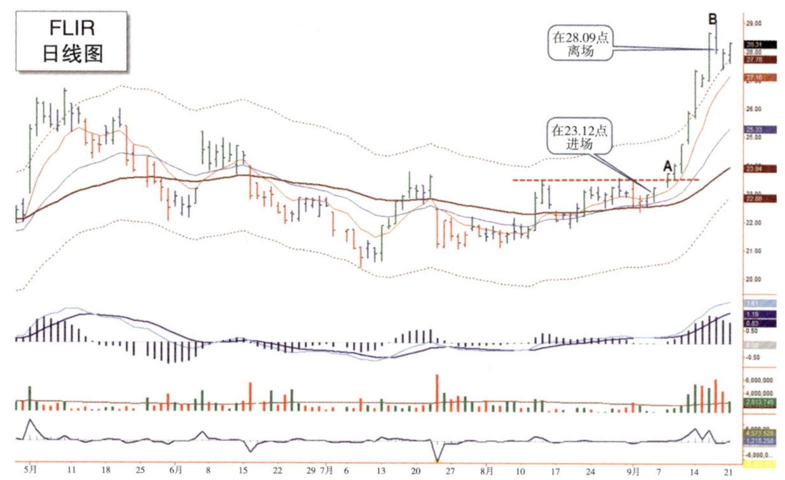

图 8.8 从每次交易中尽可能挤出利润

FLIR，日线图，见附录二第8号指标列示。

自下而上（类型1）模式交易突破阻力位（A），使注意力再次转向如何管理收益和设置止损保护。

- 利润离场策略涉及阻力位突破（A）。
- 60分钟线图的提醒信号或触发信号系统提示卖出（B）。

我在23.12点进场，在28.09点离场，收益为21.5%。该系统捕获了从进场点到B高点的绝大多数强势移动。

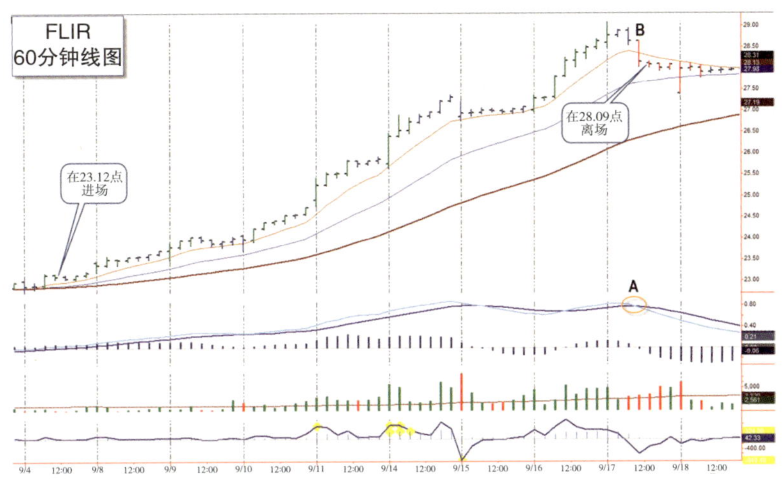

图 8.9　不要在动能消失且价格证明这一点前卖出

FLIR，60分钟线图，见附录二第9号指标列示。

60分钟线图利润离场策略。离场系统可在不同时间框架内使用，带来“收紧止损”的效果。在本次交易中，我冷静持仓，直到发现如下情况：

- 看跌MACD交叉（A）。
- 价格收于8日EMA以下或价值区内。之后，我在下一个柱状图（B）卖出。

使用这个策略，我能从7日交易中获得21.5%的回报。

首先，在决定管理交易的正确时间框架（60 分钟、30 分钟或 10 分钟线图）后，我便在选好的线图上等待两件事发生：

1. 看跌的 MACD 交叉，即提醒信号（同进场技巧类似）。

2. 价格收于 8 柱 EMA 以下。这是实际的价格疲软，该疲软情况随着看跌 MACD 交叉的动能衰退愈发明显。上述现象的触发得到确认后，卖出信号出现，我们可以立即将离场指令设置在下一个价格柱状图处来收获利润。

呈阶梯状上升的股票由于跌入即日股价图的价值区而遭受周期性抛售。该现象触发后，买家一拥而入，提供支持并推动股价进入更高水平。但如果买方压力在 60 分钟或 30 分钟内下降，结合看跌 MACD 交叉，则会有更多的逐利者跟进。这种离场策略给出了可以确定关键转折点的方法。如果使用得当，操盘手可以在将收益最大化的同时，使机会成本最小化。

图 8.8 至图 8.10 所显示的自下而上（类型 1）形态策略交易，分别对应了三个不同时间段，正好诠释了离场策略。

图 8.10　一周自下而上（类型1）形态向上爆发

FLIR，周线图，见附录二第11号指标列示。

以上交易的周线图完美展示了自下而上（类型1）设定，这毫无疑问有助于获利。随着MACD强化，自下而上形态形成（如箭头所示）。随着形态达到高峰，价格很难突破50周EMA（除了A）。次周跟进出现（B），把价格抬升，并突破上行价格轨道线。股价持续上升数周（回到价值区），直到图表的尽头。正如本图所示，周线图展现出强有力的移动，并具有长期的持续力。

总结来看，FLIR 的交易展示了自下而上（类型 1）在三种不同时间框架下的形态和行为，而最关键的是周线图。当自下而上（类型 1）形态的周线图以此方式呈现时，通常会带来高收益的长期涨势。

自下而上形态的其他注意事项

还有其他影响自下而上交易成功率的因素。下列是按此策略交易时应注意的事项。

• 这一形态越顺畅，在突破前出现洗盘的倾向就越弱。

• 底部成型时间越长，成功率越高，而突破后行为持续越久。

• 头寸净额和成交量促进了上行趋势，最终影响收益大小。

• 移动平均线在低成交量时撤出。

• 自下而上（类型 2）形态通常由一日看跌头肩形态的颈线突破失败而造成。

• 考虑选择的策略由所处的市场季节决定。突破形态的力量由所结合的看涨变量的数量决定。结合日线图和（或）周线图和经典的图表元素会使成功的概率大大增加。

回调形态

当市场处于趋势中时，价格会在 50 日 EMA 上方曲折上升。从牛市中期至后期，熊市蠢蠢欲动。同时，股价被锁在上行轨道内，并在经历周期性上涨之后变得越发昂贵。若股价超出价值过多，会发生回调。回调的催化剂通常是一条重大负面新闻或看跌技术形态，例如短期双顶形态。无论是何种情况，出现任何失误后股票会因为空头察觉到了麻烦而猛扑，使股价快速跌出上升的价格轨道。然而在此情形下，牛市的涨势对下行抛售会起到缓冲作用，使得这些股票在 50 日 EMA 处找到支撑。

50 日 EMA 的功能类似“公交站”，空头回补退出，而大型机构则把握机会在牛市低价买入。结果是空头“跳下公交车”，而多头“跳上公交车”。公交车离站，再次向着山顶出发。这样的情况会在强势牛市中多次出现。

图 8.11 展示了 SPY 日线图中该形态的技术构成。

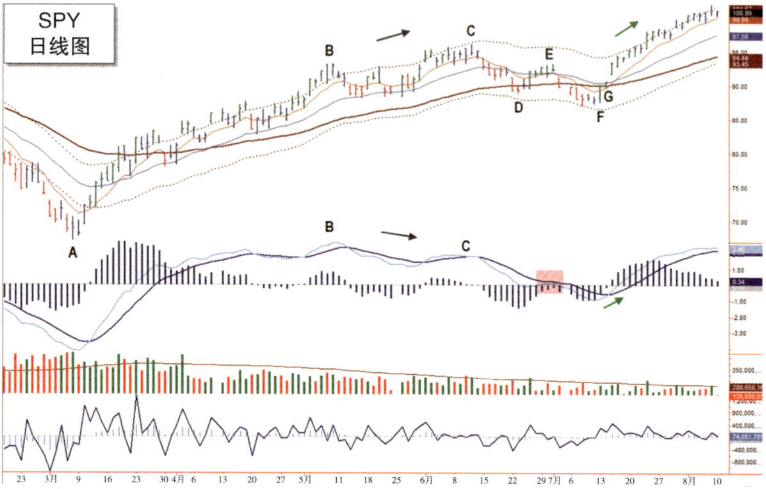

图 8.11 回调、前进

SPY，日线图，见附录二第8号指标列示。
- 3月的底部形态（A）引发新牛市，价格高开于50日EMA以上。
- 看跌的MACD和柱状图背离（B—C）形成。
- 假上行突破（C）使价格更低。
- 价格回调至50日EMA以下（D），随后反弹。
- 反弹至快速和慢速EMA以上停止（E）。注意，MACD无法交叉（高亮区间）。
- 价格再次回退至50日EMA以下，跌至更低的低点（F）。
- 此时的反弹与看涨MACD交叉（F）有关，导致上行趋势恢复。

交易策略

按回调形态交易的目标是捕获从20日、50日或200日EMA提供的向上支撑位反弹的上行反转。

下面是我最喜欢的两种交易回调策略（表8.4）。

表 8.4 回调形态下推荐使用的交易策略

交易策略	波动	季节
回调类型 1	最低点	夏季
回调类型 2	最低点	夏季

回调类型1

回调类型1策略利用了随着股票回调至支撑位出现的所有权交换。经过测试，该支撑位在股价回归上行趋势前提供新的盘整基础。图8.12描述了使用该策略的一次交易。

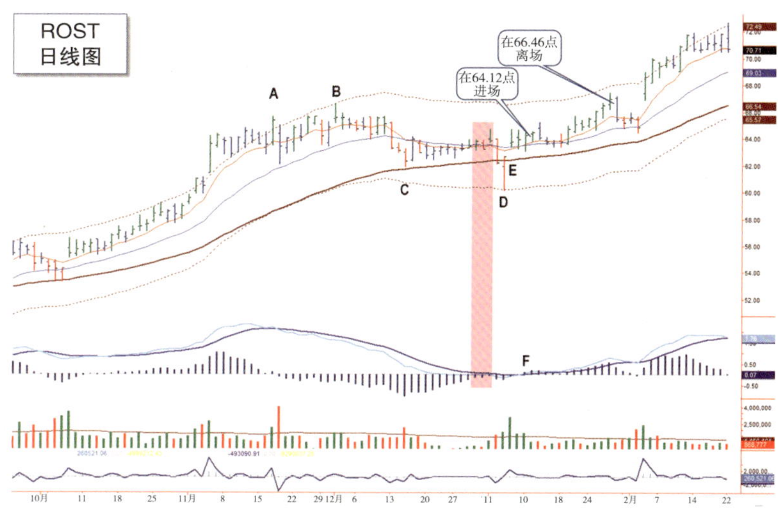

图8.12 空头"跳下公交车"而多头"跳上公交车"

ROST，日线图，见附录二第8号指标列示。

回调类型1策略下的ROST交易。

- 价格达到新高点并于次日抛售，伴随着看跌的MACD交叉（A）。
- 空头把价格推高并抓住最近的高点。当日收益下降，形成假上行突破（B）。股指继续下滑。
- 价格跌至50日EMA的支撑位（C）并进入盘整形态。在价值以上的突破点买进确实有诱惑力，但是看涨的MACD交叉出现前，任何反弹都会快速受到打压（参见高亮区间）。
- 价格再次变弱，突然下跌至较低价格轨道并反弹至高出开盘价的位置，形成假下行突破（D）。
- 收于8日EMA之上（E），发出买入提醒。
- 看涨MACD交叉（F），发出买入触发信号。我在下一个柱形处做多。

我在64.12点进场，而在开盘价低于前日低点后在66.46点离场。持股时间为12天，收益为3.6%。

策略设定的特点

该策略设定的起点是触发超买引起抛售的几个事件。价格回调至向上支撑区，买家促成反弹并恢复相应的长期上行趋势。下列是该策略的详细特征。

价格行为 如前所述，这一设定的特点是对上行股价造成重大而快速的下行压力。从技术层面看，通常与双顶形态（A—B）的消解有关。

抛售使得价格跌至或略微跌出 50 日或 200 日 EMA，且通常伴随衰竭性成交量（C）。

一个假下行突破出现（D），伴随着一次反弹，以捕获 50 日 EMA（E）。

随后出现盘整形态，以对称三角形形态或上升三角形形态告终。

该形态达到一点，其特征为高于平均成交量的价格向上突破。

MACD 随着价格剧烈跌至低点，并再次测试低点（C—D），MACD 柱状图显示出价格向上背离形态。

在该形态中 MACD 高于中心线并再次跌回中心线，且由于呈现出盘整形态，因此没有或有轻微向下交叉（F）。

看涨 MACD 交叉（F）是该突破的催化剂。这一轴心点通常与快速和慢速 EMA 交叉相关。

这些股票有相当大的放空比率，这个放空比率反映了被困在头寸中的操盘手规模。当价格无法下行突破 50 日 EMA 时，就会迫使他们恐慌回补。

图 8.12 展示了这种交易是如何进展的，以及如何更好地进行交易。

如何用回调类型1策略交易

当采取回调类型 1 策略进场时，注意假突破蜡烛芯或看涨的吞没形柱，两者都标志着关键反转点的出现。

我发现最佳进场点是大盘在平稳趋势中的轻微上扬点。这个点可以让你在大变动出现之前站稳（潜在的缺口），保护你免于遭受下行风险，并因为处于有利的进场点而将损失最小化。

进场 回调类型 1 策略的进场步骤跟自下而上策略相反。我们采用自下而上策略时会等待第一个看涨 MACD 交叉，伴随着价格收于 8 日 EMA 之上，这会给出买入信号。而在回调类型 1 策略中，提醒信号和触发信号应对调使用。这是因为 8 日、21 日 EMA 的位置都高于 50 日 EMA，导致价格行为领先于 MACD 交叉。

下列是三个步骤。

1. 提醒信号。当价格反转并上升突破 21 日 EMA，收于 8 日 EMA 以上时，进场提醒信号才会发出。

2. 触发信号。直到看涨 MACD 交叉出现，触发信号才会发出。

3. 进场。在下一个柱形处进场。

止损 对该策略充分的保护性止损通常设置在略低于提供支撑的主 EMA（一般是 50 日 EMA）。如果下行突破存在，指令设置应覆盖至少一半的下行突破蜡烛芯。

操盘管理或离场 使用获利离场策略同自下而上策略类似。该形态出现在市场的夏季，也就是股市上扬的期间。我一般使用 30 分钟线图找到我的获利离场时机。

总结 用回调类型 1 策略交易有利于心理健康，因为它在突破前的表现都是平稳缓和的。价格在回归至上行轨道前在主要支撑区内小范围波动，这种情况能让你在有限的风险范围内获得更大头寸。与之相对的情况是，在一个嘈杂动荡的市场交易中步步惊心，价格波动来得猝不及防且变化幅度巨大，这种情况让你的投资资金浮沉不定，后者对人的精神考验巨大，很多人因过早离场以至于未能等到丰收。

回调类型2

回调类型 2 有利于确定热门股的再次进场时机。该热门股（无论大小）要先经历一个大的（抛物线形）移动后回撤。该策略的功能是识别这些回调和牛市复苏前的主要反转。

该策略使用的参数能确保看到的反弹真实可靠，而非进一步削弱股价的假反弹。图 8.13 列出的交易举例说明了这一点。

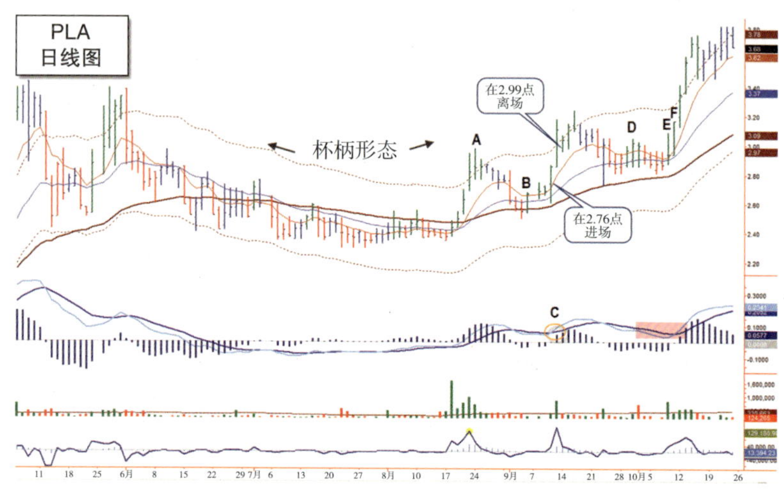

图 8.13　反弹回调

PLA，日线图，见附录二第8号指标列示。

回调类型2策略在股市夏季使用的是经典的“杯柄形态”。

• 价格突破轨道之后抛售（A）。注意出现的MACD峰值。

• 从50日EMA反弹并收于8日EMA之上，给出回调买入信号（B）。

• 看涨MACD交叉（C），发出买入信号。我在下一个价格柱以2.76点进场。我在价格轨道上扬后的回调中以2.99点卖出头寸。2日收益率达8.3%。

• 未经确认的买入提醒闪烁（D）。注意伴随的MACD交叉的缺失。

• 价格再次反弹并提醒买入（E）。

• 看涨MACD交叉，发出买入信号（F）。接收到信号的操盘手会从一直延续到图表尽头的强力反弹中赚得高利润。

策略设定的特点

回调类型 2 展示了价格急剧上扬之后又跌破向上移动平均线支撑位的情况，

而该 EMA 在绝大多数情况下是 50 日 EMA。该支撑位通常代表合理的价值区间，该区间使抛售中止并最终导致股价反转。按此形态设定的交易标准能确保反弹有足够持续力回归到此前的上行趋势，从而避免“空手接落刀”的风险。

价格行为 EMA 的位置与自下而上形态相反，快速 EMA 位于慢速 EMA 之下。

8 日和 21 日 EMA 位于 50 日 EMA 之上。

股价从剧烈反弹中退出，跌出支撑位（50 日 EMA），之后反转上扬，再次回到支撑位（B）。

MACD 这次回调之前的反弹轨迹是向着 MACD 柱状图大峰值推进的过程（A）。

随着回调发生，MACD 跌回中心线，并伴随着下跌柱状图。

当价格反转上行，柱状图触底反弹并上扬。同时，MACD 在上升前高于但紧贴中线（C）。

如何用回调类型2策略交易

以下是该策略的进场标准、操盘管理指导方针等。

进场 以下是使用回调类型 2 策略交易的进场三部曲。

1. 提醒信号。当价格反转并上升突破 21 日 EMA，收于 8 日 EMA 以上时，进场提醒信号才发出。

2. 触发信号。触发信号不会被激活，直到 MACD 交叉或 MACD 柱状图上扬（快速 MACD 维持在买卖信号线之上）。

3. 进场。在下一个柱形进场。

要注意的是多数不达预期甚至反预期的操盘行为均源于操盘手没有收到明确的 MACD 触发信号（图 8.12 和图 8.14）。

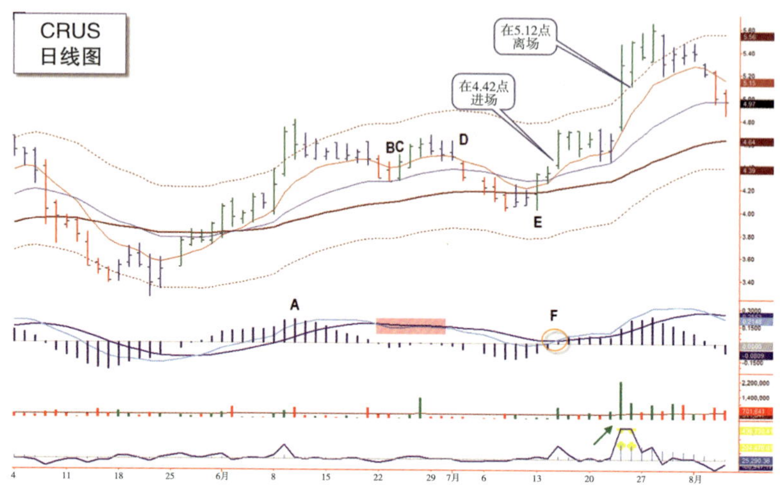

图 8.14 再次测试MACD大峰值

CRUS，日线图，见附录二第8号指标列示。

- 如果没有确认MACD交叉（高亮区间），回调类型2策略会失效。
- 价格升至高点并达到MACD柱状图最高峰值（A）。抛售导致股价下跌，直至21日EMA（B）。
- 价格反弹并收于8日EMA以上（C），但是价格行为没有伴随看涨MACD交叉（高亮区间）。
- 反弹失败。价格未确认MACD指标强度而缺少大幅跟进的动能（D）。
- 价格从更大幅度的抛售反弹，以高成交量收于当日高点，位于8日和21日EMA以上（E）。
- 看涨MACD交叉在下个柱形出现（F）。

次日我以4.42点在开盘时做多，7天后以5.12点卖出，收益率达15.8%。

在图 8.13 的案例中曾出现过两个机会，我把握住了第一个，但错失了第二个。

一定要严格遵守进场规则。任何偷工减料的行为都会招致洗盘。如果遵守策略规则，你就会得到强力趋势的加持，获得高利润。所有操盘的重要驱动力就是MACD 指标，尤其是 MACD。若该指标无力，则阻力占主导。若 MACD 指标反转，其力量表现为强劲的价格攀升，这股力量将撕破阻力位或支撑位。

图 8.14 中 CRUS 的例子展示了在触发信号发出之前提早进场的后果。要等待 MACD 交叉确认上行趋势的恢复。若看不到 MACD 指标，那么这个交易必须放弃。

记录 MACD 大峰值的强势股往往试图再次挑战这些峰值。该策略的动人之处就在于对该现象的利用。同样，MACD 交叉一旦确定，几乎会再次助推强势股挑战最新高点。

止损 保护性止损指令可以设置在两个位置：紧靠 50 日 EMA 下方或紧靠回调低点下方。两个位置都能确保不会出现策略的无效。

操盘管理 价格向上突破进场柱，获利离场策略启动。30 分钟（或更短）线图可用于管理获利离场。

总结 该策略用于从支撑位反弹的稳定上行趋势。该策略和急剧上升的自下而上形态结合使用很有效，其动能会短暂下降。该策略的有效性体现在能区分真实的反弹（具备持续力）和“死猫反弹”，反弹失败将导致价格跌至更低的低点。

顶部形态

顶部形态很容易识别。顶部形态和底型形态都在股票市场极值下形成，通常与趋势跟踪指标的背离相关，偶尔伴随衰竭行为。

图 8.15 展示了 SPY 日线图中该形态的技术构成。

下列是顶部形态的基本元素。

• 动能开始下跌，由指标看跌背离体现（A—B）。

• 价格上行动力削弱（B），导致价格柱缩短和移动平均线变平。

• 一般情况下，看跌的吞没柱或上行的假突破会限制顶端，信号显示价格将更低（B）。

• 部分事件或技术特征，如对双顶形态的跟踪（A—B），导致严重的抛售。

• 价格跌出支撑区（C）。

• EMA 下行，快速下降趋势线位于慢速下降趋势线以下，而慢速下降趋势线位于 50 日 EMA 以下（C）。

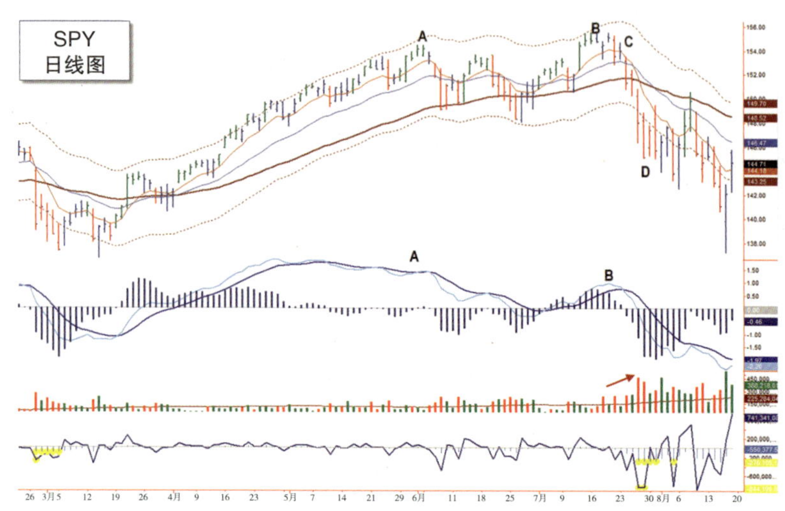

图 8.15 市场从双重顶形态反转

SPY，日线图，见附录二第8号指标列示。

- 在MACD看跌背离形成的双顶形态（A—B）后出现严重的抛售。
- 价格下跌，导致EMA快速下滑（C）。
- 随着恐慌蔓延，成交量继续下跌，并将股价拉出价格轨道（D）。

交易策略

在触顶的股市交易中最有效的策略是在价格触顶并翻盘时抓住下跌反转。其中一种策略，也是我最喜欢的，就是滚动策略（表 8.5）。

表 8.5 顶部形态下推荐使用的交易策略

交易策略	波动	季节
滚动策略	上升	秋季

滚动策略

滚动策略利用的形态几乎就是自下而上形态的镜像，较常见的做法是将多个看跌技术元素结合以提高空头的成功率。例如，这些形态中有很多是上行楔形形态、头肩顶形态或假上行蜡烛芯的双重顶形态。此时进行跟踪，这些会导致看跌的事件通常会引发大规模抛售，如果时机准确的话，能够获得高利润。图 8.16 和图 8.17 展示了我如何使用滚动策略对 GRMN 进行空头操作。

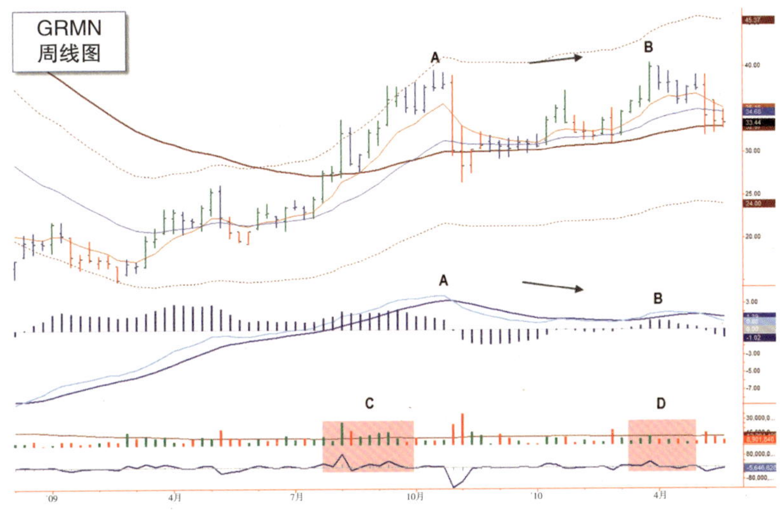

图 8.16　双重顶形态消解

GRMN，周线图，见附录二第11号指标列示。

滚动形态交易显示了有看跌MACD柱状图背离的双重顶形态（A—B）。第一个顶部涉及重要的成交量上涨和强力指数指标峰值（高亮C），但是伴随第二个顶部的成交量（B）严重下跌，强力指数指标向下跌出基准线（高亮D）。

策略设定的特点

下面是对滚动操盘策略所使用的形态的详细介绍。

价格行为　触发这个设定的价格上扬拉高了所有的移动平均线：50 日 EMA 高于 100 日线，21 日 EMA 高于 50 日 EMA，8 日 EMA 高于 21 日 EMA。

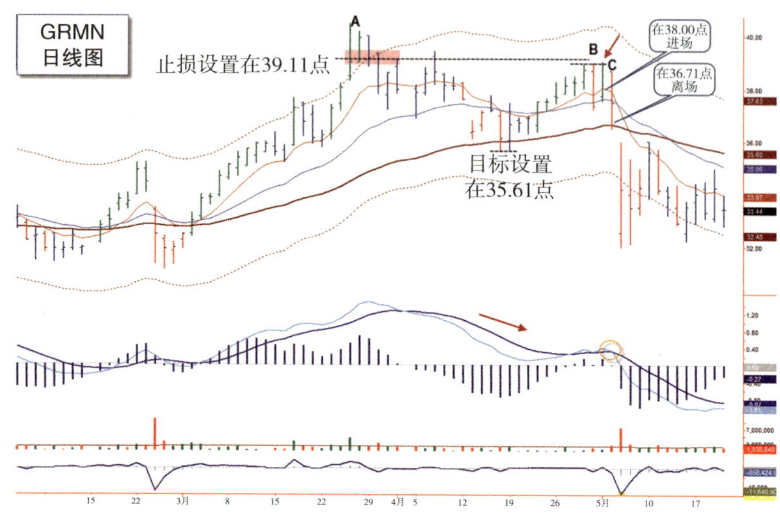

图 8.17　双重顶形态下位用滚动策略的日线图

GRMN，日线图，见附录二第8、17号指标列示。

使用滚动策略的空头交易过程：

- 价格达到新高点并抛售股票（A）。
- 价格从价值区反弹并再次测试高点（B），伴随着如下行MACD所示的较低动能。抛售股票，将脉冲变红，收于21日EMA之下。MACD柱状图下跌。
- 价格在高成交量中下跌（C），次日有较大衰竭性下跌跟进。

自下而上策略中存在衰竭性高成交量的抛售，与此类似，滚动策略中存在高成交量上扬，却同样因动力不足而无法跟进。

由于形态失去能量，快速（8 日）EMA 开始向下与慢速（21 日）EMA 交叉。

市场偶尔会尽力一搏，会试图制造在大成交量抛售下形成的新高点上行假突破的假象——这是反转的经典信号。

MACD　价格回调并从高涨中盘整的同时，MACD 和柱状图开始从峰顶下滑。

MACD 和柱状图在价格重新测试高点时，无法达到同一水平。这记录了一次看跌背离，价格则处于某一市场季节的极值。在该市场季节中，波动变大且普通股开始滚动。

从这些指标现象可以得出结论：上一次反弹已经失去动能，同时剧烈的价值回归迫在眉睫。请记住，由于股市的季节性波动和价格行为，获利者急于锁定收益，而空头则渴望股价跳水，从而做空创下新的高收益。

我对 GRMN 的做空操作体现了此前提到的滚动策略的诸多特点。我先展示了周线图（图 8.16），之后是日线图（图 8.17）。

多个看跌变量在分析完图 8.16 和图 8.17 后出现，包括双重顶形态、MACD 从高于中心线位置下跌，以及 8 日 EMA 的下行（位于进场区）。

我在 38.00 点做空，次日根据 50 日 EMA 的疑似反弹在 36.71 点回补，2 天收益率达 3.4%。

如何用滚动策略交易

以下是滚动策略的进场标准、离场规则等。

进场 当形态设定接近完成时，将会出现突破将至的迹象。对于卖出信号，我利用类似自下而上策略中的提醒信号和触发信号的规则，但操作要反其道而行之。下列是进场的三个步骤。

1. 提醒信号。MACD 的看跌交叉会传递出提醒信号。记住，这一现象的发生，通常是因为股价已经出现看跌背离。这表示牛市失去动能且高股价很快会下跌。被困在这些极值头寸的多头此刻很紧张，很可能会因为价格进一步下跌而产生恐慌性抛售。

MACD 指标衡量动能且通常引领价格行为。但价格为王，除非价格行为显示了同样程度的看跌信号，否则不要进行交易。基于此原因，提醒信号必须辅以价格行为触发信号来确认是否卖出。

2. 触发信号。这一触发信号在价格跌穿 8 日 EMA 并收于价值区内（8 日和

21 日 EMA 间的区间）才会发出。这种事件通常出现在超过平均成交量的时候。

3. 进场。当提醒信号和触发信号共同传递出卖出信号后，进场指令可设定在下一个柱形或次日，且要么通过市价委托或限价指令，要么通过止损限价指令设置。如果进场早于下行突破，我将在向阻力位拉升时设置限价指令。如果突破已经出现，我会在价格回归突破点时设置限价指令。如果下降三角形形态形成，我则用止损指令捕获下行突破。

止损 在我进行如图 8.17 所显示的交易时，大盘正快速下跌，而此前股市刚进入秋季。这或许使我在做空时略显急躁。我从这次经历中学到了要严格客观遵循股市传递的信号。如果操盘手忽视了信号，会过早进场并遭遇可怕的洗盘，陷入困境，而这恰好发生在了我身上。

这一交易的设定很美好：在周线图显示看跌背离双重顶形态，以及很多其他看跌变量后，我摩拳擦掌，跃跃欲试。我以 B 点的红色脉冲（图 8.17）为下个柱形进场的信号。若更仔细地观察，会发现 MACD 确实下弯了，但没有在交叉后下行。由于我在条件成熟前（以进场规则为标准）过早进场，我在下个柱形差点被止损离场。此柱比前一日高点多涨 0.06%。大家都倾向于在最近的价格柱高点多一点的位置设置止损。如果我当时这么做了，交易就会遭到冲击（见图 8.17 中 A 和 B 之间的箭头）。

在《卖与卖空》一书中，埃尔德博士阐述了关于止损的内容：

> 专业操盘手会持续利用群体倾向，在比最新低点稍低一点点的位置设置止损。他们知道这些止损点应该设置在哪里。没有法律禁止专业操盘手观察线图。老手希望在刚刚超过拥挤区边缘的地方看到集中的止损指令。
>
> 随着股票跌向重要低点，其成交量往往会萎缩。所有人都注视着该股票，但没有行动，人们都在观望支撑位是否能挺住。在买入指令偏弱时向股市抛出一个小的卖出指令可以把股票拉低，跌出此前低位。这是顶级操盘手喜欢的操作。

随着股价下跌引发大众散户止损，老手正好能以“折扣价”抢购股票。

如果我们再仔细审视图 8.17，可以找到对这种保护性止损操作更有效的区域。该区域由三个价格柱构成：收盘、低点和高点（即高亮区间）。将止损点设定在略高于该区间的位置，即 39.11 点，离 38.69 点的最近“高点”较远。这一操作拯救了这次个股交易，并把我从过早进场的错误中拯救出来。结果是，我免糟次日的抛售及脉冲变红，反而收获不菲。但是如果我没有犯第二个错误，我的利润将翻倍——都怪我过早离场，我在股价跳空下跌洗盘前一天就离场了。这种问题让每个操盘手都苦恼。何时进场、何时离场都必须不受情绪干扰。交易计划可以提供指导，但客观的操盘管理可以提供最可靠的进离场时间选择。进离场时机错误可以通过使用“浮漂系统”和“刹车系统”来调整，而这两个系统将在本书第十章中详述。

操盘管理 随着股价低于支撑位并有大的成交量，动能持续减弱，快速 EMA 下拉并穿过慢速 EMA。这种 EMA 交叉会通过触发自动的移动平均线交叉卖出程序引起另一次价格或成交量的飙升。

持续的看跌价格行为会触发一系列其他价格或成交量的大涨，涨幅之间也互相影响，使得价格向下突破关键移动平均线。下列为其他促使该行为发生的技术事件：

- 价格向下突破 50 日 EMA；
- MACD 的下行中心线交叉；
- 随着 21 日 EMA 向下与 50 日 EMA 交叉，死亡交叉出现。

正如这些事件在上行过程中加剧了反弹一样，这些事件也会在股市下挫时大力将股票价格下拉。操盘手需要注意这些在短期交易中能扩大收益并提升整体业绩的事件。

离场 当价格突破支撑位，可采用 10 分钟获利离场策略。当动能在下行累积时，价格会快速下跌。因此，为了尽可能保留最多利润，必须利用更短的时间段，同时仍允许股票在最终获得收益前继续尽可能地曲折下跌。

离场的两大原则以 10 分钟线图为依据：

1. MACD 的看涨交叉，其功能相当于提醒。

2. 价格收于 8 柱 EMA 以上。这实际是价格的强势。这种强势随着看涨 MACD 交叉的动能累积而愈发明显。当这一触发信号发出，买入回补信号将随后发出。我会在下个价格柱回补。

总结 正如自下而上形态代表将过多操盘手归为做空方的特殊情况，滚动形态也提供了做空机会，因为有太多多头被套住了。观察 GRMN 日线图（图 8.17）时我们会发现，毫无疑问，很多晚进场的多头等希望于价格从 B 抛售中反弹时潜在“杯柄形态”的上行突破。他们若无法识别大盘环境（股市季节，周线、日线的下滑等），就会成为恐慌的卖出者，进一步加剧抛售。

利用滚动策略通常会发现做空的机会。

拉升形态

当大盘下行，价格倾向于快速下跌，随后弹回 21 日、50 日和 200 日 EMA 所构成的阻力位。这些拉升提供了良好的做空机会。这些形态同上行的回调形态相似，而最大的区别在于由较高波动性引起的下跌和反弹速度不同。回调的催化剂通常是一条重大利好新闻或看涨技术形态，如向下的楔形形态或双重底形态。但无论是哪种形态，处于价格轨道底部并远离价值区的个股的任何积极变化都会引起剧烈的反弹。在类似情况中，多头能在股价低迷时快速收获利润，而空头则一拥而入，通过回补锁住收益。这两类群体行为会迅速把价格拉升至阻力位。在阻力位上，反弹中止而盘整开始。熊市的潜在弱势阻止价格超出 50 日或 200 日 EMA。50 日或 200 日 EMA 是空头补仓而多头获利的区间，该区间能产生绝佳的做空机会。

图 8.18 展示了 SPY 日线图中该形态的技术构成。

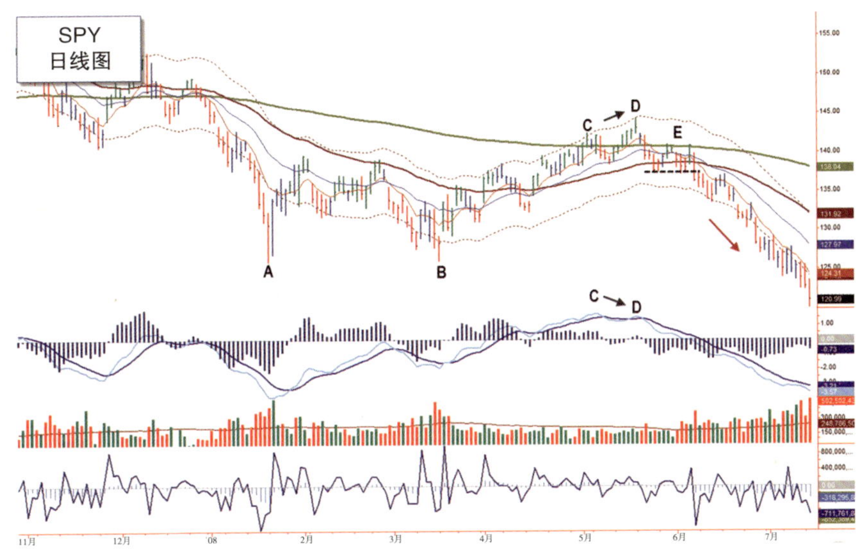

图 8.18 熊市反弹止于200日EMA

SPY，日线图，见附录二第8号指标列示。

- 该股市从双重底形态（A—B）反弹。
- 随着该形态突破200日EMA，形成MACD看跌背离（C—D），反弹中止。
- 假上行突破使价格反转并走向200日EMA以下（D）。
- 价格在下行突破发生前沿着50日EMA（E）盘整。这引发强势下滑（由红色箭头显示）。

交易策略

按拉升形态交易的目标是捕获从 21 日、50 日或 200 日 EMA 的向下支撑位反弹的下行反转。为了实现有效捕获，我最喜欢使用的两种拉升交易策略是拉升类型 1 和拉升类型 2（表 8.6）。

表 8.6 拉升形态下推荐使用的交易策略

交易策略	波动	季节
拉升类型 1	到达最高	冬季
拉升类型 2	到达最高	冬季

拉升类型1

两个拉升策略都有具体的设定规则，以确保短期反弹跌回向下阻力位。图 8.19 为拉升类型 1 的交易实例，展示了交易设定、进场和离场的过程。

图 8.19 多头离场，空头进场

GE，日线图，见附录二第8号指标列示。

使用拉升类型1做空头交易：

- 股价到达短期底部（A），熊市反弹跟进。
- 多头将价格提升至 50 日 EMA（B）。
- 假上行突破（C）导致价格回归价值区。
- 看跌吞没柱形给出做空提示（D）。
- 价格跌出支撑位，并由于看跌MACD交叉（E）的出现发出做空信号。我在28.93点做空。
- 价格经历数周盘整并最后尝试50日EMA，但失败（F）。
- 价格疲软，到达一周低点（G）。但是更低的价格遭到拒绝，导致价格向8日EMA反弹，并使脉冲变成蓝色。
- 我的止损指令在股价反弹至27.41点时被激活，我在16个交易日内收获5.25%的收益。
- 现在看来，我离场过早，价格在3天后持续暴跌（H）

策略设定的特点

拉升类型 1 策略利用了股票向强力阻力位拉升时出现的所有权交换。在测试时，阻力区成为关键交易区间，操盘手更愿意在此区间内逢高卖出。另外，很多操盘手会根据股市季节特征寻求做空机会，这加强了阻力，弱化了支撑。与此对应的是，该策略最适合在股市的冬季进行交易。在股市冬季早期，股价会快速下跌，而周期性拉升将突破 8 日 EMA。随着季节的变化，在反转前，拉升可到达 21 日 EMA 并最终至 50 日 EMA。

价格行为 如前所述，这一设定的特征是对长期下行股价造成重大又快速的上行压力。从技术层面看，抛售通常与下行楔形或双重底形态相关。

多头把价格推升至或略微超过 8 日、21 日或 50 日 EMA。

一个假上行突破出现，价格再次向下跌出移动平均线阻力位。

一般情况下，随后会出现盘整形态，呈现出对称三角形形态或上升三角形形态。

该形态达到一个轴心点，其特征为高于平均水平的成交量上价格向下突破。

MACD 随着价格从低点反弹，MACD 和柱状图开始上行。

在该形态中 MACD 低于中心线并再次升至中心线，当形态在上拉后得到巩固时有轻微或没有上行突破。

看跌 MACD 交叉是下行突破的催化剂。该点通常与快速和慢速 EMA 交叉相关。

当股价突破支撑位，MACD 中心线交叉继续推动空头跟进，这一事件会导致极大规模的卖方成交量。

该动能的连锁反应是把价格下拉，并拉出盘整，股价重新测试最近低点。

图 8.19 就是一个例子，说明了这种设定如何进行的。

如何用拉升类型1策略交易

当采取拉升类型 1 策略进场时，必须注意假突破蜡烛芯或看跌吞没形柱的出现，两者都标志着关键反转点。

我认为最适合使用止损限价指令的是在下行突破时进场，这可以确保不出现更高的价格，低点被再次测试的可能性较大。

进场 拉升策略的进场步骤跟滚动策略相反。使用滚动策略时，我们会先等待看跌 MACD 交叉，之后价格收于 8 日 EMA 之下，然后给出卖出信号。而在拉升类型 1 策略中，提醒信号和触发信号要反着用。

下列是进场的三个步骤。

1. 提醒信号。当价格反转并下跌突破 21 日 EMA，收于 8 日 EMA 之下，进场提醒信号才发出。

2. 触发信号。直到看跌 MACD 交叉出现，触发信号才发出。

3. 进场。做空进场出现在下一个柱形。

止损 该策略下的保护性止损通常设置在略高于提供支撑的主 EMA（通常是 21 日或 50 日 EMA）。若上行突破存在，指令设置应覆盖至少一半的上行突破蜡烛芯。

操盘管理或离场 我此次离场使用的是获利离场策略，和在滚动策略中所使用的类似。该形态出现在市场的冬季，也就是股市下行期间。我一般使用 10 分钟线图来决定是否获利离场。

与回调形态（与此策略相反）类似，拉升操盘形态提供最优的回报风险比，因为它在突破前温和平稳。价格在进入下一个下行轨道前会在主要阻力位的附近小范围波动，这能在获得更大头寸的同时控制风险。

拉升类型2

拉升类型 2 交易策略有利于确定再次进场的时机，可趁此机会做空出现大范围抛售并回撤的个股。当股价拉升至阻力位，反转并开始再次下跌，该策略确保再进场时能可靠地做空，并且将被洗盘的风险最小化。图 8.20 展示了我如何使用该策略做空。

图 8.20 多头离场，空头进场

NTAP，日线图，见附录二第8号指标列示。

NTAP使用拉升类型2做空头交易：

- 股价在衰竭性成交量上急剧下跌至新低点（A）并再次测试最近的低点，看跌信念较小，如看跌MACD背离（A—B）所示。
- 看涨MACD背离导致价格回归价值区，收于50日EMA以上。
- 随着价格无法跟进并跌至8日EMA之下（D），做空信号发出。
- MACD开始震荡，无法向上高出中心线。
- 在一次看跌MACD交叉之后，E发出做空信号。我在当日以29.47点进场。

价格无法继续下行。我的头寸在28.36点被止损，两天的收益率为3.7%。

我再次明白了设置太高止损点的机会成本。两天后，价格跳空并急剧下滑（E），我错失了收获高利润的机会。这一形态展示了强劲的起始价格下跌和随后出现剧烈抛售。它因衰竭价格变化而与拉升类型1有所差别。

策略设定的特点

拉升类型 2 形态展示了价格急剧下跌之后跌破向上移动平均线阻力位的情况，而该 EMA 绝大多数情况是 50 日 EMA。

价格行为 EMA 的位置与滚动策略中的位置相反，快速 EMA 位于慢速 EMA 以下。

8 日和 21 日 EMA 位于 50 日 EMA 以下。

股价在剧烈抛售后反弹上升，达到或超过阻力位（50 日 EMA），之后再次反转下跌至阻力位水平。

MACD 拉升前的抛售偶尔会形成大的 MACD 柱状图低谷。

当股价拉升发生时，MACD 上升到中心线，并伴随着上行柱状图。

当价格反转下行，柱状图触顶反弹并下跌。同时，MACD 在下跌前紧贴看低于中心线。

如何使用拉升类型2策略交易

当回顾达到拉升类型 2 策略标准的潜在交易时，我们发现，操盘手应对之前的 MACD 柱状图低谷的深度有所警惕。低谷越深，价格再次测试此前低点的可能性越大。当交易显示出最深低谷的股票时遵循此处列出的进场步骤，被洗盘的概率会最小化，且利润将增加。

进场 以下是使用拉升类型 2 策略交易的进场三步骤。

1. 提醒信号。当价格反转并下跌突破 21 日 EMA，收于 8 日 EMA 之下，进场提醒信号才发出。

2. 触发信号。在 MACD 交叉或 MACD 柱状图下降（快速 MACD 维持在买卖信号线以下）前，触发信号都不会被激活。

3. 进场。在下一个柱形进场。

有大型 MACD 低谷的弱势股会持续尝试再次挑战这些低点。因此，可以基本确定，MACD 交叉可以再次激发对弱势股的“掠夺”。

止损 保护性止损指令可以设置在两个位置：紧靠 50 日 EMA 上方、紧靠回调高点下方。两个位置都能防止模式失败。

操盘管理或离场 价格向下突破进场柱后，获利离场策略启动，用 10 分钟线图决定是否获利离场。

总结 拉升形态可与滚动形态同时使用，在滚动形态中股价急剧下跌，其动能暂时消解，使股价再次升至短期阻力位。拉升类型 2 策略的有效性在于，能区分股价会进一步上涨超过阻力位，还是会回落重新测试，又或者会形成新低点。

对称三角形形态：全方位通用形态

若让一名飞钓者排列出最成功的假蝇形态的前三名，那么石蛾绝对会入选。只要玩飞钓，必定知石蛾，它可是飞钓者最好用的假蝇，这是因为鳟鱼永远对其垂涎三尺。石蛾一年四季都适用，这也是它成为被使用最广泛的假蝇的原因。

石蛾的幼虫让人惊叹。在成长期间，它在水中建造一个楔形的巢穴以保护自己免受环境侵害，直到成熟过渡到下个生命阶段（图 8.21）。当发育好后，幼虫就会离开巢穴，结成蚕蛹，浮到水面。

图 8.21 石蛾巢穴示例

对称三角形形态在股市中的作用与石蛾在飞钓中的作用一样：这些线图适用于所有通用交易。另外，由于三角形边线内价格行为的特征，价格将受到保护而不被大盘波动影响。

为了便于理解，我对这一重要的图表模型进行了全面总结。

对称三角形形态

对称三角形形态是一种调整形态，普遍用于技术分析。很多人把它视作弹簧，因为其收缩性质类似于被压紧的弹簧。价格接近顶端会引发强势突破，即带来强劲的、可持续的上涨。尽管对称三角形形态通常与趋势的持续性相关，但它也可以传递重要的反转信号，如本书第五章N的例子（图5.2和图5.3）。

要形成有效对称三角形形态，必须包含至少两个较高低点和两个较低高点。趋势线连接各个点，形成三角形形态。

图8.22是一个经典的对称三角形形态，它满足了构成有效三角形形态的所有必要条件。

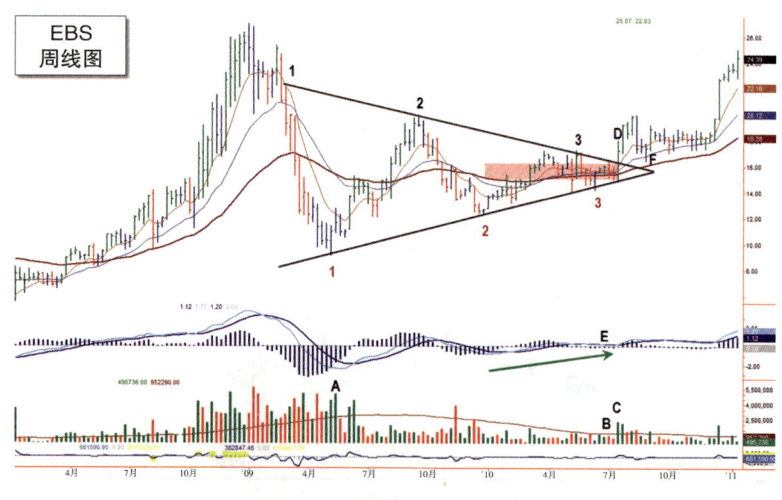

图8.22　对称三角形形态

EBS，周线图，见附录二第13号指标列示。
从压缩视图我们可以看出对称三角形形态的特点。

这些必要条件有：

• 点。至少需要两点（最好三点）形成对称三角形的趋势线。图 8.22 就有三个有效点。较低趋势线形成较高低点，较高趋势线形成较低高点，这样方能达到趋势线的收敛效应。通常情况下，直到三角形的每条边都通过三个点连接才会出现突破。

• 成交量。随着交易范围收缩且三角形形成顶角，成交量明显下降（A—B）。突破前的收紧如同风暴前的宁静。如果形态最终确实被突破，应由强力成交量（C）和三角形外的收盘（高于趋势线，D）做确认。

• 形态时长。三角形形态可以持续数周甚至数月。但是要注意，如果形态持续不足三周，则应被归为三角旗形形态。大多数三角形形态覆盖的时长接近三个月。

• 突破时间线。突破通常出现在到达顶点前一半到 2/3 处（高亮区间表示）。上半程的突破都不够成熟，而过于靠近顶点的突破也无法产生预期结果。

• 突破的方向。突破的方向由 MACD 斜率和 50 日 EMA 的斜率所决定（箭头指示）。我希望看到 MACD 从中心线下方上升，然后再次尝试下跌却维持在高出基准线的位置（E）。50 日 EMA 通常穿过对称三角形的中心，然后随着接近顶峰而开始上行。若这两个条件具备，通常预示上行突破将至。逆向形态会显示相反但对应的特征。我曾在前文中讲过，现在重述一次：调整形态理应在长期趋势的方向突破，但往往事与愿违。

• 回归顶峰。突破之后，顶峰会转化成以后的支撑位或阻力位。在恢复向上或向下的方向前，有力突破回归顶峰并非不常见（区域 F）。

• 价格目标。三角形最宽边通常用于确定突破后价格会达到的大概目标。无论范围多大，它都可以用于决定目标的突破点。

重申一次，对称三角形形态的重要特点之一是“自带屏蔽功能”。股票会随着大盘而波动，但是处于对称三角形内的股票通常不受环境影响，能隔绝外力。因此，该形态对股票的影响超过了大盘的不利影响，这也是为何对称三角形在股市过渡期等情况不明朗的环境中如此有效、安全，可获得高利润。

我使用的最成功的对称三角形策略之一是 Vortex 策略（表 8.7）。该策略利用了准备突破的对称三角形形态。

表 8.7　通用形态下推荐使用的交易策略

交易策略	波动	季节
Vortex	高点或低点	全部

Vortex策略

Vortex 策略是基于对称三角形形态的经典线图的。在盘整期间价格和指标行为会出现被重大误解和误读的情况。该形态经常会在日线图的 MACD 柱状图呈现看跌背离，因为随着价格攀升至顶峰，成交量会出现明显下降。很多空头被这一信号欺骗，持有了日后令他们后悔不已的头寸。这一部分我们将解释错觉是怎样出现的，以及如何、为何和何时利用错觉来交易。后续的例子说明，该形态的一般结局是发展成可持续的轧空突破。

Vortex 的意思是“暴风眼”。如名称所示，价格在三角形内震荡，众多操盘手被假信号吸引，如同被卷入了暴风中。而这同时也产生了“压紧弹簧”效应，最终，力量积累至峰值，股价向上或向下剧烈变化。这些形态如果用于多头交易中可能会伴随高放空比率——轧空加剧的同时继续向上推升股价。

Vortex 策略适用于股市的所有季节。在大盘波动率高而操盘手易受洗盘影响的情况下，该策略效果最好。在此情况下，对称三角形形态能利用其低成交量和低波动的特征，庇护价格行为免受大盘波动的影响。随着股价朝向三角形的顶端调整，价格更易受形态内部影响而非大盘的外部环境影响。

这些特征在后续 EBS 交易中会有更好地诠释（图 8.23 和图 8.24）。

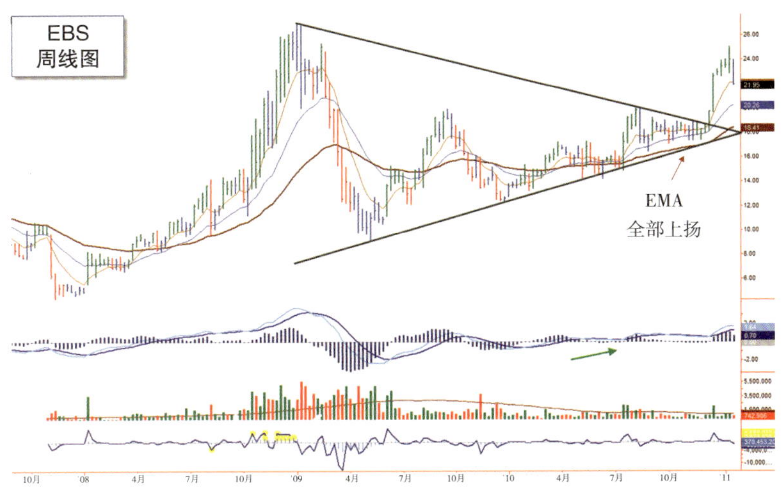

图 8.23　股价上扬

EBS，周线图，见附录二第13号指标列示。

Vortex策略形态，靠近峰值的上行突破由向上EMA和MACD预测（以箭头指示）。

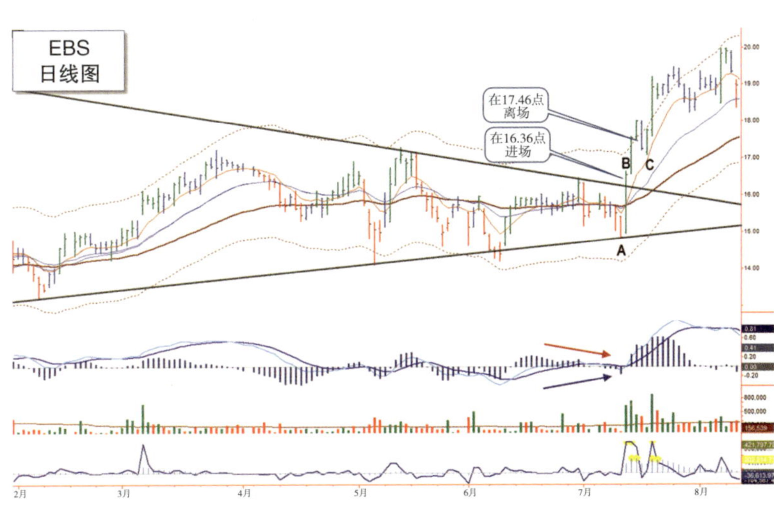

图 8.24　盘整的垂直突破

EBS，日线图，见附录二第8号指标列示。

上图是Vortex策略交易的一日收盘视图。正如股价向下突破并冲出三角形（A），价格剧烈反转，向上突破上边（B）。MACD的上斜边预言了突破的方向。注意在回调至上行的快速EMA上做多的第二次机会（C）。我以16.36点在三角突破处进场（B），2日跟进后在股价开始下跌时以17.46点卖出，收益率为6.7%。

现在回想起来，我应该留在这个交易中，因为它的强劲成交量能使我在股市反弹到新高之前进行一次小幅度的回调操作。这在这种模式中很常见，并提供了一个有效的第二次进场机会——可以运用回调类型 2 策略来进场。

如此处所示，在大成交量形态底部形成的交易显示了极端看涨信念把价格拉升至高于初始预期的能力。以指标和成交量飙升为信号的交易指标，其力量非常值得关注。在此情况下，我理应更改初始交易计划。我的初始计划是在突破中做多，并在疲软的第一个信号发出时卖出。初始计划错误计算了这次下跌的短暂性和浅层性，此后它以平均成交量三倍的程度向上爆发式增长。

策略设定的特点

该设定在 MACD 和 MACD 柱状图峰值间出现了少见的背离，而这些峰值通常在对称三角形形态的日线图中形成。这是该形态非常显著的特点，价格三角盘整背离会出现在日线图上。随着价格盘整，成交量和波动都明显降低。结果就是价格波动平息，低成交量出现，导致 MACD 柱状图和强力指数指标（成交量和价格变化生成的指标）明显疲软。这一过程会按以下方式传递假信号，显示价格疲软即将到来。

- MACD 柱状图和 MACD 之间背离出现（图 8.24，如箭头所示）。
- 随着短期股价移动平均线平缓，快速 MACD 和买卖信号线的背离缩小，传递出不利的 MACD 柱状图峰值背离信号。
- 同时，MACD 保持积极的背离并继续在日线图向上爬行。

很多人把它错误识别成疲软并做空股票。最终，当后进空头遍地、三角形消解而价格与成交量同步飙升时，假信号就困住了上当者。

50 日 EMA 和 MACD 的斜率都提示了预期突破方向，而看跌背离的 MACD

柱状图却成为迷惑散户的烟雾弹。

我将这种不一致的 MACD 形态称作“双拽线”——这是飞钓中的一种抛投技巧。该技巧需要在后抛和前抛的同时反手拽拉鱼线。这种相反的动作可确保回拉鱼线时累积到足够多的前冲动力，在释放鱼线时将其猛地前推，让抛出的鱼线获得额外长的距离。

MACD 柱状图的不利背离起到了同样的效果，表面上的回调看似不利，但实际上却能把价格推向最高的位置。

经过综合考虑，我认为 Vortex 策略形态最适用于不确定的市场环境，以提供可预测的、安全的最大收益。整体来说，这一形态如同暴风，有摧枯拉朽之势但自身不受周遭环境干扰。这一特征能在变幻莫测的股市环境中确保操盘收获的利润丰厚，包括处于过渡型市场的顶部形态或底部形态的情况下。

图 8.25 展示了另一个吸取了以往交易（图 8.24）的教训而达成的 Vortex 策略形态交易。在以往的交易中，我的进场和离场都过早了。

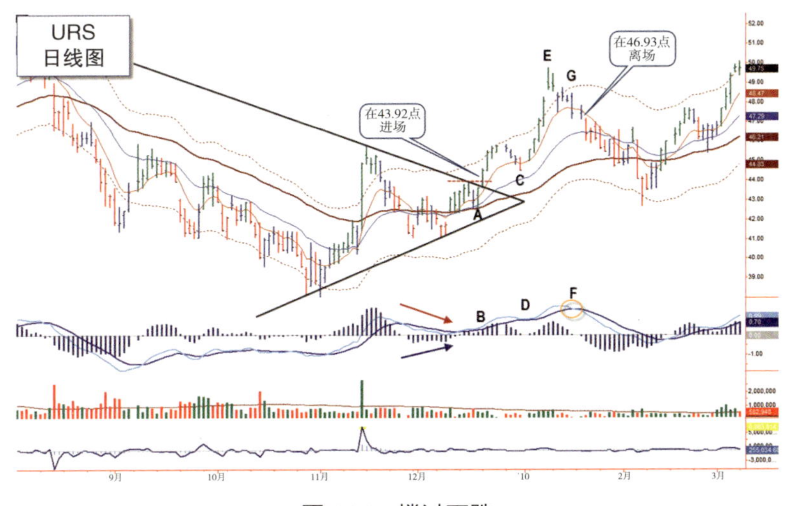

图 8.25 撑过下跌

URS，日线图，见附录二第8号指标列示。

Vortex策略形态展示了MACD与MACD柱状图的背离，即“双拽线”（如箭头所示）。

- 价格从50日EMA反弹并收于当日高点，脉冲转为绿色（柱形A）。基于“双拽线”信号的可靠度，我确信该股票将会突破并飙涨。随着三角形和价格阻力位在43.92点突破，我多头头寸进场。
- MACD线再次上升，与买卖信号线（B）分离。
- 价值区内出现小幅回调（C）。
- MACD线再次跌向买卖信号线但不交叉，之后上扬（D），提示另一轮价格涨势。
- 价格跳空高开并脱离价格轨道（E）。
- 一个看跌MACD交叉提示疲软信号（F）。
- 价格收于价值区内显示进一步疲软（G），它提醒我收割退场。

次日我以46.93点卖出，在18日波动周期内获得6.9%的利润。

进行此次交易时，我还在优化 Vortex 策略，纠正之前的错误并寻找提升策略有效性的方法。在该案例中，我等待在价格突破阻力位后再进场。我决心不像以前那样轻易地被突破后的价格回调动摇，而是扩大了止损区，以便能够在下一次上涨之前吸收朝向趋势线的下跌。的确，此前交易的价格出现回调后成交量飙升，抬升了价格并使其脱离价格包络线（price envelope）。

基于市场和经济向好这一大环境，我想把持仓时间放长，在离场时希望寻求动能的消解（看跌 MACD 交叉）以及价格跌回日线图的价值区。很明显，我在等待这些条件出现时放弃了太多收益。事后看来，更有效的卖出策略应该是在抛物线状曲线失去动能并出现第一个疲软信号后就离场。我现在的偏好是使用类似的提醒信号或触发信号来决定何时获利离场，我在突破后初次下跌或回调后的 30 分钟线图上这样操作，从而能在跟进更严格的止损的同时，允许波段交易在更长周期内获利。

如上所述，Vortex 策略的核心元素是出现对称三角形形态。理解这一经典图表模型内的价格行为至关重要。对此有所理解后，可以与看涨或看跌的信号相结合，从而有效地分辨真假。这种辨识能力是成功操盘手的优势，对价格行为的见解和预测需要真正的“火眼金睛”。

如何用Vortex策略交易

使用 Vortex 策略的方法有无数种，但所有方法都受到两大要素的影响：

1. 当前价格柱与顶峰的距离。

2. 当前价格位置与三角形上边和下边的相对位置。

在表 8.8 中，我提供了不同情境下多头交易的设定方法。

表 8.8 Vortex策略交易方法（自上而下，风险由高变低）

价格位置	交易情境	进场方法	止损	获利离场	目标
顶部	于三角形形态突破	买入止损	于三角形内	30 分钟或 60 分钟拉动	从突破点开始的底座长度
中间	于 50 日 EMA 突破	买入止损	低于突破点	30 分钟拉动	上边
下边	于反转处	10 分钟“浮漂”指标	下边界外	30 分钟拉动	50 日 EMA，中间或顶端
突破后	于第二次回调	回调类型 2 策略	低于回调低点	30 分钟或 60 分钟拉动	从突破点开始的底座长度

以上交易手法按潜在风险大小降序排列，三角形下边反转是最安全的，而三角形上边的突破风险最大（但利润潜力更高）。

图 8.26 至图 8.32 包含了表 8.8 涵盖的各种情况的操盘。

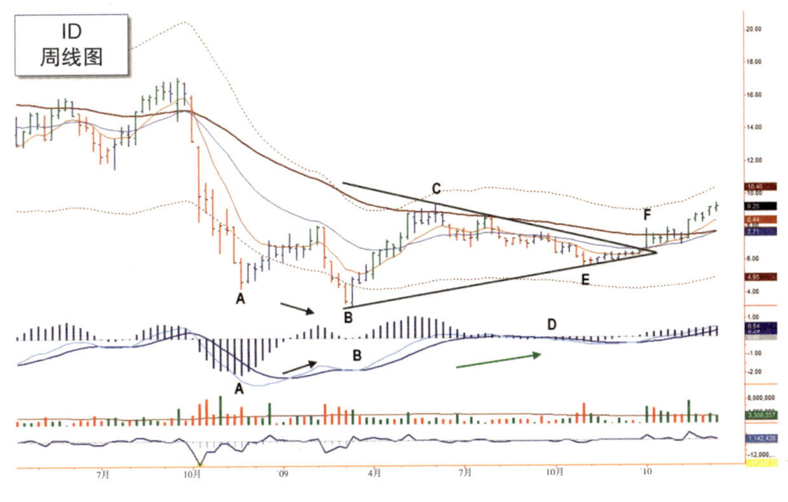

图 8.26 Vortex策略中的三重底

ID，周线图，见附录二第11号指标列示。

Vortex形态出现在ID的周线图上。该股票正处于构建底部形态的过程中。

- 看涨MACD柱状图背离（A—B）。
- 新低点形成（B）。
- 价格反弹并继续冲向50日EMA的阻力位（C）。
- 看跌MACD交叉（D）引导价格向下寻找三角形的下边的支撑位（E）。
- 价格回弹至价值区，并在区间内来回波动。
- 看涨MACD交叉触发突破。随着盘整和逢低吸纳者买入折价股票，成交量飙升（F）。

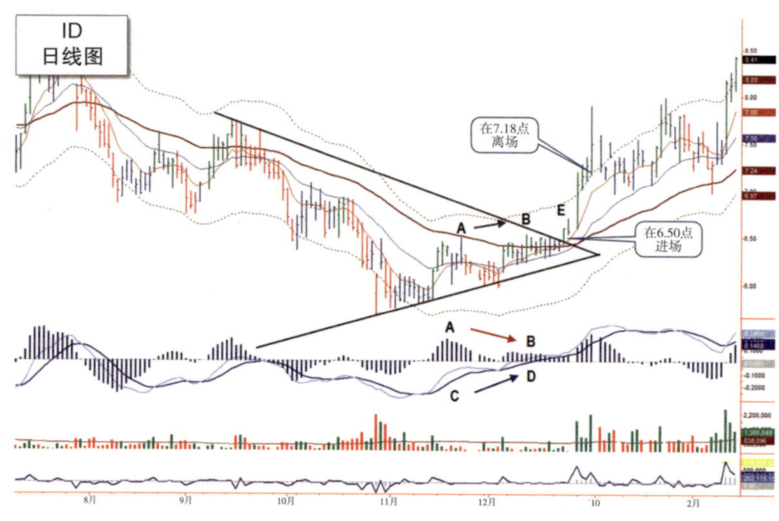

图 8.27 MACD指向反转

ID，日线图，见附录二第8号指标列示。

以Vortex形态操盘。设定以看跌MACD柱状图的看跌背离成形为开端（A—B）。最终上行突破，该突破由“双拽线”信号触发（C—D）。突破后价格剧烈爬升。我在6.50点进场，而此前价格以高成交量突破三角形形态。随着价格突破阻力位，我开始在30分钟线图上执行获利离场策略，并在卖出信号发出前持仓4个交易日，最终以7.18点卖出，获得10.5%的利润。

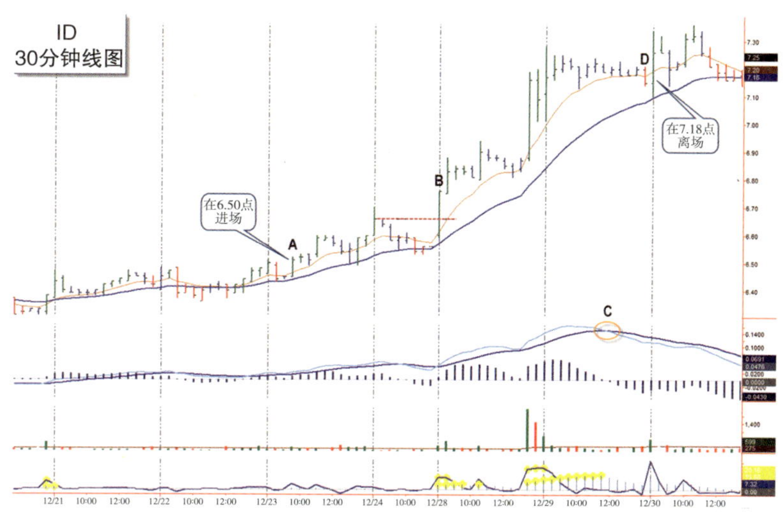

图 8.28 捕获大鱼

ID，30分钟线图，见附录二第10、14号指标列示。

- 在6.50点进场（A）。
- 价格高出阻力位（B），并从此处执行30分钟获利离场策略保住利润。该行为模式类似于移动止损（trailing stop），但有细微区别。
- 由看跌MACD交叉（C）给出卖出提醒。
- 随着价格收于8日EMA以下，在下一个柱形触发卖出信号（D）。我遵循卖出信号提示并在下个柱形离场。

该获利离场策略很好地将利润最大化，同时将过早退场的机会成本最小化。价格没有突破8日EMA，三次下跌但都没有收于价值区内。该获利离场策略指导我持仓4天，规避回调，最终获利10.5%。

如前所述，当三角形消解时价格会在再次推进前，回调至突破趋势线，这很常见。将这种情况纳入止损管理很重要。很多人选择延迟进场，在指导价格出现突破时于第二次回调轻松进场，并以安全的止损产生有利的回报风险比。

操盘管理 在明确主要的价格趋势后，等待 30 分钟 MACD 重置。换言之，如果预测了多头交易（与空头交易相反），最佳情况是 30 分钟 MACD 位于中心线以下，准备交叉。在“牛性”强烈的情况下，两种线都会上升并超出中心线。在这些情况中，要等待 MACD 回归买卖信号线并反弹。

两个条件但凡满足其一，就要观察价格在 10 分钟线图中收于 8 日 EMA（浮漂）之上的情况，看是否获得进场绿灯。

进场之后，首先要管理止损直到价格上涨，之后切换到获利离场策略。尽管获利离场系统对离场时间起决定作用，但最好还是要注意重要的目标区间或阻力区间。如果进行多头交易，目标区间应包含 50 日 EMA（通常位于三角形的中间）和向下趋势线（三角形的上边）。

目标价位之后如何？突破以后，价格会按照从三角形下边到突破点的同等距离前进。如前所述，这些形态在突破后会持续前进。

使用 Vortex 策略的多股票案例展示　每个案例都与表 8.8 一一对应，并给出相应的操作策略。

第一个案例包含三个 ID 的线图，展示了各个形态特征和不同上行突破情境的进场或离场策略（图 8.26 至图 8.28）。请注意周线图和日线图所代表的两个时间周期的一致，两幅图都传达了同样的信息。

进场和离场的细节则在 30 分钟线图中有所体现（图 8.28）。

另一个示例则涉及用 Vortex 策略在三角形中间靠近 50 日 EMA 进行交易（图 8.29）。

尽管 JOYG 日线图十分诱人，但是 30 分钟线图却显示，MACD 线必须重置到中心线以下的位置，才能精准地进入。图 8.30 的线图跟踪了与此相关的时间点。

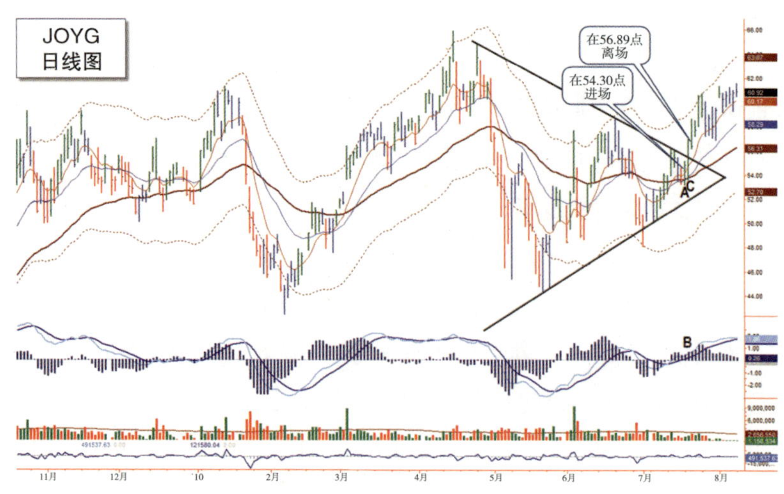

图 8.29　1、2、3，进！

JOYG，压缩日线图，见附录二第8号指标列示。

在使用Vortex策略进行的交易中，股价在第三次试图向上突破下行趋势线后从50日EMA（A）反弹。注意50日EMA的上行斜率（A）和MACD线（B），两者都确认了上行趋势的指标。根据MACD柱状图的报升信号，我在54.30点进场（图8.30展示了进场的详细步骤）。价格次日突破了三角形的局限，突破阻力位并激活30分钟获利离场策略（C）。反弹持续至次日。在成交量开始萎缩的当天，也就是价格从高点下跌的时间，我以56.89点卖出，获得4.8%收益。

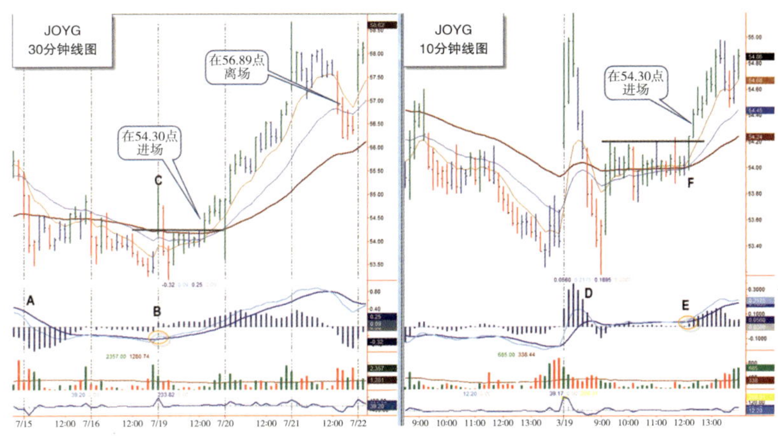

图 8.30　MACD重置后进场

JOYG，30分钟线图和10分钟线图，见附录二第15号指标列示。

与图8.29的操盘一样，这里显示用于指导进场的日内股价图。

- 左侧的30分钟线图显示了零线之上的MACD下跌（A）。我直到这些曲线重置或触底反弹后才进场，因此耽搁了进场时间。
- 2日后，价格在开盘时飙升（B），迫使看涨MACD交叉出现。
- 股价跳空并飙升超过EMA（C）。现在将注意力转向10分钟线图来确定进场时间。
- 在该线图上，可以看到开盘缺口和价格上扬，导致MACD向上超过基准线（D）。在此情形下，我先等待MACD下行，之后注意找看涨交叉（若仍高于基准线则注意找报升信号）作为多头提醒信号。
- MACD和柱状图的报升（E）。
- 基于价格收于阻力位以上，F上出现买入触发信号。

我在下一个柱形以54.30点进场并在两天后离场，30分钟线图的获利离场信号提示在56.89点离场，2天收益率达4.8%。

下一笔交易在三角形的下边发生，同时价格在向上反弹前一直沿着趋势线变化（图 8.31）。

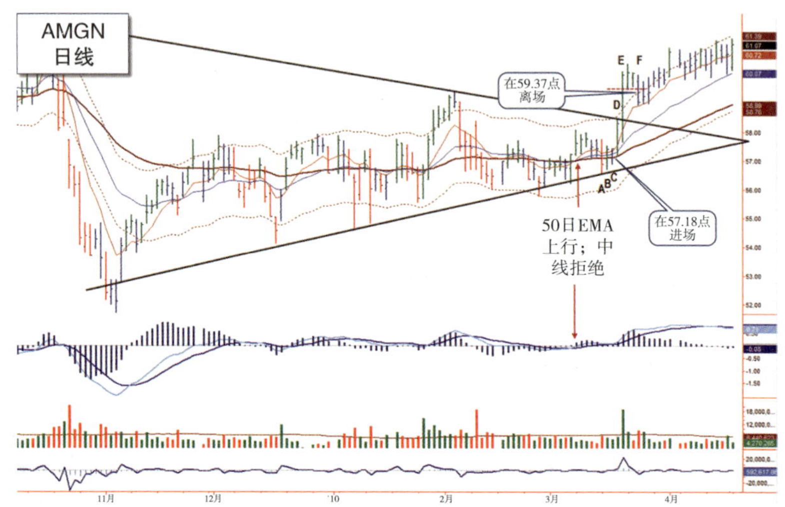

图 8.31　嘀嗒、嘀嗒、爆发！

AMGN，日线图，见附录二第8号指标列示。

Vortex策略形态呈现了50日EMA和三角形下边之间的交易价格。由于50日EMA的上行斜率和相应的中心线阻挡MACD下降，我决定在靠近或略高于反弹后形成的下边趋势线以多头头寸进场。我等待红色脉冲柱（A）反弹后变蓝或变绿并收于8日EMA以上（B），这与MACD柱状图的报升契合，这是咆哮“买入”的信号。我在57.18点进场。股价在成交量非常大的情况下上涨，以高点收盘，略低于趋势线（D）。次日的跟进把股价带离三角形并超出价格包络线的上边（E）。价格跌回上行8日EMA前盘整持续2日（F）。我在三角旗形形态消解时以59.37点卖出，5日收益率达3.83%。

那么，如果错过了突破，怎么办？放轻松，还有第二次机会。下一个操盘示例就体现了使用 Vortex 策略设定的较晚进场，该设定利用了突破后期的下跌来为第二次进场提供机会（图 8.32）。

这就是第二次进场的机会，因为价格行为通常向顶峰反转，在突破后趋势线反弹，相当于“吻别”。

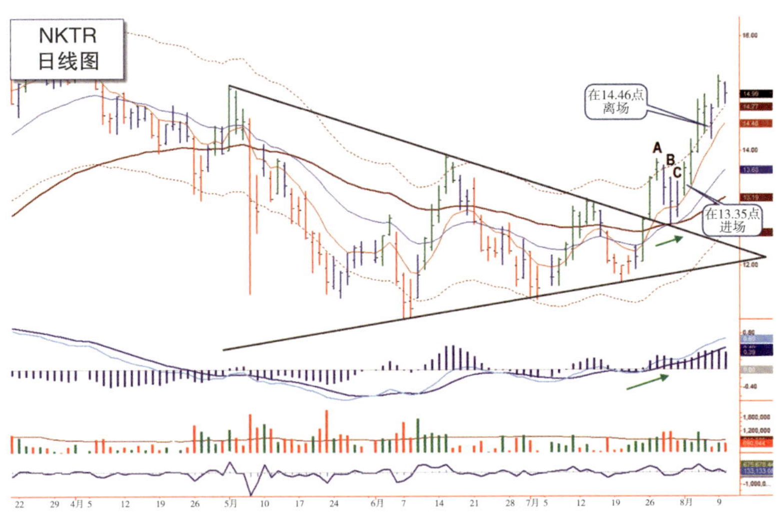

图 8.32 每个人都值得第二次机会

NKTR，日线图，见附录二第8号指标列示。

此处展示的是Vortex策略形态的突破，其中价格飙出价格包络线（A），此后疲软跟进。脉冲变蓝而价格跌向50日EMA支撑位（B）。此例和以往案例一样，有明显的50日EMA和MACD的上行斜率（如箭头所示）。

我使用回调类型2策略进场，先等待价格反弹并收于8日EMA之上，并伴随MACD柱状图的报升（C）。这使我的进场设定为下一个柱形的13.35点。4天后我以14.46点在开盘时离场，获得8.3%的利润。

结论

在从前的亨利福克河上，我们只需要熟练使用Adams和Muskrat这两个品牌的假蝇就能轻易让鱼儿上钩。但是几年过去了，玩飞钓的人越来越多，飞钓也越来越难。鱼儿变得更加警惕，钓手需要开发更为细微复杂的假蝇形态才能继续欺骗它们。只靠匹配羽化已然不够，你必须高度精准地模拟飞蝇的动作，柔如丝绸、轻如鸿毛，但凡有些许不足都会降低成功的概率。

拿一笔巨款对着蓝筹股就下注，而后等上十年获取高利润，这种好日子已经一去不复返了。现在的参与者越来越多，包括但不限于高频操盘手、使用自动炒股软件的操盘手、对冲基金操盘手、网络操盘手和国际操盘手。新的复杂产品也已问世，例如交易型开放式指数基金、股权和其他对冲产品。因此，成交量和波动率大幅提升，而散户的利润愈发被稀释。总而言之，这些所谓的“发展进步”会侵蚀成功率，除非你能运用精心设计、经过实践检验的可靠交易系统以适应任何股市季节。要在这种市场获得成功极具挑战性，但并非不可能。我自认为本书推荐的交易策略可以帮助散户应对如今的复杂市场。

最后一点说明

当我还是孩子时，我的飞钓经验有限，曾看到不少钓手大中午躺在河边。看到此情此景我想：“大老远跑到这里钓鱼，结果就在河边睡懒觉，真浪费时间！”我摇了摇头，继续甩竿，等着钓大鱼。其实每天都会有这样看似适合钓鱼却钓不到鱼的时刻。随着年龄渐长，我也积累了更多的飞钓知识，明白早上和晚上的羽化时段才最适合钓鱼，而介于两者之间的时间非常不利，还不如伴着河畔微风和美景打个盹儿，惬意地等待鱼儿出现。

股市操盘也是如此，总有一些时间段看似很适合交易却很难获利。这些时间段会考验我们的耐心和毅力，迫使我们在匹配到前等待“羽化”。

第九章　陆栖生物与凹岸

每当夏季临近尾声，即将释放完最后的热情，我都会非常郁闷。6 月和 7 月是爱达荷州飞钓最高产的月份，主要是因为这时的气温和水温最适合飞蝇产卵和孵化。当 8 月来临，温度升高，飞钓就被迫中止了。

在许多个炎炎夏日里，我只能对着面前的一潭死水发呆。我发誓那些日子整条河里没有一条活鱼。不过，说到底还是因为我没有发现模仿陆栖生物能带来的绝佳效果——这些生物包括蚂蚱、蚂蚁、蜘蛛，甚至老鼠！

1974 年，在福尔河边，我经历了钓鱼生涯里最难忘的一天。彼时正值骄阳似火的 8 月。我坐在青草茂盛的岸边享受着树荫的清凉，看到一只蚂蚱跳上一片长草叶，并爬向叶尖。随着蚂蚱慢慢上爬，叶子开始向水面弯折，蚂蚱随之掉向水面，我听到“扑通”一声，随后突然“嗖”的一下，一条巨型虹鳟鱼跃出水面吞下了这只落水的昆虫。原来这条鱼一直藏在凹岸下的阴影里。凹岸由急流冲击形成，大鱼静静地躲在遮阴的清凉的水中，等待头顶游过的“自助餐”。

我马上尝试蚂蚱拟态。我涉水 15 英尺，模拟刚才的“蚂蚱之死”。我把假蝇投在岸边的草丛中，多次抖动鱼线直至飞蝇掉向水面。飞蝇随着水流在凹岸转动，吸引着暗藏在底下的大鱼。河水较浅、水势湍急，大鱼一旦出击咬钩，就会任人摆布。

若只描述当天的情形为“捉了几条大鱼”，那实在不足以形容我的兴奋。从此在炎炎夏日的晌午，我不再躲在树荫下打盹，而是开始了令人振奋的钓鱼活动。每次看到鱼儿随着鱼线被拉回，父亲就会在一旁咧着嘴笑道：“爱达荷州是不是很棒？”我从未忘记这些场景。

我了解了陆栖生物在鳟鱼的生态系统中所起到的主要作用。那时，我终于悟到鳟鱼在根据飞蝇孵化周期而捕食之余，其余大部分时间在凹岸、水中断木或巨岩形成的遮蔽处躲藏。而在躲藏处，鳟鱼注视着蚂蚁、蚂蚱、蜘蛛、毛虫、老鼠跌进水中，准备随时出击。这些小动物成为鳟鱼的主食，促进了鱼群的生长。水流、温度、遮蔽和食物（此处指小动物）是鱼群生长的基础。

同样，在金融市场中，可交易证券经常静静驻足在支撑位（50 日 EMA）上或附近，躲在遮蔽处。在这寂静的盘整期，个股在耐心地等待一条新闻落入交易的水流中，随着操盘手急不可待地将收益钓回而上涨。稳定的公司基本面能产生积极的媒体宣传，进而通过资本增值成为促进股权价格稳定成长的“主食”。这种成长以交易波动范围内的上升趋势展现。短期“飞蝇孵化期”的疯狂喂食使交易价格轨道内产生快速的价格波动。位于 50 日和（或）200 日 EMA 之上和附近的股票通常由于其坚实的基本面而保持估值。这些常见的移动平均线构成了底线，当基本面较好的股票在牛市中被廉价销售时，股价朝该底线下跌。

基本面对决定对应股票的价值至关重要，让我们一起学习股票的基本面吧！

基本面分析

基本面分析这一术语用于表示审视某一公司与财务相关的基本情况的过程。这一分析用到多个数学工具来衡量某一公司的财务健康程度，从而为判断该公司的股票价值提供参考。

不少投资者使用基本面分析以决定股票价值和市场价值。很多操盘手单独使用基本面分析或结合技术分析一起发掘、管理所交易的股票。

本书不详细讲解我所使用的基本面分析工具。尽管偶尔涉及基本面分析，但我的分析方法还是以技术指标为主。我相信根据技术性质而展现的某一股票的“价值”同样代表其对应的基本面价值，回调类型 1 策略就显示了这些特定形态。不过，在这一部分我们还是先来关注几个基本面。

要让市场对一家公司的股票价值表现出好感，必须保证三个条件是健康的且活跃的：收益、收入和增长。

收益

公司在未来能否维持现在的收益？这是亟须解答的实际问题。若能找到确切答案，那么就能明确这家公司的价值。公司的价值最终取决于收益（盈利能力），由收入减去成本表示。

基于收益分析公司价值的指标数目众多。以下是投资者最常用的指标。

• 市盈率（P/E）。这是目前最常见的评估股价水平是否合理的指标，由股价除以收益计算得出。

• 价销比（P/S）。相较于市盈率，价销比并不常见，但它能非常有效地衡量价值。计算方法是用股价除以公司销售额。

当然还有其他指标，但市盈率是目前最常见的。而价销比则比市盈率更可靠。

奥肖内西在 1996 年出版的《投资策略实战分析》一书中分析了标准普尔庞大的 Compustat 数据库，其中涵盖了 43 年的历史数据。他研究了 50 只股票的不同基本面指标的最高和最低比率，利用统计学计算长期以来表现最优的个股的比率。他得出的结论是，比起市盈率等指标，价销比是最适用于获得最大收益的指标。他将价销比称作“价值因素之王”，并展开进一步分析：

> 股票的价销比类似市盈率，但前者衡量的是价格相对公司年销售额而非公司收益的比值。与喜欢低市盈率股票的投资者类似，那些买入低价销比股票的人以为自己讨到了便宜。肯·费雪（Ken Fisher）在其 1984 年出版的《超级强势股》（*Super Stocks*）中指出股票的价销比是“几乎完美的普及性衡量指标”，并警告只有预期和炒作会提升有高价销比的股票的价格。

我极力推荐《投资策略实战分析》这本书。我有生物科学的背景，深知尽管主观意见有时很准（特别是“灵光乍现”的时候），但是支撑理论的统计学数据往往更为可靠。

《投资策略实战分析》一书中包含的翔实证据曾给刚踏足股市投资的我很大的帮助。它指导我把资金投向有大幅增长潜力的股票，这些股票来自有强劲价值基本面的无债务公司，而当时尚未被大众知晓。Express Scripts 公司（ESRX）和 NVR 有限公司（NVR）等的股票就是我在 1996 年挑选的种子股，并且它们的涨势惊人。当时 ESRX 股价为 1.20 美元，而在 2011 年 2 月则高达 57.00 美元，上涨了惊人的 55.80 美元，涨幅高达 4650%（图 9.1）。NVR 从 1996 年的 10.00 美元涨至 2011 年 2 月的 760.00 美元，股价提升了 750.00 美元，涨幅高达 7500%（图 9.2）。这是过去 15 年中可观的收益，但我认为如果能积极地根据“优势股观察清单”操盘，在更短周期能取得更大收益。具体方法我稍后会详细讲解。

最后，一些无收益（或收益为负）公司会展示出正向收益的增长和预期，并具有高估值。在这种情况下，要相信增长预期，而不是迷信价值比率算出的具体数字。

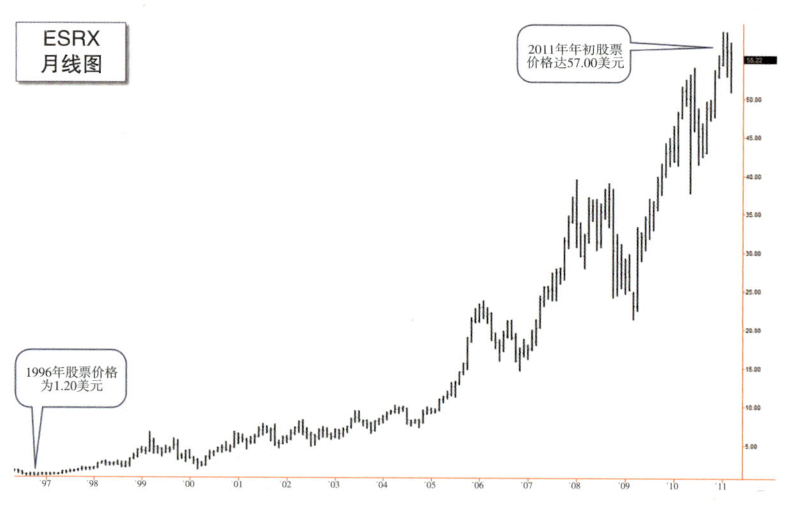

图 9.1　叹为观止的长期增长

ESRX，月线图。
从1996年至2011年年初，ESRX公司股价增长4650%。

图 9.2 建造出“宝库”的住宅建筑公司

NVR，月线图。

NVR是一家住宅建筑公司。1996年我试水股市时，该公司股票浮出水面。尽管曾经历过两次经济萧条而出现了波折，该股票在15年间的涨幅仍高达7500%。当时若投资1000美元，如今能涨到7.6万美元。

收入

收入十分关键。收入的持续性也许比收益本身更有助于确定公司的价值可以维持在何种水平。我们可以通过以下方式来衡量收入。

收益增长

收益增长以稳定的收入为支撑，用于收入测算。若能对公司的成本进行合理管理，持续利润率的增长与公司的收入流将直接相关。

奥肖内西发现只买入有高正收益的股票并非好的策略，因为这样反而会导致很多损失。高收益并不能转换成高业绩，持续性收益比业绩更重要。

五年持续性收益

持续五年获得每股收益（EPS）比一次性爆发更重要。对此，奥肖内西解释道：

持续五年的正收益要另当别论。在观察多种因素模型时，可以看出持续正收益比大额正收益更加重要，而且它是增长导向型投资组合的有益因素。

很多投资者会买入上年度最差业绩股，认为它们在新年会有新气象。奥肖内西的著作则驳斥了这一想法，他的观点恰恰相反：绩优股会继续高涨，绩差股会继续下跌。

增长

为维持上述基本面元素，公司必须经历多种增长：价值增长、收入增长以及利润率的相应增长。

评估增长的最佳方法是衡量一家公司相对于其所属行业的其他公司以及市场的价格强度。其重点信息是，如果公司的相对价格较强，则该公司的感知价格也相应较强，未来会获得持续较高的估值。这类公司的股票将在未来被现有股东和未来股东大量买入。

价格升值对应的业绩实际值很重要，但这些实际值在同类和其他行业分类中的相对排名在评估股票的基本面强度方面更为重要。与大多数抄底投资者所想的相反，我们有足够的证据支持本章前面的陈述：有坚实基本面的强势股会愈发强势，而弱势股会愈发弱势。

用基本面补充技术分析

技术分析若使用得当，可以完全反映基本面的强度。某些产生相对应结果的价格形态能最终反映出炒股者的心理，既有多头也有空头。在多种情况下，这些技术形态同样反映了潜在的公司基本面是强劲的还是疲软的。因此，我相信，在技术分析的过程中，通过找到显示趋势的具体对应图表模型发掘出具备高基本面价值的股票是有可能的。

但是股价业绩并不总能反映强势基本面。仅仅依赖基本面分析去炒股风险很大，即便成功也是断断续续，没法持续获得收益。价格为王，能发掘出有更高价值的股票的技术分析永远会受人追捧。交易这些具有“高基本面分析得分”的股票会让成功再升级。

回调类型1

本书第八章曾提及回调类型1策略的技术线图可以发掘强势股所具有的基本面实力，而这些线图可以同时明确轴心点交易机会，价值回调与上升动能会合，使价格恢复升值。

这些被发掘的宝藏股票会从52周高点离开，并伴随盘整与50日EMA汇合。若50日EMA没有受到影响而下行，则反映出市场对这些股票的尊重，高度回应它们所具有的坚实基本面的估值需求。包括大型机构在内的很多操盘手将这条50日EMA用作“逢低买入”的进场底线或用以加仓。这些都是老练的投资者，他们知道从这种盘整中产生的强烈反弹反映出市场对更高的价格估值缺乏阻力。

总之，具有回调类型1形态的股票就像躺在树荫里睡觉的钓手，等待着基本面价值的基础最终显现，变成高增长股。

如果这些设定与所处的行业分类及大盘都完美契合，那么操盘手的成功率将会得到极大地提升。

最佳组合

通过浏览股票大盘搜寻高质量回调类型1形态是一种可行做法。但是如果该形态能通过由最有效的基本面标准生成的观察清单去筛选呢?

在《投资策略实战分析》一书中，奥肖内西的研究不只局限于对每个常见基本面比率的高点和低点历史表现进行对比分析，他还将具体指标结合，以期发现业绩最好且风险最低的组合。奥肖内西由此提出了著名的“基石增长策略”。

用该方法搜寻的股票具有以下特点：

- 是大盘所有股票之一；
- 股本不低于1.5亿美元；

• 连续五年正向收益；

• 价销比低于 1.5；

• 一年价格在所有股票中表现最好。

他还补充了下列提示：

> 买进成长型股票的最佳时间是股价低迷期，而非投资群体蜂拥买入时。该策略坚决不会出现让你在 Netscape、Genentech 或 Polaroid 等股票出现 16500% 收益时买入，这就是为什么该策略能奏效。它迫使你在市场刚刚发现到这类被忽视的公司时买入股票，这也是使用相对实力作为最后筛选因素的美妙所在。它让你在市场刚刚重视股票时买入，而同时价销比限制了股票定价，使其仍然处于合理区间。

如果能找到满足上述标准的股票池，这些股票确实值得认真考虑。从技术分析的角度看，季节性策略形态（回调类型 1）如果在这组股票内出现，后续表现经证实会很强劲，因为该形态还有技术优势。如果能把上述基本面标准的积极影响考虑进来，表现则会更加强劲。当我们作为操盘手找到了这类股票，一切将会顺风顺水。基于上述潜在积极因素的积累所形成的“牛性”，短期资本收益会相当喜人（图 9.3 和图 9.4）。

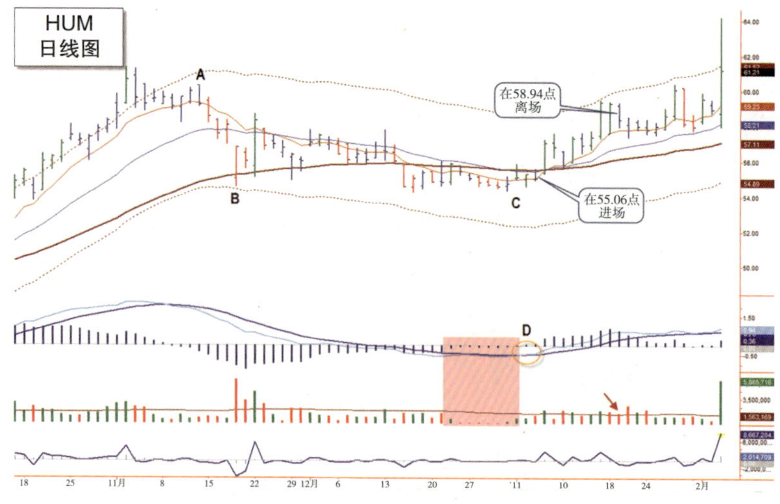

图 9.3　基本面 + 技术 = 正收益

HUM，日线图，见附录二第8号指标列示。

HUM既满足了基石增长策略的基本面价值和增长标准，也符合回调类型1策略的技术标准。

- 价格从双重顶形态下跌（A）。
- 抛售经由50日EMA（B）缓冲，股价进入平静的盘整形态（B—C）。
- 脉冲变绿色，8日EMA上扬，同时价格上涨并收于价值区内（C）。
- 买入信号次日闪现，来源是看涨的MACD交叉（D）。

次日我以55.06点做多，价格随后突破盘整并继续上扬。9日后，脉冲变为蓝色且成交量显示衰竭后，我以58.94点卖出。我的波段交易收益率在一周半时间内达到了7.0%。

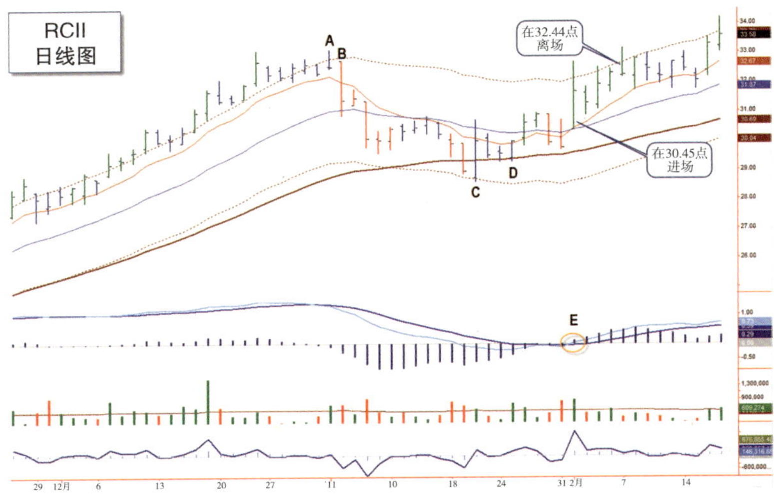

图 9.4　50日EMA是跳板

RCII，日线图，见附录二第8号指标列示。

RCII的回调类型1交易操作符合基石增长策略的价值导向基本面。

- 一个假上行突破触发双重顶形态（A）。
- 下一个柱形价格抛售下跌（B）。
- 50日EMA提供基于公司基本面价值的良好支撑。股价下行穿刺，更低价格被阻止，而股价前行吞没前一个柱形并跟进一个假下行突破（C）。
- 随着D收于价值区内，脉冲变成绿色，发出准备买入的信号。

买入信号5天后发出，彼时MACD交叉而股价飙升。

我在开盘时设定市价委托，在30.45点建仓，在价格跌回价格轨道后在32.44点卖出。4日操作收益率约为6.5%。

再次回想一下那段平静而困倦的时期，如图 9.3 的高亮区所示。正如鱼儿潜伏在水中的隐蔽处休憩，静候捕食机会一般，这只股票就潜伏在 50 日 EMA 的遮掩下，等待着牛市信号让它一跃而起。在此类情况下，看涨的 MACD 交叉就起到了触发信号的作用。

这两次交易操作都示范了向上 50 日 EMA 提供的基本面和技术支持带来的低风险、高回报。

对藏于凹岸下的鱼儿“有的放矢”可以获得金融市场里最高的收益。这些股票池汇集了高价值股，都在等待机会出击，“捕食”掉落股市的任何新闻，进而补充它们强劲的基本面。

改变股价的事件

一家正在赚钱、扩张、成长的公司若不被大众关注，其价值会被低估，而当值得传播的正面事件被媒体报道时，这些被低估的股票经常会被予以热情的回应。我列出了操盘手需要关注的一些主要事件标题，它们可以刺激股价。

• 内部买进。很明显，内部人员买进公司股份传递出的对公司实力和未来前景的信心是最可靠的。

• 股票回购。这一行为会产生与稀释股份完全相反的效果，显示了公司管理层对自己公司的信心。

• 股票分拆。股票分拆通常由快速的资本升值导致。市场对这一行为的反应是十分“牛性”的。

• 并购。一家年轻的成长型公司与另一家规模较大的公司合并或被收购，通常会对股价产生助力效果，因为不止一家公司加入了竞价战。这类强劲但低调的股票会因为接管产生巨大溢价。

• 新合约。一旦宣布新合约就意味着未来收益增长有保证，通常会提升股权价格（规定按条件计价的除外）。

反之，下列负面新闻事件则会快速抽掉支撑股价的底座。

• 内部抛售。那些持有并运营公司的内部人员最了解公司的未来前景和持续增长能力。当他们都在卖出所持股，通常意味着该股票未来价格会更低。

• 二次发行股票。由于其稀释效果，该行为通常会引发负面反应，但偶尔也可被解读为正面反应，特别是涉及未来大规模的增长而需要资金支持的情况。

同样，操盘手如果做多也需要关注此类事件，而如果用弱基本面的滚动形态做空则更需要关注。当弱势股被负面新闻公开吞没时，价格会闪电般下跌。而这一规律也回应了一句老话："强者恒强，弱者恒弱。"

当"主动投资"遇见"买入并持有"

至此，我们已经学习了回调类型 1 形态股票的技术和结合基本面的优势。这类形态的股票按照"基石增长策略"基本面的标准从数据库观察清单中被选出。这一策略还有一条常被忽视的优点——如影随形的内置安全线。如果你是短期操盘手，那么筛选结果将更倾向于那些准备就绪、正在变化、具有活力并被新成交量驱动的技术形态。但当交易未能按预期在未来几天跟进时，那么进入持有期等待重要新闻事件出现则是不错的选择。此处的关键在于，限于上述条件，其下行是有限度的。冲击上行突破，失败，然后跌出交易区间——这类股票很少会发生这种情况。但是上行机遇巨大，值得等待。大成交量早晚会到来。

对于那些不喜欢关注市场但又买入并持有股票的人来说，其实有好消息——好日子还会来的。只要能捡出璞玉，在疲软期有规律地加仓，之后就能轻松见证财富不断地增长。

技术和基本面的断联

操盘手经常会在无意间忽视基本面或技术分析给出的信息。事实上，基本面经常会强劲得让人不敢相信，而对应的技术分析则呈现相反的情况。当操盘手因这种短视而犯错时，他们通常会被市场狠狠地教训一番。

如前所述，价格抛售和飙升都有限制。一旦释放恐惧和疯狂，股市便会偏离基本面和技术上的预期，但是价格平衡迟早会出现。这经常使得大量“失去平衡”的操盘手搁浅，他们都想着再咬一口饵以满足贪欲，却反而挨饿了。股价觉醒开始爆发的关键点才是能赚取小额财富的地方。

因此，要同样重视基本面和技术分析。但是无论基本面多么强大，永远都要以交易的技术信号为最终指南。记住埃尔德博士在《卖与卖空》中所讲的话：

> 将基本面信息用作思路参考，将技术分析用作行动触发器，这是关键原则。技术分析既可以让你充分参与交易，也可以阻止你继续跟进。
>
> 无论基本面展示的可交易条件多么充分，如果技术因素没有确认这些条件可行，那么绝不交易。这一原则适用于看涨和看跌的基本面信息。如果基本面提示操盘并且技术因素也确认该信号，你就得到了强大的双保险。

基本面势不可挡：动能操盘

多年以前，我曾有幸前往阿拉斯加，去卡特迈国家公园内的美国河上飞钓。在这次“钓鱼者天堂”之旅中，最令我愉悦的是用到了“棒槌小鱼”假蝇。第一天，我们乘坐浮船沿着静谧的河流向河中央划去，导游向我们示范了一次完美的抛线，棒槌小鱼飞过河岸，恰好落在水边的草叶上。它随着浮船继续向下游漂了几英尺，鱼线随之被拉动，而棒槌小鱼掉到了河边。这假蝇刚沾到水面，导游就尽可能快地拉动鱼线三次，每次拉动三英尺，以此模仿活鱼的动作。突然，水面的平静被打破，一条六磅重的大虹鳟鱼咬住倒钩，鱼鳃被刺透。导游赋予了假蝇活鱼般敏捷灵动的身姿，把谨慎的虹鳟鱼从隐蔽处诱出，冲向所谓的美味佳肴。我们当天都学会了这个绝招，钓到了不少大鱼。这绝对是我钓鱼生涯中值得铭记的一天。

有些收益高、增长快的热门股能吸引全球成交量。这些行业领头羊企业卓越的基本面支持着很高的价格估值。类似苹果、谷歌的高估值巨头的股价会升至令人惊叹的高度，从而热得发烫。

动能股就像灵动敏捷的棒槌小鱼，引诱角落中蛰伏的股民买进价格高过天际的股票，全力出击且不假思索。但是，最终只有很少的股民能一路追到峰值，之后股票将回归到较为合理的估值。

动能股的特点如下：

- 高成交量；
- 大机构持股；
- 疯狂的抢购期；
- 高市盈率；
- 高价销比；
- 频繁呈现抛物线状形态。

动能股像磁铁一般吸引食欲强烈的投资者和日间操盘手，他们看到任何移动物都想出击。

动能操盘很受欢迎，但需要遵循与本书的理念全然不同的另一套规则。操盘手如想捕获这类形态的股票，则必须使用短期监控系统。尽管次数不多，但我偶尔也会忍不住加入疯狂追逐股票的行列中。我会按照以下方式谨慎地操作。

进场

进场可以设定在突破高于阻力位的轻微回调处，或者突破高于前一日高点处。这类股票中有很多会突破至新高点。该现象被称作“蓝天突破”，表示阻力匮乏。

在进场时，动能股跳空的现象较常见。出现这种情况时，若有个股涨势强劲，那么搭上顺风车非常重要，之后要在交易的前 15 分钟到 30 分钟的高点上方略高位置处设定一个买入止损指令。这一技巧有时可以回补跳空缺口，但是之后价格会在抓住即日高点后回归上涨趋势。这种方法同样可以确保更高的高点（相较前一日柱状图而言）能先被捕获，从而触发另一次当日飙升。

另一种进场方法是使用短期（3~5 分钟）浮漂。该方法更注重以价值为导向，但代价可能是错失交易，尤其是当股票快速上涨并偏离最佳进场点的时候。

操盘管理

当股票处在高涨趋势，可考虑按 10 分钟时间段设置获利离场策略，或当价格无法达到新的高点时获利离场。后者通常表示后续要么涨势中止，要么短期回调，要么出现反转。基于此原因，要特别重视动能股的价格无法形成更高的高点这一现象。

止损

我建议一般把止损指令设定在即日柱形的低点或略低于前一日高点的位置（越靠近高点越好）。这类股票尽管收益率惊人，却会出其不意地反转（图 9.5）。随着股价青云直上，股价也变得极易受到可怕的估值下调的影响。不难想象，股价一旦高耸入云就会对负面新闻作出不利回应。

图 9.5 展示了一只动能白银股周期性地创造新高点，需要均衡势能把它拉回价值区间内，从而重建动能继续上升。

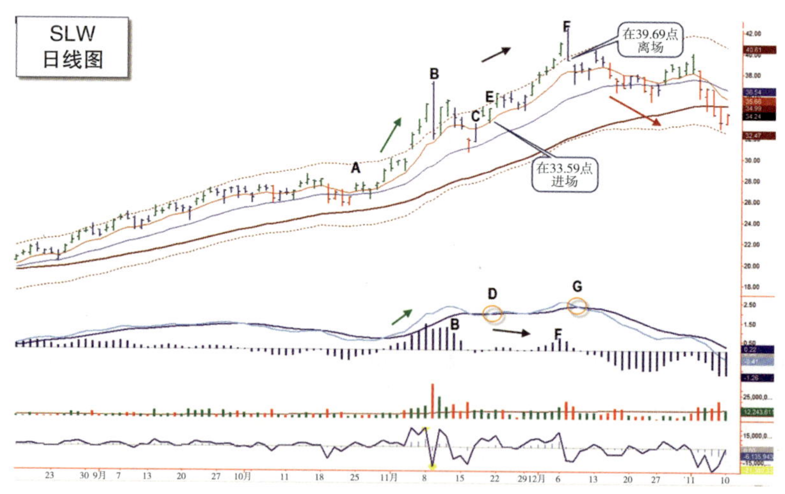

图 9.5　动能消逝时一定要逃

SLW，日线图，见附录二第8号指标列示。

SLW动能操盘显示动能消逝后出现的一次快速抛售。

- 白银股的价格爆发，导致SLW的脉冲颜色在A上由红转绿。动能在此处提升，股价前进轨迹变得更为陡峭（A—B）。
- 股价到达新峰值，股票被抛售，形成看跌吞没柱状图（B）。
- 我使用了回调类型2策略来捕捉动能型回调至向上21日EMA的上行突破。价格收于价值区内，提示MACD如出现交叉就应买进（C）。
- 看涨MACD交叉在次日出现（D）。
- 我在33.59点进场。股票沿着价格轨道上限前进，跳空高开并离开价格轨道。
- 我在36.69点离场，此时价格回归价格包络线（F），沿着看跌MACD柱状图背离跟进（B—F）。我在这种股价疲软的情况下卖出并保住了11日交易获得18.16%的收益率。同一柱形跟踪了一个上行假突破和看跌吞没柱，这提示趋势即将发生变化。
- 看跌MACD交叉于次日出现（G），短暂打破这种看涨势头。注意此交叉的位置。当买卖信号线交叉出现在距离中心线极远的位置，则十分值得注意。当跟随该股票的现金流变得缓慢，价格2天下跌至5.30点，即下跌12.50%。股价持续下跌直至末端。

离场

图 9.5 的案例说明，股票技术图呈抛物线形态的原因是白银价格以巨大的动能爆发。我们看到，在末端，股价触及天花板，股票被突然抛售，而这是看跌背离（B—F）曾警告过会出现的情况。当我观察到该背离的形成，我开始加紧获利离场，保住利润。相应地，在动能操盘的过程中，操盘手一旦遭遇股市风云骤变，必须快速下手，才能保住利润。

追逐大鱼

任何类型的动能操盘都有极高的风险。在美国河的经历让我学会如何捕捉大鱼，但要捉住大鱼自然也伴随着风险。每天，我们要坐 30 分钟的浮船从小木屋划到河中央。河水汹涌，如果狂风大作则异常凶险。这条河流十分著名，其周边的旅馆会用飞机送游客过来飞钓，让水上飞机降落在狭窄的河流上。实际上，在我们参观前一天，就看到了一架水上飞机着陆时因为俯冲得太猛被撞坏后在河边搁浅了。更糟糕的是，河边树林里的大灰熊数量众多，且因经常袭击路人而臭名昭著。路人手上提着上钩的大鱼与大灰熊面对面是相当恐怖的。

经历过的人都会感慨生命是如此脆弱，即使在事后看来，冒这个险很值得，而且不应只冒险一次。

当你与乘坐了火箭飞船般的股票共舞时，绝对要付出高额代价。它们变化太快，因此很难决定在哪里设置止损。这有点像玩抢椅子游戏：无法预知音乐何时停止，可能突然间全场只有你一个人站着，十分窘迫。在踏上操盘冒险之旅前，要先衡量自身是否能够承担风险。

结论

本章重点讲解了在风险与惊喜并存的市场中操盘所面临的额外变数。若有多只股票可供选择，操盘手应注意每个公司的基本面价值以及如何更为具体地应用本章提到的标准。另外，应把奥肖内西著作中提到的重大发现与操盘策略相结合，以识别出具有高增长和低风险特点的股票。

第十章　先擒后纵

飞钓新手为了能钓上一条野生鳟鱼往往会不计代价。如果鱼确实上了钩，新手会激动到无法自拔，直到渔轮发出的尖叫声让他猛然意识到鱼要逃窜。“收线”一词立刻在脑海中浮现，新手立马猛转渔轮却听到“啪”的一声——鱼脱钩，消失无踪。新手目瞪口呆地看着疲软、漂浮的鱼线，试图消化刚刚的经历。他发誓下次会在鳟鱼上钩并逃窜时不再紧张，而是更加灵活地应对。

当类似情况再次出现，新手会抑制住兴奋，冷静地让渔轮送线。因送出的鱼线较长，鳟鱼得以逃到河床的岩石或莫斯水草下。放线过多后再回转渔轮会遭遇各种水中障碍，鱼可能再一次活着笑到了最后。

同样，新手操盘手会不计代价地买进当日热门股，希望能在朋友面前吹牛。他也很少会思考如果满仓后该如何应对。一旦价格下跌了一两个点，他便因为焦虑选择立刻止损离场，导致收益被清空。到了最后，他只能眼睁睁地看着后续出现反转形态、股票上扬，于是怒火中烧。更为糟糕的是，下次他看准了头寸进场，随它上涨，并发誓这次坚决不会紧张过度。股价几乎达到他的目标，却转而一路下跌至进场点——真是一次彻头彻尾痛苦不堪的往返操盘。

新手再次制定新规则以防收益溜走。他选择做多，股价上爬了一两个点，在 5 分钟线图下跌时他立即收拢小额收益。价格行为进而形成看涨势头并高出向上趋势线，之后全力冲刺进入 5 日上涨期。本应是 20% 的收益，他只拿到 1%。

与花费在进场上的精力相比，成功的操盘手们花费在操盘管理和离场上的精力更多，他们培养出了敏锐的洞察力，知道何时全身而退、何时让股价再跑一会儿。他们发展出各种规则和策略，指导何时进场、何时离场以及使用多大的“收线”力度，从而收获最多的市场红利。

在本章中，我将展示少数几个使用这种收线系统进场和离场的策略，这些策略适用于各种情况。我们将不仅关注进场方法，也会关注影响股票涨势幅度和持续时间的因素。

用“浮漂”提钩（进场）

当50多厘米长的大鳟鱼沿着河流不断靠近飞钓者时，对着它们抛出完美一竿，确实能带来少有的兴奋感。当假蝇轻柔地触碰水面时，飞钓者的肾上腺素开始疯狂分泌，“出击”意识被强化。时机一到，他便迅速下钩，开启这场“终极之战”。既不能过快，也不能过慢，否则会错失良机。

有些工具能帮助飞钓者掌握合适时机。最常见的是偏光太阳镜。它不仅让人更帅气，还能更好地帮助预测出击时间。戴上这副酷炫的太阳镜，既可以“透视”，又能遮挡水面上的眩光。你可以在实际出击前看到鱼的出现！

另一个用于计算提钩时间的常见工具是“浮漂”，一般为纱线球或彩色泡沫球，绑在离假蝇末端22~25厘米处。若没有这一指示标记，鱼会神出鬼没地咬住假蝇，又接着吐出，让人毫无头绪。有了浮漂后，在用若虫钓鱼时可以直接观察水下发生的事。浮漂在水面上时，细微的变动就是提醒飞钓者要提钩的信号。我刚开始使用浮漂时并不能完全放心，因为既看不到也感受不到鱼在咬假蝇。渐渐地，我发现它真是一件利器，防止了无数次机会的溜走。

技术分析就如同偏光视野。你要在让人困惑的眩光中找到坐标，看准提钩的时刻，精准计算进场时间。

能客观地提供进场提醒信号、触发信号的系统就如同浮漂。这一系统给予下钩提示，在机会走远前做多或做空，也能持续提示进场过早还是过晚。

埃尔德博士一直强调：“操盘手分为两类：突破操盘手和回调操盘手。后者的成功率是前者的三倍。”突破操盘手通常把止损限价指令设置在最近价格之上或之下从而在头寸内止损，让交易自动送上门。这是“要么行动，要么不动”式的进场方法。股票必须向所指定的价格水平上升并到达，否则交易不成立。但这样的进场方法是有代价的。当设定了这些指令后，股价可能会上涨，并在突破价格处达到指令，然后下跌形成假突破。对此设置的止损范围必须要广，超出一日范围。如果频繁设置，则会损害账户价值。

回调操盘手则是等待股价在进场前回归支撑位或价值位。有些人喜欢设置取消前一直有效（GTC）的限价指令，通常位于或略高于支撑位。如果指令被执行，止损设置会促成小范围内的低风险交易，回报风险比更高。

但如果价格继续下跌呢？该方法假设你运用策略精心选择的进场点与支撑位重合，足够使价格行为反转。成功与失败的概率各占 50%。

主动的操盘手在跟踪反转信号前会先等待更深程度的回调。其目标是发现确切的反转点——也被称为达成最佳回报风险比的进场点。操盘手会在该进场点设置指令“钓起”上行突破。这一技巧的优势在于允许价格（即日）疲软、抓住止损并继续上行。该技巧是先等价格反转出现，再去确定位置。

当然，基于这种策略，我想使用类似回调策略的技巧对进场进行酌情处理。

该进场方法被称为“浮漂”，它的基础是自下而上策略和其他策略使用的提醒信号或触发信号系统（图 10.1）。区别在于该形态用于 5 分钟或 10 分钟线图而非日线图，它能指出可以形成更长期优势的短期反转。若日线图已经准备突破，而我既担心做多又害怕错失热门股，那就使用 5 分钟而非 10 分钟进场线图。如果不那么紧急，我会优先使用 10 分钟线图。

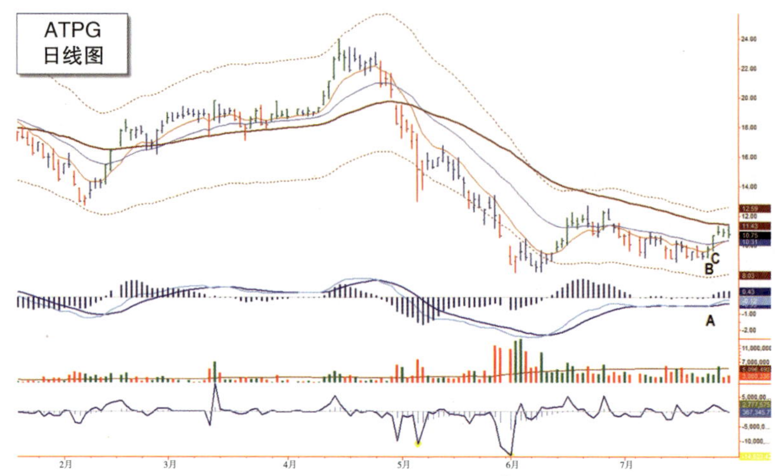

图10.1 自下而上（类型1）操盘的多头进场形态

ATPG，日线图，见附录二第8号指标列示。

多头进场步骤：

- 看涨MACD交叉（A）。
- 价格收于8日EMA以上（B）。
- 在下一个柱形进场（C）。

浮漂法进场步骤

以下是用浮漂法进场的步骤。

多头

进场设定

1. 开盘。
2. 等价格回调至 8 柱和 21 柱 EMA 以下。
3. 等快速 MACD 下跌至买卖信号线之下（5 分钟线图）。
4. 等 8 柱 EMA 移动至 21 柱 EMA 以下。

这个时刻适合进场交易。

浮漂

1. 注意提醒信号：看涨 MACD 交叉。

2. 注意触发信号：股价收于 8 柱 EMA 以上或收于由快速和慢速 EMA 形成的价值区内。

3. 在下一个柱形买入。

有多少次你操之过急，想抢开盘优势，在开盘 30 分钟内抓涨停，结果股票却在底部跌停，成为空头猛跌的炮灰。此技巧能够有效地为新手排除陷阱，让你处于当日潜在低点的略高位置。最为重要的是，它设置了更紧急、更不易被冲击的止损指令来控制风险。

空头

进场设定

1. 开盘。

2. 等价格拉升至 8 柱和 21 柱 EMA 以上。

3. 等快速 MACD 升至买卖信号线之上（5 分钟线图）。

4. 等 8 柱 EMA 移动至 21 柱 EMA 以上。

这个时刻适合进场交易。

浮漂

1. 注意提醒信号：看跌 MACD 交叉。

2. 注意触发信号：股价收于 8 柱 EMA 以下或收于由快速和慢速 EMA 形成的价值区内。

3. 在下一个柱形做空。

刚入门的操盘手以追求开盘缺口但最终“空手接落刀”而著名。使用浮漂可以避免这种不利的情况，浮漂可以确保直到反转的标准都满足才进场。例如，如果使用 10 分钟浮漂在健康上行的股市追求潜在多头的跳空缺口，需要先集齐至少 6 个柱形构成浮漂设定。因此，操盘手应等到美国东部标准时间 10：30—

11：00① 再考虑进场。用飞钓的行话来讲，这相当于一天里的“飞蝇首次孵化”，在此之前试图钓鱼就是竹篮打水。

图 10.1 和图 10.2 中 ATPG 股票的自下而上（类型 1）策略操盘就展示了该进场操作。

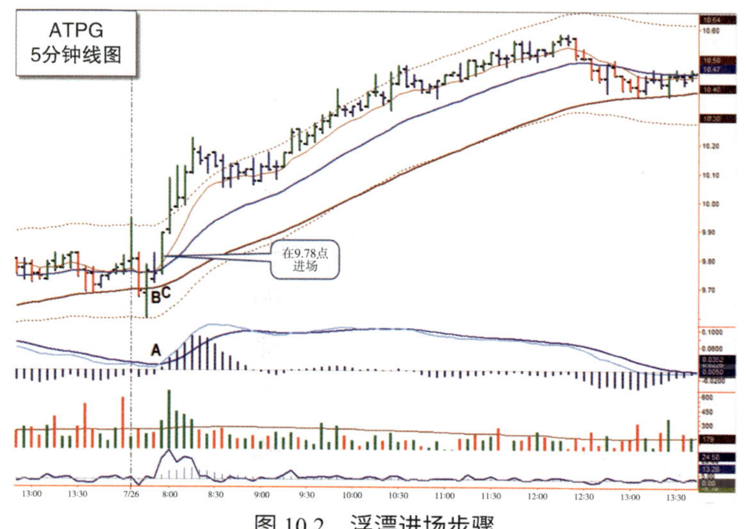

图 10.2　浮漂进场步骤

ATPG，5分钟线图，见附录二第18号指标列示。
形成浮漂买进信号的步骤：
- 看涨MACD交叉（A）。
- 价格收于8柱EMA以上（B）。
- 在下一个柱形进场（C）。

按照进场规则，我在9.78点建仓。

图 10.2 所示的客观、保守的进场策略能避免过早或过晚进场。根据既定规则进行操盘会让你信心倍增，并一直延伸至操盘管理和离场阶段。

我尚在学习飞钓时，提钩的出击动作要么过早，要么过猛。飞钓者由于过于兴奋，会直接从鱼嘴扯出假蝇，甚至会把子线扯断，让昂贵的假蝇打了水漂。而在出击时提钩太晚，则偶尔会导致鱼体被破坏。钩住鱼嘴以外的地方是很难把鱼钓上岸的。

① 译者注：此处以美国地区的操盘手为例。

进场同理。如果进场过早，止损会快速形成。如果过晚，交易计划和回报风险比会被破坏，进而对操盘管理和离场判断造成新的压力，导致短期和长期交易目标被破坏。

挂底管理（止损）

飞钓挂底难以避免，在挂着若虫去钓水底的鱼时尤为如此。但大多数挂底情况可以避免，不过需要足够警惕，时刻注意假蝇在河底碰撞石头时所传递给你的感受。即便如此，还是难保不钩住水底。没办法，碰到挂底要沉着应对，这样还能回收子线和假蝇用于下次施钓。

操盘也会出现意外，需要止损确保安全。好的进场意味着好的止损。好的进场始于好的选股，即匹配羽化。绝大多数情况下，进场会决定是否执行你的止损。如果风云突变，你需要启动“降落伞的开伞索”。你可以借鉴下列指导方针。第八章已对每种策略具体的止损设定进行了讲解。此处再列一下需要额外注意的几点：

• 大盘股 / 小盘股。对于流动性很强的股票，我通常设定 GTC 止损指令。对于操盘较少的股票，我通常在内心设定止损，也就是所谓的“软止损”，这需要我在股票满足要求后，通过认真的监控和极度的自律跟进设定。

• 变量。我并不喜欢导致 2.5%~3.5% 损失的止损。这可能需要我调整进场点，而不只是把止损扩大或缩小至正常交易范围。这个重要变量受所选股票和设定条件影响。

• 位置。位于支撑位以下但远离明显拥挤区间。当个股很难按预期方向运行时，止损设在最近支撑位（1~4 个柱形）以下的可能性高；止损设在当日低点以下的可能性更高；止损在小于日间波动范围的设定被触发的可能性更高。

换句话说，保护性止损是无可奈何之举，但鉴于进场后的情况变化，这种止损可以预防灾难性损失。止损就是医疗保险。多数情况下你会因保费过高而不悦，但出现不测时保险又能助你渡过财务危机。

众人皆知，造市者清楚在什么位置上会有扎堆止损，他们在遵纪守法的前提下最大程度地摇晃果树，以收获低垂落下的果实。

总之，没有大法师会施加免疫魔咒，让你不再需要保护性止损。

我一直认为止损的最佳位置是导致形态失效的价格点。如果形态失效，仅凭希望可无法让最初的形态再现。见好就收、撒腿就跑才是上策。所以我希望能让止损范围宽松，这样可以吸收看涨吞没柱。

再续此前所述，从一开始就把操盘设定在合理轨迹是最重要的。如果能精准地匹配羽化，那么让鱼钩挂上鱼鳃的概率将会提高，出现湖泊或河流挂底的概率则会降低。

刹车系统（操盘管理或获利离场）

将市场周期的季节性、匹配策略、有计划地进场等重要理念整合，可实现高利润率操盘，而这只需要较短的止损生效期。这些策略设定旨在进场时生效。价格上升并收于日线图 21 柱 EMA 之上，或收于关键阻力位之上，会激活获利离场策略来管理收益（图 10.3）。这时“鱼已上钩”，需要适当地“刹车”才能斩获战利品。刹车系统通常需要预先调整，但随着情况的变化，在操盘期间也应对其进一步优化。

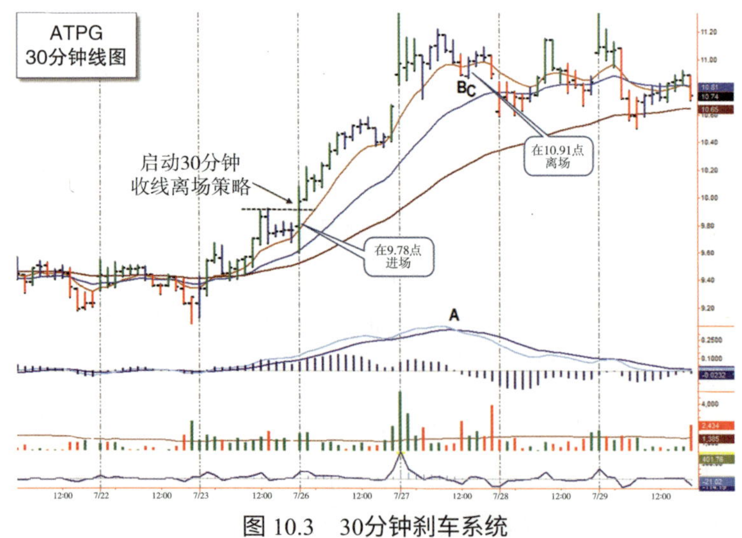

图 10.3　30分钟刹车系统

ATPG，30分钟线图，见附录二第18号指标列示。

获利离场规则：

- 看跌MACD交叉（A）。
- 价格收于8柱EMA以下（B）。
- 在下一个柱形离场（C）。

在9.78点浮漂进场，价格高出阻力位，促使启动30分钟刹车系统离场策略。根据该客观离场方法，我可以尽可能久地操盘，在10.91点离场，3日波段交易收益率为11.6%。

飞钓装备最重要的构成之一是钓竿渔轮的刹车。鉴于此，我把股市中的获利离场策略取名为“刹车系统”。飞钓刹车是一种可调节的碟片式松紧系统，飞钓者可以决定上钩的鱼可逃窜多久及多远。若刹得太松，鱼逃窜得过远，将导致鱼线松弛，足够狡猾的鱼则会趁机挣脱；若刹得过紧，鱼在奋力逃脱的过程中将会轻松挣断子线。

当股票上了钩，刹车松紧也要根据季节、设定和成交量等情况进行调整。我开发的股市“刹车系统”就适用于在具体情况下进行操盘管理。

这一系统由与自下而上策略和滚动策略中类似的提醒信号或触发信号组成，并将其与多种即日股价图相结合。

设定顺序如下：

1. 价格收于 21 日 EMA 以上（阻力位以上）时策略生效。

2. MACD 交叉（若做多，则快速 MACD 向下穿过买卖信号线；若做空，则快速 MACD 向上穿过买卖信号线）出现会发出提醒信号。

3. 若做多，股价收于价值区内或收于 8 柱 EMA 以下；若做空，股价收于价值区内或收于 8 柱 EMA 以上，此时离场触发信号发出。

4. 在下一个柱形离场。

同样的顺序适用于所有时间线图：60 分钟、30 分钟和 10 分钟。

图 10.3 通过一次交易反映了这一概念。

表 10.1 给出了刹车松紧设定，使用了对应各个市场季节的不同时长线图。要构成此模型，还需考虑市场波动性（VIX 指数）的影响。VIX 指数随着季节变化而变化，但是可以发现相应的重复形态。作为基本设定，获利离场策略对应的

时长与 VIX 指数价值呈负相关。换句话说，VIX 指数越高，止损范围越小，使用的线图时长也就越短，即刹车越紧。

表 10.1　不同市场季节的刹车系统设定

市场季节（标准普尔 500 指数）	刹车松紧设定	波动率	VIX 指数柱形高度
春季	30~60 分钟刹车	快速下降	较小
夏季	30~60 分钟刹车	下降	最小
秋季	10 分钟刹车	快速上升	较大
冬季	10 分钟刹车	上升	最大

春天对多头来说，是大鱼出没的市场季节（秋天则为空头）。此时最好把刹车调松，让个股上扬、盘整，然后继续爬升直到疲软。为了让收益最大化，需要使用较长时间线图以激活获利离场策略。如果止损在此情形下设置过紧，你会在操盘时“断线”，从而损失后续上行收益。

市场的夏季到来后，波动率下跌至最低水平。这强化了价格支撑位，弱化了阻力位。最终结果是，在向上快速和慢速 EMA 的指导下，价格波动随着价格向上而变得有规律。该趋势的低风险性质使操盘手愿意冒更大风险、交易更大头寸、持仓更长时间。但是随着夏季进入尾声，股价更加接近市场最高价，因此需要更加谨慎，而市场最低价与当前价格也越来越远。这时需要把鱼线收紧，给股票更短的逃窜时间，在利润流失过多前快速获利。

你会发现秋冬季做空使用的线图时间更短，这是因为价格由于波动幅度加大，下行比上行运动更快。埃尔德博士经常讲，“股票喜欢沿台阶逐渐上爬，却从窗口一跃而下”。刹车松紧设定的需要恰好符合这一事实。我的大多数空头交易使用 10 分钟刹车管理，且处于价格波动范围以内。这一设计旨在使其更加符合日内交易模式以应对波动率上升，而波动率上升会增加持仓至次日的风险。

刹车系统图表可用作一般指导方针。有时会在冬季设置逆势多头，此时 VIX

指数将高于 25%。在达到此类型交易的利润率后，建议使用更短时间线图以避免利润被快速蒸发。同样，对市场连续上涨或下跌的波段数量的考虑也会影响获利离场的线图时间。但是通常情况下，如果我们遵循指导方针，利润将会被最大化，而机会成本将被最小化。

刹车松紧设定的案例

后续的操盘案例展示了三种时间线图。第一个例子显示 FLIR 操盘管理使用了 60 分钟刹车（图 10.4 和图 10.5），这是春季的一次多头操盘（图 8.8 和图 8.9 简要展示过）。另外图 10.6 至图 10.10 则阐明该交易所处季节对应的时间更短的线图。

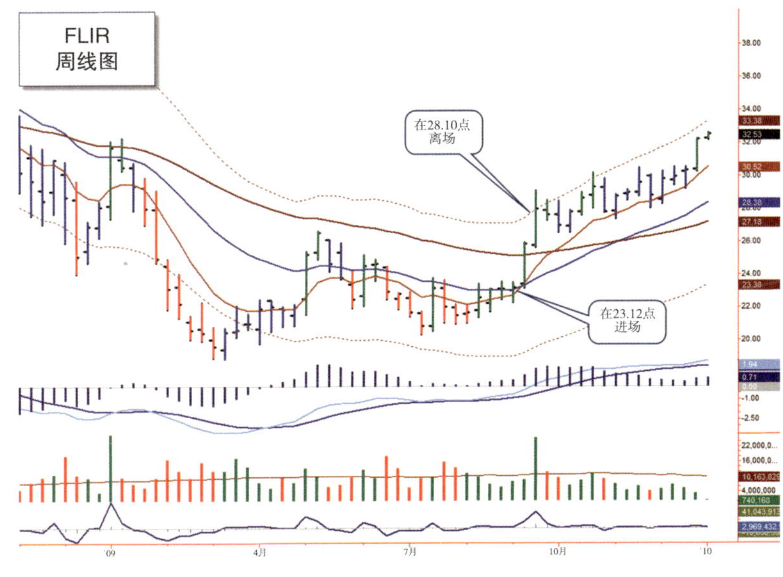

图 10.4 先擒后纵

FLIR，周线图，见附录二第20号指标列示。
FLIR的交易展示了进场点与离场点，其依据是浮漂和刹车系统。

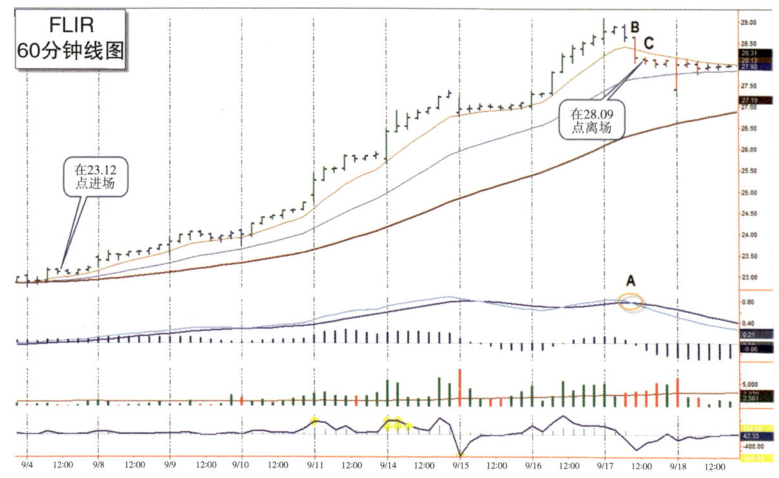

图 10.5　60分钟刹车系统

FLIR，60分钟线图，见附录二第20号指标列示。

图10.5中，进场设置在23.12点。股票立刻突破阻力位，60分钟刹车系统激活。

- 看跌MACD交叉（A）。
- 价格收于8柱EMA以下（B）。
- 在下一个柱形以28.09点离场（C）。

该刹车设定使得利润最大化，8日利润率惊人，接近21.5%。

另外一例展示了我使用 30 分钟刹车设定管理获利离场的全过程（图 10.6 和图 10.7）。

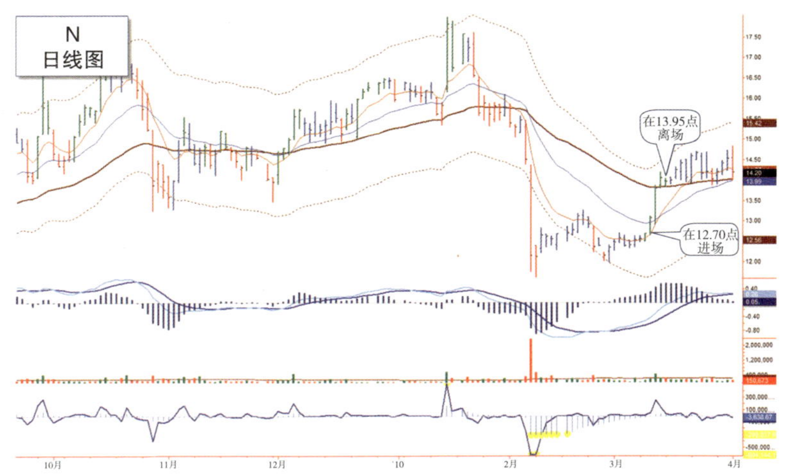

图 10.6 使用浮漂和30分钟刹车系统对NetSuite (N)交易

N，日线图，见附录二第15号指标列示。

图10.6中，N的交易展示了进场点和离场点，依据是浮漂和刹车系统。在12.70点用浮漂法进场。刹车系统建议在13.95点离场，收益率约为9.8%。

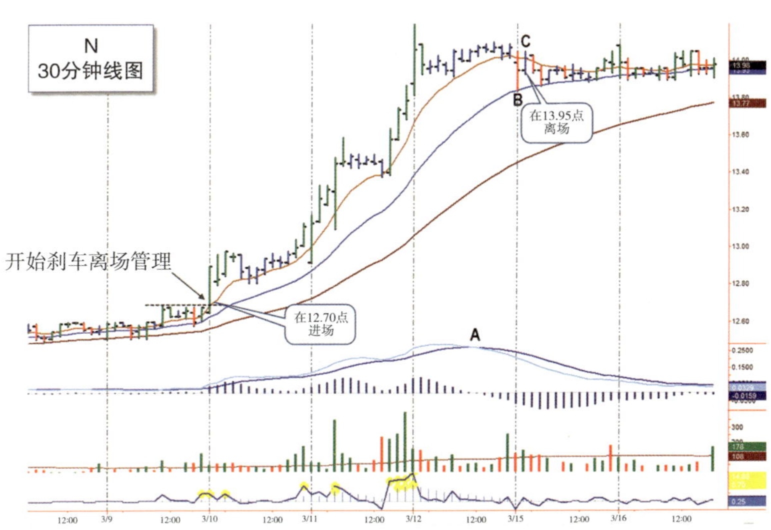

图 10.7 30分钟刹车系统

N，30分钟线图，见附录二第8号指标列示。

自下而上的夏季交易策略需要获利离场的30分钟刹车设定。进场后，价格突破阻力位，激活30分钟刹车系统。离场信号直到4天后才出现。

- 看跌MACD交叉（A）。
- 价格收于8柱EMA以下（B）。
- 在下一个柱形离场（C）。

最后是反转交易型开放式指数基金交易时，我使用10分钟刹车设定管理获利离场的例子（图10.8和图10.9）。

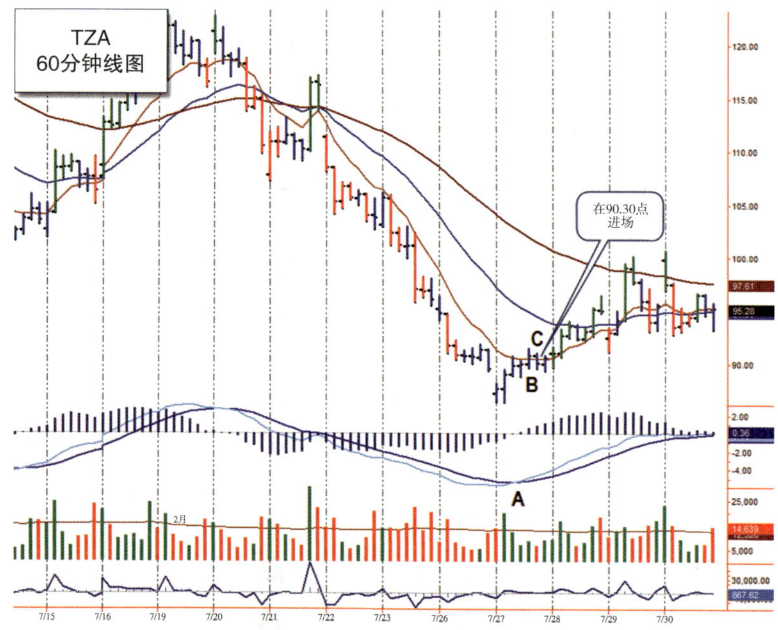

图10.8　使用60分钟线图自下而上策略的日内交易

TZA，60分钟线图，见附录二第18号指标列示。

进场时间：

- 看涨MACD交叉（A）。
- 价格收于8柱EMA以上（B）。
- 在下一个柱形以90.30点进场（C）。

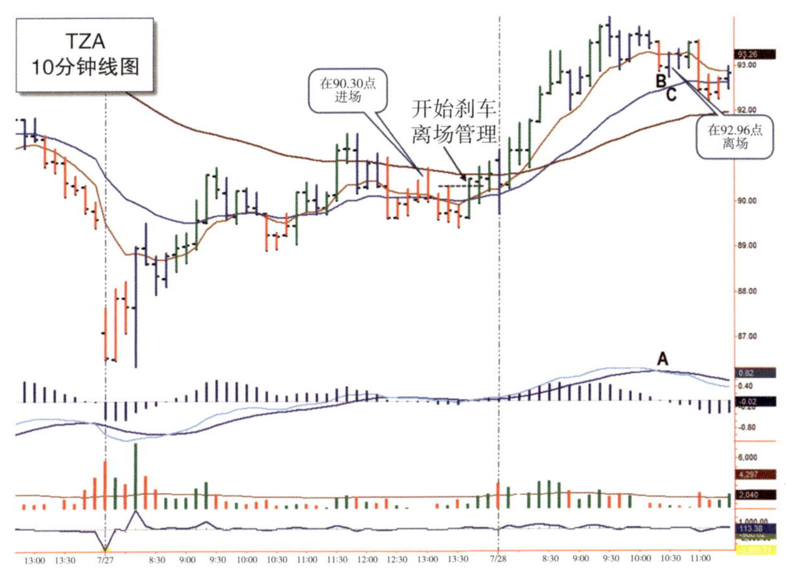

图 10.9　10分钟刹车系统

TZA，10分钟线图，见附录二第18号指标列示。

构成刹车系统卖出信号的事件：

- 看跌MACD交叉（A）。
- 价格收于8柱EMA以下（B）。
- 在下一个柱形以92.96点离场，收益率为2.95%（C）。

TZA是一只3倍小盘看跌交易型开放式指数基金。该股价格变化极快，需要在较短时间里对线图进行设定（60分钟线图或30分钟线图），刹车极紧（10分钟）。在此例中使用的策略使得我在13小时内取得2.95%的利润率。

通过以上例子，我们能发现刹车系统的有效性。若能使用合适时长的线图与市场季节的需求相匹配，操盘手就可以定期从交易中获取更多收益。经证实，这是一种系统化、非情绪化且客观的方法，可帮助你完成交易极为重要的一步——离场。

离场以进场?

如果 10 分钟刹车系统设定有利于交易三倍杠杆反向交易型开放式指数基金，

以平衡风险与收益，那对即将到来的该设定所代表的指数反转来说，该刹车设定是否也是一个较好的反向指标？

例如，我通常交易 TZA、QID、SDS 和其他股票的小头寸，作为意外下跌的对冲。进行此类交易时，我使用 10 分钟刹车系统来指导我的离场。我注意到这个工具也可用于高效预测指标的日内反转。该工具对于变动快速的三倍杠杆反向交易型开放式指数基金尤其有效，它能快速预测更大、更慢的指标会如何反应。因此当卖出 TZA 的提醒或触发信号发出时，它也会给出反转信号提示对应指标（此处为罗素 2000 指数）或大盘（标准普尔 500 指数）即将出现反转。该策略尤其适用于出现大幅变动的市场（如上涨或下跌超过 1%）。

我的操盘平台的工作空间包含一个 SPY 10 分钟线图和一个 TZA 10 分钟线图，我定期监控精确的转折点信号。

在图 10.10 中，可以清晰看出 TZA 卖出信号预测了 SPY 10 分钟线图即将出现的反转。

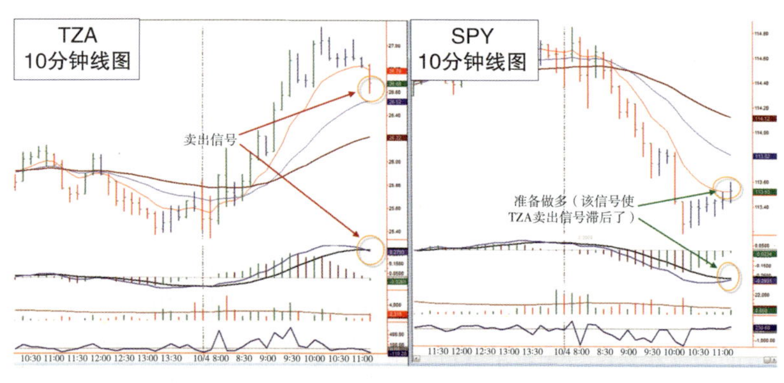

图10.10　TZA10分钟线图预测大盘反转

TZA10分钟线图位于左侧，SPY10分钟线图位于右侧，见附录二第18号指标列示。TZA卖出信号显示大盘即将出现价格反转。

这一概念显示了将加三倍杠杆和不加三倍杠杆这两个大盘指标的卖出信号进行对比的价值。快速变动的杠杆基金带头，其余基金会跟上，从而给出极具价值的即日反转时机交易指南。

结论

飞钓中的“先擒后纵”其实体现了一种诚信准则，或者说是飞钓者为了保护鱼群而进行的适度钓鱼和放归做法。开始钓鱼后，全过程都不应该出现惊慌，惊慌只会破坏鱼线、鱼竿、专注力和自信心，鱼儿也会受到伤害。操盘也应该以同样平静、有规划的方式进行，对每只股票都应耐心、认真、谨慎地“先擒后纵”。坚持自己的交易计划意味着不被感情左右，由此从市场获得的收益也正是市场所愿意给予的，不会多，也不会少。

第十一章　简谈饵钓

跟飞钓相比，饵钓无需复杂的操作，只需抛出鱼饵等待即可，不用刻意选择时机。

我们兄弟俩还小的时候，父亲曾带着我们和希腊人古斯叔叔一起去蒙大拿州的赫布根湖钓鱼度假。时值5月中旬，除了离岸约6米以内的地方外，湖面其余区域都结了一层冰。父亲帮我们占好了他最喜欢的岸边钓位。我们上饵，抛线，然后坐下等待鱼儿上钩。古斯叔叔也做了同样的准备，只不过他抛得太远，鱼饵、鱼钩、鱼线和坠子都落到了冰面上。他坐了下来，点好雪茄、淡定地说着“小伙子们，大鱼就要上钩了”，对正在发生的事情一无所知的我们兄弟俩边笑边问他鱼儿都能直接破冰跳出啊。他一边装疯卖傻，一边默默地把鱼饵往回拉。虽然最终古斯叔叔也钓到了大鱼，但前提是他把饵从冰面上拉下来并将其沉到冰冷的水里。

饵钓需要足够的耐心，动得越少效果越好。我特别喜欢饵钓，把鱼竿撑在石头上，边围着篝火边等着鱼上钩。有时会等很久，但是只要能坚持下来就会收获大鱼。

不少投资者向往无须操作、免去劳神的长期投资模式。他们听到的流行说法是“你无法对市场计时”“等得越久收益越高”，诸如此类。这促使他们选择冰冻式的投资，坐拥股票而无所作为。这时而有效，时而无效。但最为常见的是，一旦人们的恐慌情绪爆发，投资者会因为恐慌抛售或者因极度乐观而去追求会随时反转的扩张式投资。

投资者知道自己的长期目标是什么，但是对于建仓时间、持仓时长和平仓节点都存有疑惑。

更深入地学习上一章提到的浮漂和刹车系统两个概念，就可以很好地解答这些疑问，而花费的精力将比常规一日或日间操盘更少。这两个概念也可以轻松用于日线、周线或月线等较长期线图。

比如，考虑 SPY 所呈现的大盘以及呈现交易型开放式指数基金所代表的标准普尔 500 指数时，如果我们使用日线、周线或月线图获得买入和卖出信号，多头交易可以在大幅加仓的同时客观对待投资预期。图 11.1、图 11.2 和图 11.3 对此有相应呈现。

一日放饵并等待

以使用 20 日 EMA 和 50 日 EMA 的日线图（图 11.1）为起点，可以轻松识别买入和卖出信号，指导建仓时间、持仓时长和平仓节点。

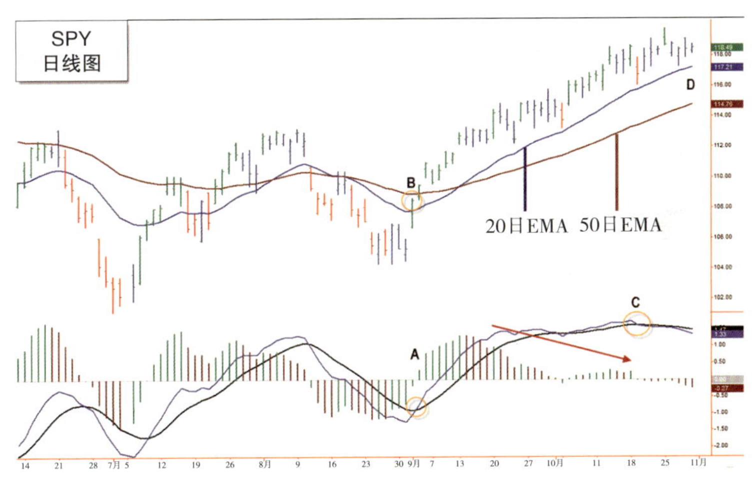

图 11.1 日线图的买入和卖出信号

SPY，日线图，20日EMA，50日EMA，脉冲系统，MACD（12、26、9）。

伴随价格收于20日EMA以上出现的看涨MACD交叉（A），次日发出了买入信号（B）。投资离场的信号直到出现看跌MACD交叉（C）后才发出，伴随着价格收于20日EMA以下。在此例中，尽管出现了MACD交叉，但卖出信号还是没有发出（D）。同样，要注意红色箭头所指示的看跌背离。这个箭头毫无疑问地让很多人陷入了困境，甚至迫使他们开始在强牛市做空。

一周放饵并等待

用同样含有移动指数平均线的周线图（图 11.2）替代日线图，我们可以比一日操作更简短地进行主动交易。买入和卖出信号产生频率较低，因此导致回报较少。

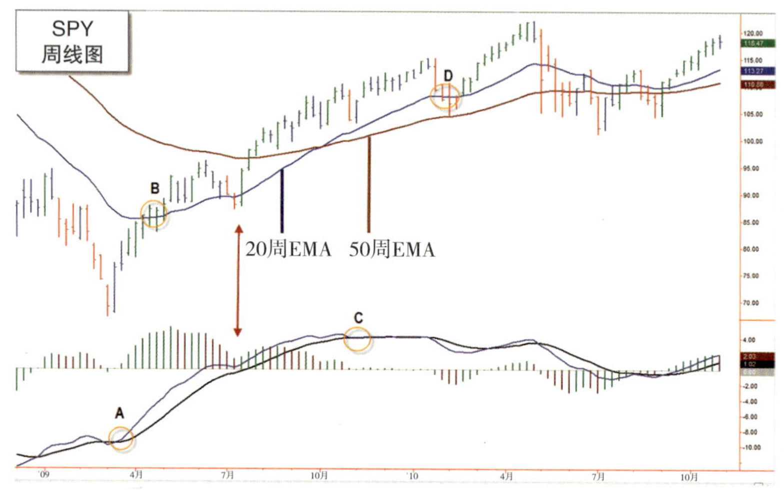

图 11.2 周线图的买入和卖出信号

SPY，周线图，20周EMA，50周EMA，脉冲系统，MACD（12、26、9）。

伴随价格收于20周EMA以上出现的看涨MACD交叉（A），随后的柱形发出了买入信号（B）。投资离场的信号首先通过提醒信号发出，由看跌MACD交叉（C）表示，伴随着价格在4个月后收于20周EMA以下（D）。在此例中，除了价格跌出20周EMA（箭头所指）以外，MACD并没有交叉；而此时卖出信号还未出现。遵循该进场或离场策略，你将持仓经历约10个月的牛市，并在不可预测波动发生前保证20%的收益率。

一月放饵并等待

用时间相对更长的月线图获得买入与卖出信号将进一步减少交易行为（图 11.3）。尽管使用的线图更少会减少关注股市的频率，但是获得的利润也对应地比日线和周线都要低。

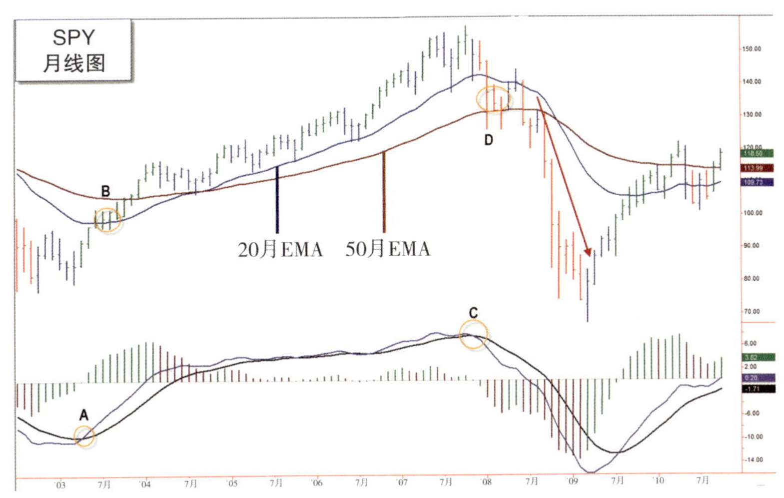

图 11.3 月线图的买入和卖出信号

SPY、月线图、20月EMA、50月EMA、脉冲系统、MACD（12、26、9）。

价格收于20月EMA以上，出现看涨MACD交叉（A），随后发出了买入信号（B）。投资离场的信号直到看跌MACD交叉（C）出现才发出，伴随着价格收于20月EMA以下（D）。请注意该系统在发掘牛市预防崩盘（红色箭头所指）方面所具有的安全优势。以该线图为例，应在2003年6月进场并于2008年初离场——恰好躲过历史性的熊市大跌（红色箭头）。投资回报率应为39.4%。相较之下，盲目的“买入并持有”做法将会挥霍掉所有收益。

总之，如果你喜欢一周内多次观察市场动向，可选择日线图来做进场和离场决定；如果你一个月仅观察几次，则使用周线图；如果你压根不想费神，就使用月线图。

如果要建立新仓或继续加仓，则要么等待新的循环出现并发出买入信号，要么等待价格回调并从上升的 20 柱 EMA 向下回跌。

使用较长时间线图（月线图或周线图）时，尽管离场信号尚未发出，也会时不时地出现价格跌破两个 EMA 的情况。类似这样的价格猛跌会倒逼操盘手使用较短线图（周线图或日线图）以获得卖出信号。这种倒逼情况相当于有效的“收紧止损”。

结论

无论你需要全职上班、在家照顾孩子还是有其他事务缠身，若你无法全神贯注于即日股市交易，放饵并等待的策略都能与你的目标相契合。投资评估和分析的频率由个人投资时间规划决定，最高为日线，最低为月线，你只需要根据特定的评估标准扫一眼适用线图即可，简单易学。

如果你刚入门，我建议先掌握这一技巧再进行高阶的短期交易操作。如果你是正遭受挫败和洗盘的主动操盘手，我建议先退回来，观望大局，停止在股市中飞钓，转而使用饵钓策略，直到自己积累了足够的操盘乐趣并重拾自信。

结合不同的时长线图，这一策略能为每一类操盘手提供舒适的交易空间。我的投资组合有一部分是长期持有的稳定的大趋势股票。操盘这类股票所使用的就是这一策略。

如果你恰巧习惯于买入并持有，如上所述，该策略适用于提升和保护投资收益。对应的投资回报会提升，而且只要抛线“不落在冰面上”，而是落在业绩向好的股票池，就基本不需要花费额外的精力。

PART 4

第四部分

钓鱼日记

F i s h i n g J o u r n a l

第十二章　奖品陈列室

我小时候每次去体育用品店，都会盯着墙上的大鳟鱼看。它们各不相同——胖的、长的，虹鳟、克氏鳟、河鳟、褐鳟……我还曾针对店员切特钓到的几条鱼提问。对话 30 分钟后，我了解了他为捉住这条鱼而经历的追踪、出击、挣扎和落网的所有细节。

时至今日，我还对他能如数家珍般地回忆细节而感叹不已。

成功的操盘也差不多。要对具体的个股进行翔实的记录，包括大盘情况、技术分析等，以此作为奖品而保存并铭记——货币价值则留在了股票账户价值里。在心理学领域，铭记操盘成功的决策益处很多：可以强化正面分析和操盘实践、增强自信心、促进成长。无论奖品是数字化的还是挂在墙上的实体，我都建议辟出一个“奖品陈列室”以纪念自己的操盘成就。

SpikeTrade 的做法是记录所有 Spiker 一周的获胜操盘，并刊登在网站专栏“我如何赚得金子”上。以下的操盘借鉴了我自己被选入该“奖品陈列室”的部分成就。每一个操盘都或多或少地展示了在一周内进行的操盘分析、操盘管理和总结。你会注意到每个操盘都体现了本书前面章节所讲解的策略特点。

颈线突破……上行：9/28/09

在我刚关注 JTX（Jackson Hewitt Tax）这只股票时，它传递出与大多数持股者预期相反的运动信号，而预期原本是出现头肩颈线突破。这是股市的极端情况，但是乏力的操盘手很容易因此恐慌。他们焦急地等待股价下跌，看涨预期多头出现把价格推回价格轨道和价值区内，但股指却显示看涨背离。我感觉这是一个优势和机遇，可以捕捉一个上行突破。后续线图（图 12.1 至图 12.3）清楚表示出随着“牛性”累积，下推动力持续减弱。

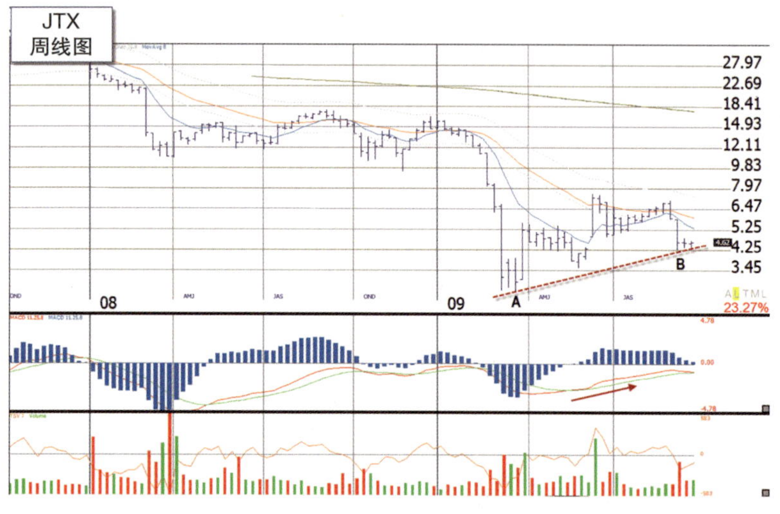

图 12.1　JTX周线图

交易设定的周线图特征：

- 衰竭抛售出现的第一个低点（A）。
- 上行趋势线测试（B）。注意狭窄柱形，指示下推动力的降低。

从周线图可以看出，价格触底并从趋势线反弹，脉冲显示红色并随着小幅上扬变成蓝色。MACD 从零线以下上扬，这更易形成上行突破。

我最喜爱能在数小时内收割数周收益的交易，尤其是当股市在 10 月开始看跌后。

图 12.2 展示出这种贪婪的空头还继续处于股市的极端位置，理应被轧空。

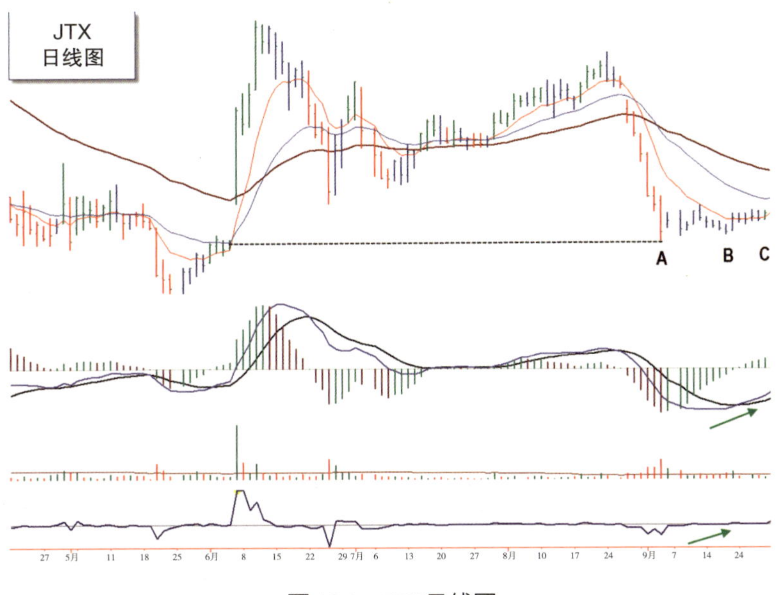

图 12.2 JTX日线图

交易设定的日线图特征：

- 衰竭抛售至低点（A）。
- 伴随看涨MACD交叉的低点进行再次测试。价格进入价值区内的盘整形态（B）。
- 价格收于当天高点的价值区内（C）。

一月效应：1/5/10

2009年的熊市（萧条）的独特性反而给予了历史性的机遇——通过“一月效应”交易而获利。2008年的恐慌让多个2007年、2008年还处在巅峰的领域跌入谷底。大多数普通股都遭受了“婴儿和洗澡水一同被倒掉”的一锅端境遇。于是捕猎者就针对它们下手，因为流动性把三月触底的上限推至极高水平。在升至2008年高点83.33点后，ENER这只股票被吞没，跌至2009年11月30日的9.50点之后，下行趋势平缓，至10.50点趋于稳定。

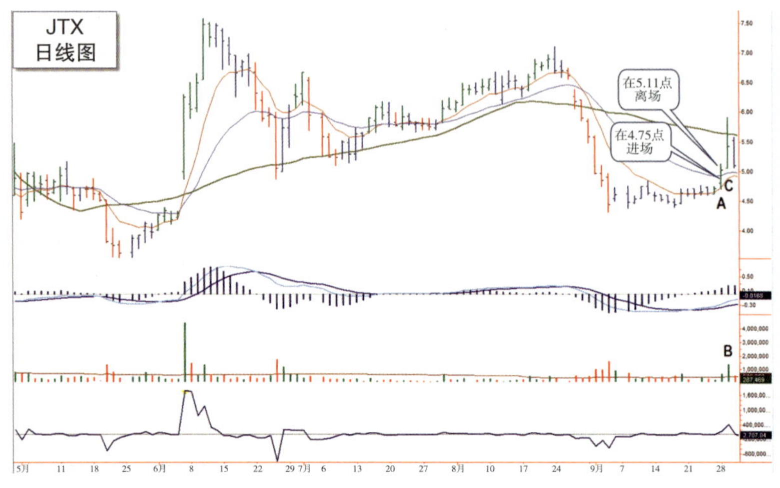

图 12.3　JTX一日跟进

交易进程：

- 周一，股票跳空随后回调至4.75点进场（A）。
- 成交量此后快速累积（B），股价暴涨至当日高点5.13点，快速把疲软空头逼至狭窄处导致离场。我在5.11点离场，收益7.58%。
- 看涨动能持续至次日，出现另一个17%的涨幅（C）。

股票处于极端水平且毫无生机，并被困在14.55点账面价值之下的下降楔形中，这引起我了的兴趣（图12.4）。尽管价格疲软，周线图和日线图的所有指标都出现了看涨背离，但这在我看来意味着祈求被轧空的弱势参与者的极端贪欲。而我有信心，2010年的新资金会在股票萧条的阴云下出现一丝亮光。

日技术指标明确了一周情况并显示价格柱随着成交量消亡开始变短，同时看涨发射架正在搭建（图12.5），再结合35%的浮空，预示突破即将到来。

万事俱备，ENER只欠东风。

一月效应对不少以高放空比率在底部滑行的中小盘股票是行之有效的策略。但事后再看，我可能离场过早，但是顶端沉重的大盘使得我过分紧张。

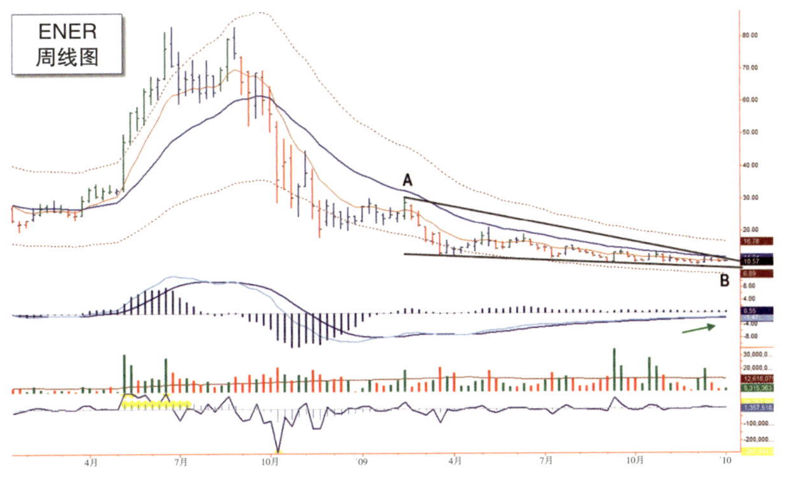

图 12.4 ENER周线图

交易设定的周线图特征：

- 下跌楔形（A—B）。
- 脉冲在B转为蓝色，该柱形是过去11周最狭窄的柱形。

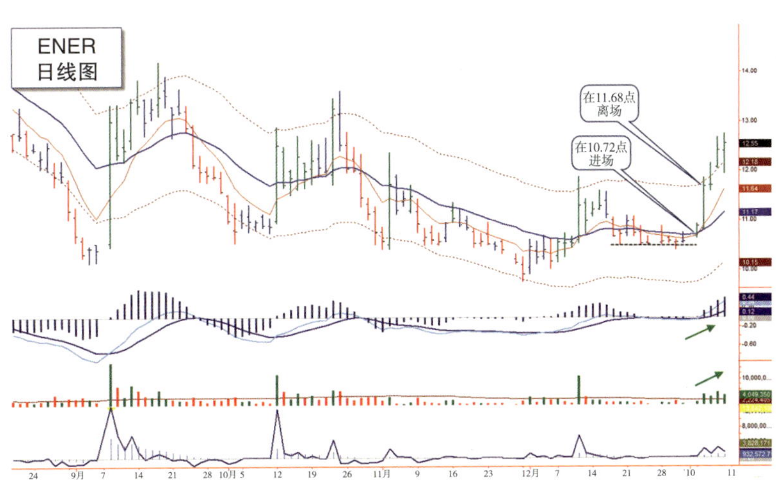

图 12.5 ENER日线图

操盘按预期进展。进场位于20日EMA的10.72点，我在开盘柱形下跌处填仓（图

12.6）。周一出现反转并上爬，突破阻力位。动能继续在周二扩张，促使股票突破50日均线和价格轨道，成交量为平均的3倍。到达高点11.86点之后回调并再次测试高点。在即日再次测试期间、疲软首次显现时我在11.68点离场，收益率达9.0%。

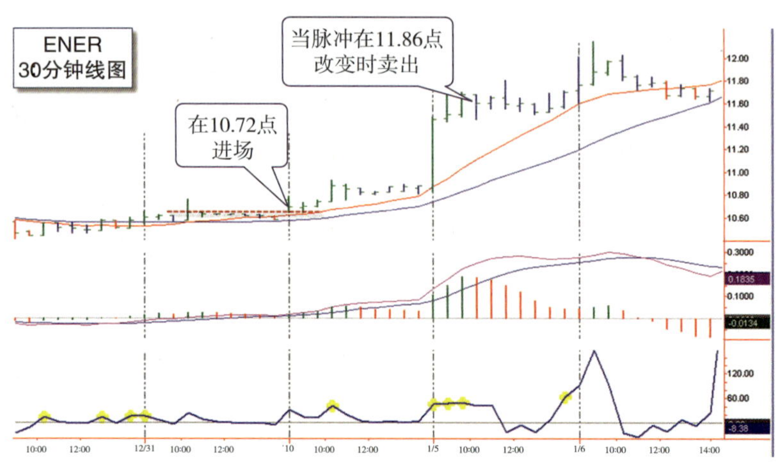

图 12.6　ENER 30分钟线图

埋在垃圾堆里的宝石：1/1/10

区域银行代表着臃肿市场所剩的极少数价值。审视过 2008 年最后一周的情况后，我发现大多数买入最终流向过度被低估的底栖者。所以从这周开始，我在底部发掘 BANR（Banner 公司，储蓄和贷款银行领域的公司）。

该公司曾宣称，撤销再融资是因为对自己无须融资但仍能收益的能力持乐观和自信的态度。这条新闻以前一周的强劲成交量把股票从底部“撕”下来，同时股票沿用周线图的反转形态柱形（图 12.7）。

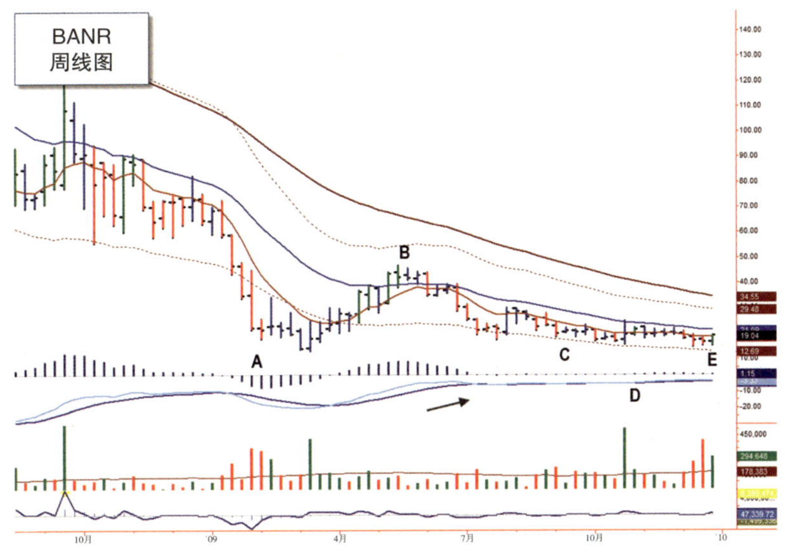

图 12.7 BANR周线图

交易设定的周线图特征：

- 价格在衰竭成交量（A）严重下跌。
- 疲软再次出现前，飙升至价值区间以上（B）。
- 出现盘整形态（C）。
- 看涨MACD交叉在强劲成交量上出现（D）。
- 价格收于一周高点的价值区内（E）。

柱状图清晰地显示了股票以极端成交量下跌，之后再次测试各个低点，并让每个柱形跌入低点，柱形逐渐变短而“牛性”衰竭。由于新闻、超卖现象、指标的“牛性”变强和周五的成交量飙升，我认为随着年关将至，该股票有充足惯性获得大额收益。

日线图显示 7 月出现抛售，之后出现横向整理，并且价格跌至从未有过的新低点（图 12.8）。

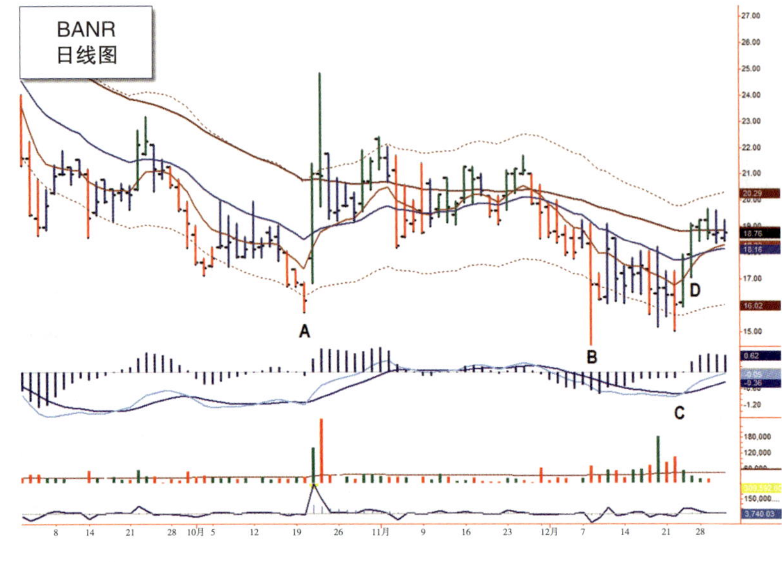

图 12.8 BANR日线图

交易设定的日线图特征：

- 衰竭抛售（A）。
- 低点再次测试（B）。
- 看跌MACD交叉出现（C）。
- 股价飙升并收于50日EMA以上（D）。

此后，股票恢复并捕捉快速和慢速 EMA，当下处于 50 日 EMA 附近。近期的反弹同样使得强力指数指标突破下行趋势线。

周一开盘后，股票立即超过前日高点 18.42 点，之后回调（图 12.9）。

我在当日靠近低点的 18.56 点出手，鉴于近期价格飙升，决定过夜持仓 。周二，大盘不景气，于是我决定在达到周一高点后立即卖出。同时看跌背离在 30 分钟线图形成，表明该日继续上行的概率较低。我以 19.61 点卖出，接近一日高点，收益率为 5.66%。

我还期望过出现轧空，因为放空比率是 24%，且 37% 的浮动为空头。市场提供的机会有限，不过由于年末的价格行为有不可预测、成交量小和交易周缩短等特点，我对于所获利润已经感到欣慰。

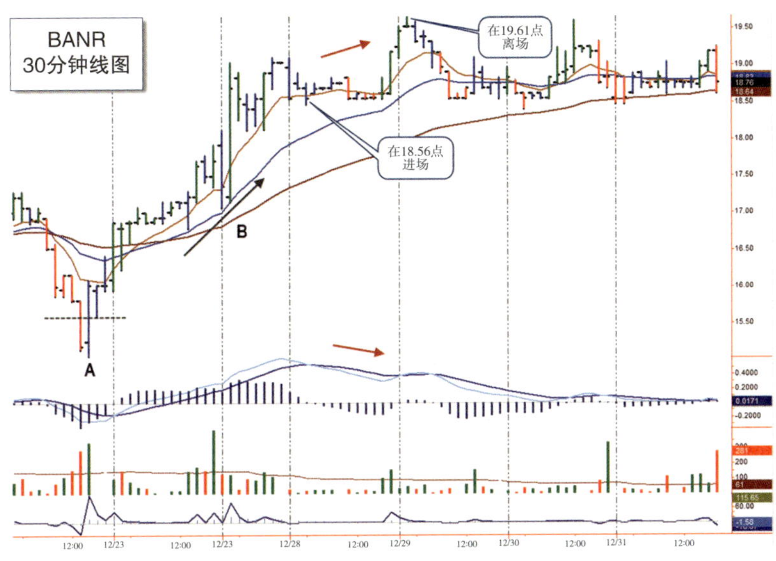

图 12.9　BANR 30分钟线图

交易进程：

- 强成交量的假下行突破（A）。
- 稳定的上行出现（B）。
- 以18.56点进场。
- 我以19.61点退场，2天收益5.66%。离场基于MACD背离的疲软（由箭头指示）。

大笨蛋交易：4/17/10

有人会质疑大笨蛋交易，还可能把它归类为“大笨蛋理论交易”。或许我当时确实挺像个追逐跳空的笨蛋，但是我确信“笨蛋中的笨蛋”会以更高价格来接盘我的份额。鉴于股价下跌了 35%，周线图和日线图出现双重底形态，并且 2009 年 3 月低点进行了再次测试，做空并不合理。但是空头头寸高出平均，因为后进者涌入进行捕猎。毫无疑问，这些都是构成爆发式反转的必要因素。反转信号迟早会到，只需等待。周五出现假下行突破，由正常成交量 6 倍体量确认，信号发出（图 12.10）。随后周六下午的新闻宣布 RRI 进行 16 亿美元并购。万事俱备，东风已成！周一开盘的设定会使部分被困空头经历出手前的焦虑。

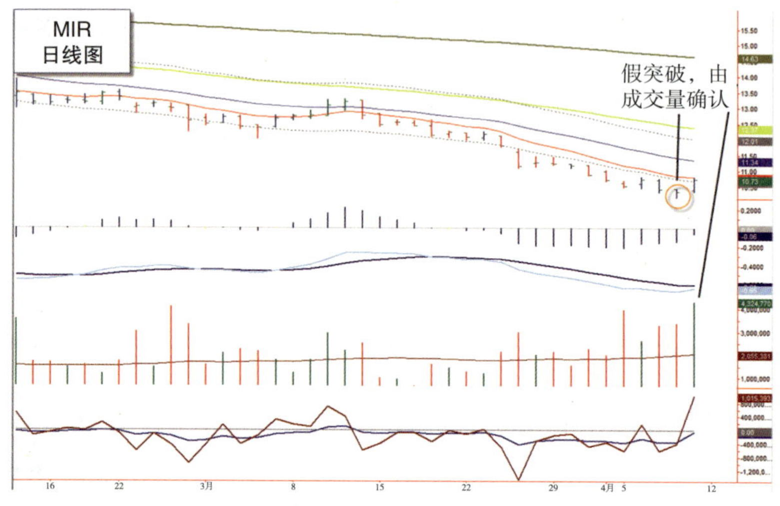

图 12.10　MIR日线图

我将交易策略调整至极短的时间线图，希望在股市开盘时能快速攫取利润。只有在看到两个连续有较高低点的柱形出现后，我才决定根据 1 分钟线图进场（图 12.11）。我感觉如果确实出现这种柱形并伴随着较大缺口，狂热买进现象将会出现。

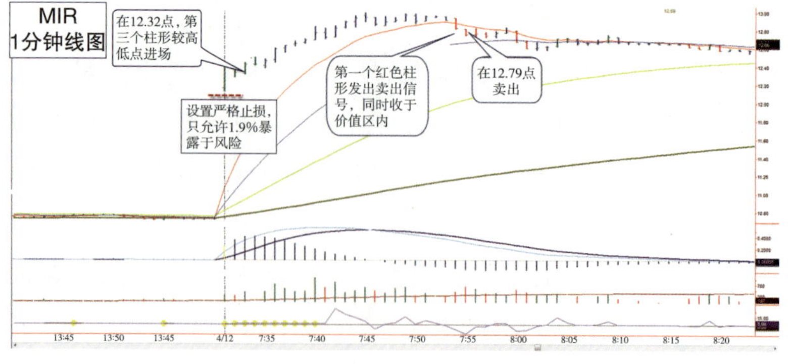

图 12.11　MIR 1分钟线图

开盘后 3 分钟我以 12.32 点进场，在 12.08 点上立即设置止损（使约 2.0% 暴露于风险）。随着股价继续从缺口向外爬，我把重点放在两处：①看跌 MACD 交叉；②随后在 1 分钟线图上股价收于 8 柱 EMA 以下。

开盘 15 分钟内，价格达到 13.00 点并回调。随后试图再次测试高点但失去动能，然后跌进我的口袋，让我在 23 分钟内快速收益 5.5%。

很明显，"买入回补按钮"按了这么多次，交易没理由不成功。

这是否为低风险交易？是的，如果有人理解极度失衡的市场动态的话。为何不站在被轧空的后进空头的苦难之上？毕竟这不就是贪婪的捕食者的谋生之道吗？

出现极端情况时，市场能高效地平衡贪图暴利和小富即安的人。而结果是，我这个笨蛋收获了一点儿，而最蠢的笨蛋一无所获。

完美的东风：2/5/10

这个交易就如同完美的东风。股价冲出三角区且多个看涨信号在靠近顶点处清晰可见，构成了低风险、高回报交易场景（图 12.12）。

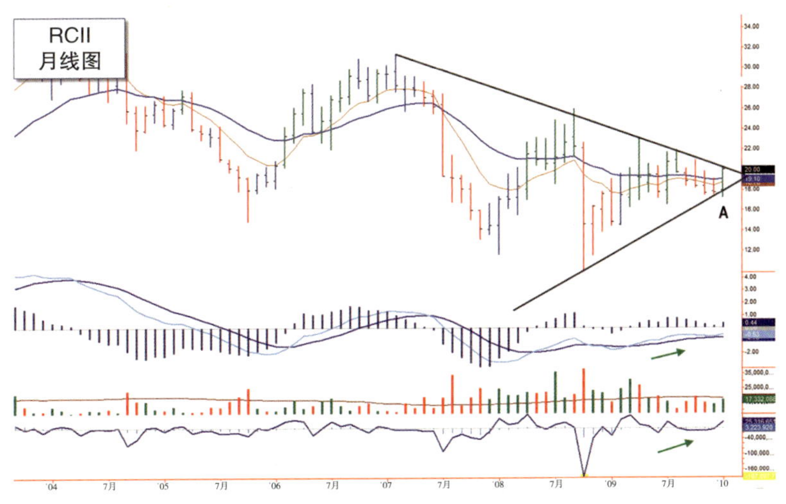

图 12.12 RCII月线图

公司在基本面上管理良好且通过削减成本和战略性地关闭店铺使收益增长。从历史上来看，股价在公司收益公布前就在积累动能，跟这次情况相类似。两个季度前，收益增长，股票上扬。上一季度，股票沿着下行趋势线运动，在收益公布前抛售，此后在公布后的次日继续抛售。而这一次股票无视大盘疲软，向上突破。周五在楔形处出现了 3 倍于平均成交量的大动作，这提醒我有太多人已经在暗地里提前获知周二才公布的结果。对冲基金可以引诱并给出公司增益的假象，但不会伴随突破重要阻力位的成交量。

技术图像非常独特。对称盘整三角形在月线图、周线图和日线图三种线图中都较明显，并以大成交量突破。月线图的 1 月柱形追踪看涨吞没柱形（A）。另外，周线图（图 12.13）显示 EMA 和 MACD 交叉（B）且所有指标都蓄势上行。最终，日线图（图 12.14）显示突破缺口（B）随着动能扩大将价格推向并突破下行趋势线（C）。此突破（由周五成交量确认）如果结合了朝向 200 日 EMA 交叉的 50 日 EMA，则向我展示了我无法拒绝的赔率——不看好收益失望的概率和股票即将从盘整中大幅度突破的概率。

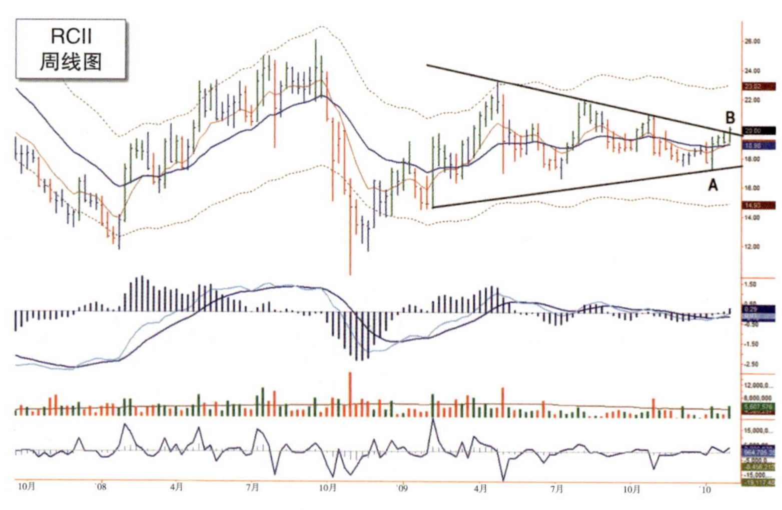

图 12.13　RCII周线图

交易设定的周线图特征：

- 伴随着看涨MACD交叉（A），价格从上行趋势线弹出。
- 一周价格收于接近一周高点位置，高于下行趋势线（B）。

图 12.14 RCII日线图

交易设定的日线图特征：

- 假下行突破（A）。
- 强成交量上的突破缺口（B）。
- 大成交量的上行三角形被突破（C）。

坚持持有收益是一场赌博吗？大多数时间如此，但并非永远如此。

我于周一早上进场（以20.00点补仓），位于周五的强运动轻微回调（图12.14）。止损恰好位于两个柱形的低点，在趋势线以内。

周二开盘时因收益增长导致巨大缺口被EMA交叉放大。缺口击中我的目标，于是我在21.66点离场，收益率达到8.3%。

回过头看，我其实可以通过提高目标对前期市场力量作出反应（在开盘前）再多获得一些收益。但是我认为提高目标类似降低止损，弊大于利。

总之，三角形墙壁内的股价有时可以免于市场行为的影响。当形态完成，价格通常以爆发式突破的形式做出回应。

持有时间：8/14/10

过去几年里，美国能源转换公司 ENER 的股票一直表现不佳，但是市场对该公司薄膜太阳能产品的需求增长。当前股价反映了所有风险，但没有反映上行潜力。这显然是一个重大的反转，但是市场并不相信，正如极端抛售价格所示，再结合较大空头头寸（浮动的 25%）、星级收益、同领域其他人给予的指导和一个良好的技术设定（图 12.15），成功交易的概率看起来很美好。

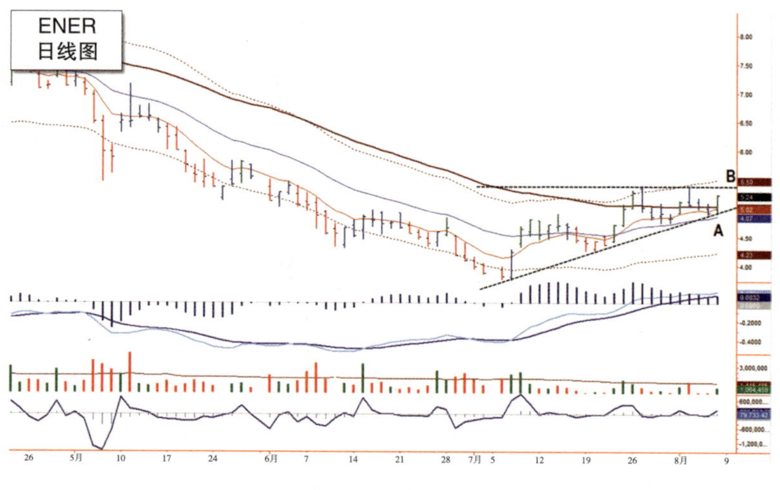

图 12.15　ENER日线图

交易设定的日线图特征：

- ENER从上行趋势线反弹并以两倍于正常成交量飙涨6.5%，而道琼斯指数在周五某一节点下降150点（A）。
- 收于阻力位之上并收于当日高点（A）。
- 上升三角形接近成形（B）。
- 空头开始在离场点堆积。

交易计划

管理这一设定的交易计划涉及以下内容。

进场

1. 预期出现缺口，形成细长三角旗形，紧随突破跑动。

2. 在细长三角旗形的中心或较低部分做多。由于该动能和轧空，很可能无法获得回调。

3. 在上行趋势线外设定止损。

操盘管理

1. 等待突破。

2. 当处在跑动中时，转换至快速获利离场策略以确保与突破同一天离场（图 12.16 和图 12.17）。但这不是期待从突破中获得较好收益的那一类市场的情形。

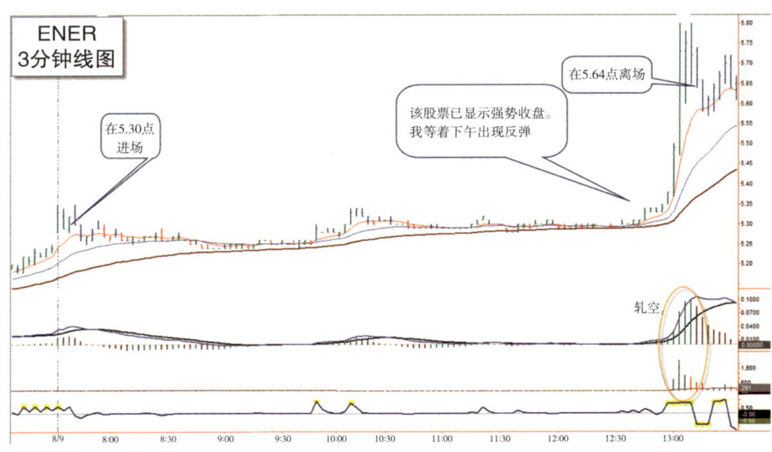

图 12.16 ENER 3分钟线图

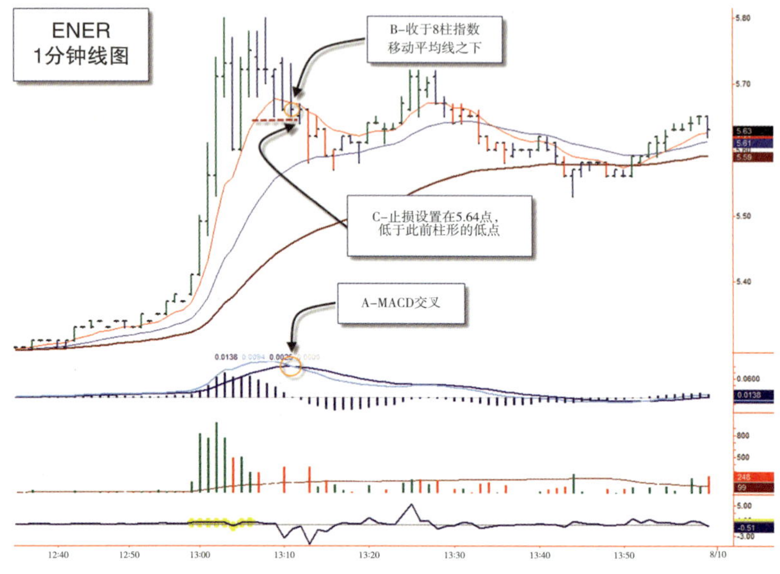

图 12.17　ENER 1分钟线图

操盘日记

我在跳空后立即进场，以 5.30 点补仓。我本可以更加耐心地等待缺口补满并在 5.24 点进场，但是我主要关心的是从这一设定中获得长期利益。

过去几天的形态显示了早上的上扬回归价值区间，而后下午飙升并收盘，所以我预测周一会出现同样的行为。

价格在下午突破阻力位并快速上行。我决定通过使用 1 分钟线图的获利离场策略收紧捕捉“这条逃窜的鱼”。为了保留收益，在进入止损前我注意了以下要素的发展（图 12.17）：

- MACD 交叉（A）；
- 收于 8 柱 EMA 以下（B）。

之后我把止损线提升至 5.64 点，恰好低于前一柱的低点——5.65 点（C）。在同一柱上止损离场，回报率为 6.4%。

此处的获利离场处理方式：

- 从快速上扬中保留收益；
- 如果还有余力则允许股票继续跑动；
- 与每天已有市场条件的本质产生关联。

同样，随着联邦公开市场委员会（FOMC）的会议将至，我对收益已经非常满意了。而且这是正确的决定，因为ENER之后失去了动能（图12.18），下降幅度高达惊人的27.24%（突破高点为5.80点），一周收盘于4.22点，我不由得长吁一口气。

对于“持有时间”的话题我会滔滔不绝，这是游戏的核心。持有时间越长，翻船概率越高。

图12.18 ENER一日跟进

紧随看涨突破的剧烈抛售：

- 价格从上行趋势线和21日EMA（A）反弹。
- 牛市将价格推过阻力位从上升三角形形态突破。进场和离场处于同一日间柱（B）。
- 先有价格反转，而后急剧抛售（C）。

W底型形态：9/11/10

美国劳动节[①]后，市场在周二开盘，标准普尔500指数接触下行趋势线，构成短期超买。道琼斯指数在交易的第一小时内下降80点，而ENER在反方向强劲运动（图12.19）。我买入时间早，在股票上涨7%之后，我很满足于一出现疲软迹象就立马扣动扳机抛售的行为。我记得凯里（SpikeTrade联合创始人）发表过这样的见解："我们继续被困在震荡的市场中，而震荡市场对被紧紧拴住的交易非常有利。NH–NL（新高－新低指数）继续震荡，直至更多股票突破至新高点，而股市逐日被切割。"

图12.19　ENER日线图

交易设定的日线图特征：

- W底型形态（A—B）。
- 价格突破并收于下行趋势线之上（C）。

ENER的上涨是上周收益宣布后强劲运动的延伸。周二的疲软开盘使我能在4.50点进场，空头很快就利用这一下跌做回补。实际上，此后也出现了类似下跌，因此

① 编者注：美国劳动节（Labor Day），每年九月第一个周一。

我需要减持股票。结果随之而来的是具有很好的持久力的强大运动（图 12.20 和图 12.21）。

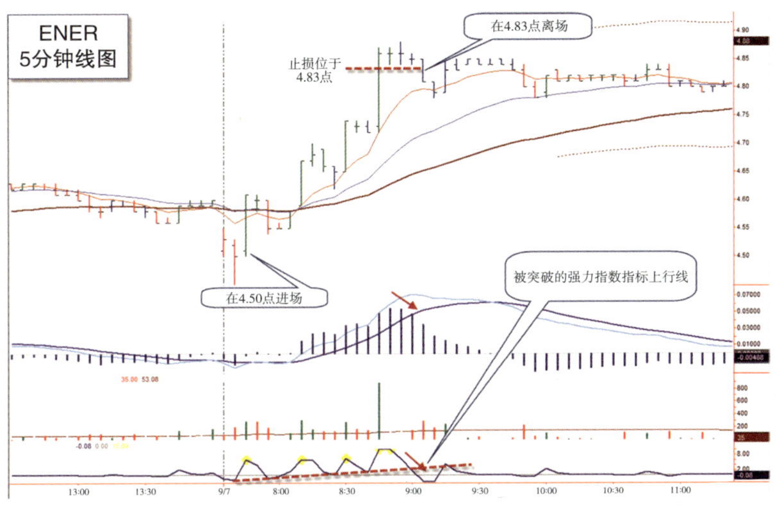

图 12.20　ENER 5分钟线图

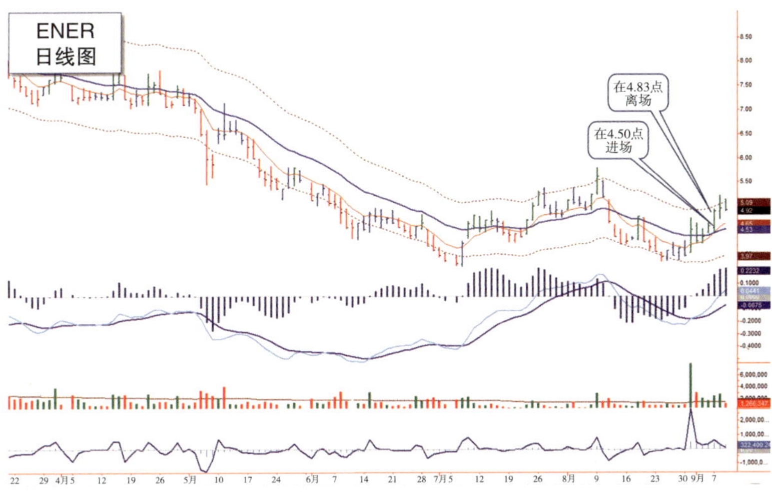

图 12.21　ENER日线图

此交易的优势大于劣势：

• 在急剧抛售后价格正在形成一个多年的基础。

• 经典的双 W 底型形态形成，由成交量确定。

• 大型空头头寸紧张，可能出现轧空。

• 基于最近公司积极发展，如签订新合同等，开始出现基本面转折。

• 股价远低于账面价值。

• 疲软多头貌似在最近低点再次测试时出现投降式抛售。

• 空头貌似被捉住且无法离场，除非价格更高。

• 关于并购或收购的流言蜚语四起。“闲言碎语”反而为价格低下铺好了“地面”。

谁要在这一点上卖出？《傻瓜投资指南》（*The Motley Fools*）中写道：

> 从美国能源转换公司（ENER）这一案例中能发现，在低预期和大幅卖空面前，只需要一点好消息就能“点燃烟火”。这有可能是因为还有更多金融容差尚未被发现，但是从表面上看它还是一个有风险空头。

我确实可以通过持有而让 SpikeTrade 收益翻一番，但我仍然担心市场最终会侵蚀完快速收益。在道琼斯指数下跌 80 点时收获 7.3% 的收益可能是个好主意。

总之，我认为这类设定在混乱市场中提供了一股清流，把未知风险最小化，使我们在重要运动出现前不再被绊倒。

在一个混乱的大盘中，能找到一个只存在多头的世外桃源是极佳的。

合理的进场和离场——多头进场：9/11/10

交易发生在头肩形态的末端附近。根据波考斯基所著的《股价形态总览》，23 个头肩形态中只有 7 个能成功反转上行趋势。

压缩后的日线图（图 12.22）显示了随着价格从顶端下跌动能是如何上涨的。毫无疑问，有些“大玩家”大量做空 ENTR，这可由 8 个连续周线红色柱形证明（未图示）。但随着头肩形态的发展，大额资金覆盖了后进入的空头并困住了他们。

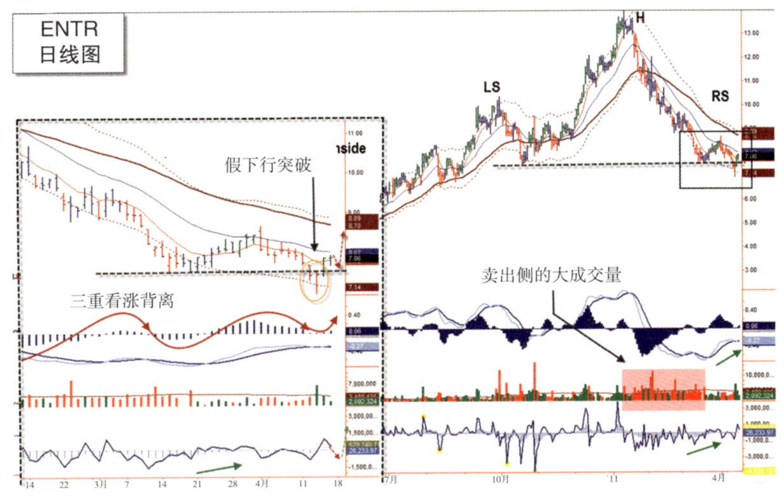

图 12.22　ENER日线图

这一交易设定实在太妙，伪下行突破后强力上扬，收于价值区内。股票需要喘口气才能继续上行。周一早上下跌，股市开盘也是大跌。回调跟踪的是一个当日的看涨吞没柱——上扬的催化剂。随着股价跌向 7.60 点的支撑位，我的进场位于开盘的低点。伴随如此多看涨因素，我知道自己钓到了大鱼。现在我的关注点在于管理操盘（图 12.23）。

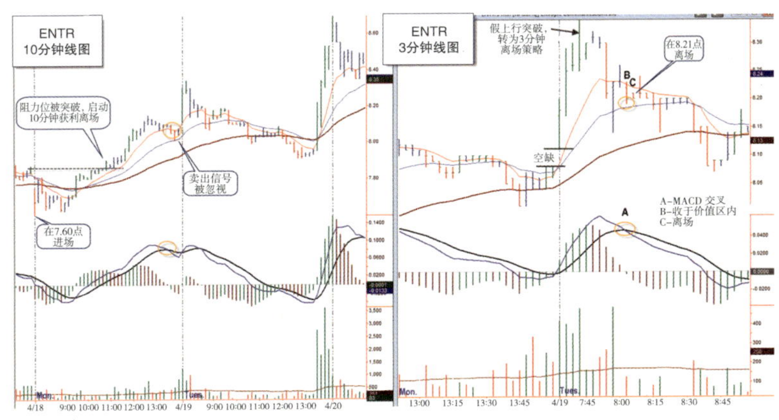

图 12.23　ENTR即日股价图

周一　当价格在阻力位上突破时，我遵循的是10分钟获利离场策略。卖出信号在一日结束时发出，但我决定忽视它并持有至次日，这样做是因为看涨吞没柱形和收盘接近一日高点。

周二　价格跳空高后开始暴跌，形成上行蜡烛芯。这提示我切换到3分钟获利离场策略（图12.23，右侧窗格）。我同样在8.12点设置保护性止损。

早上过后，大盘开始显现疲软，通过分析周线图、日线图、30分钟线图和10分钟线图后决定对头寸执行“离场审视”。这是我所发现的：

周线　价格面临50周移动平均线的大阻力。

日线　缺口填满，价格看似处于上行蜡烛芯中。

30分钟　开盘价格飙升，然后下跌，形成一个“袋鼠尾”。MACD显示触顶。

10分钟　价格从开盘高点下降后下行成交量较大。

3分钟　看跌MACD交叉（A）表现得疲软明显可见，价格收于价值区内（B）。

审视后快速收获利润，在C以8.21点离场。我周二早上卖出，但是下午又出现另一个上涨。动能延续至第二天，本应该达到我预计的8.62点的目标。然而我无视信号并坚信反弹会出现而盲目地在疲软期硬撑。这是错误的。正确的做法是基于累积的即日疲软而离场——尤其是当时我正处在一个犹疑不决的大盘上，还坐拥8%的利润。我痛苦地看着钱摊在桌子上而拿不到。但是我遵循自己的原则，认为知足并进入下一个交易更加重要。

结论

通过以上例子，我们开始理解了如何将以策略为基础的分析应用于实际交易中。以进场和离场为形式的操盘管理提醒着两者各自的重要性以及对整体回报的影响。

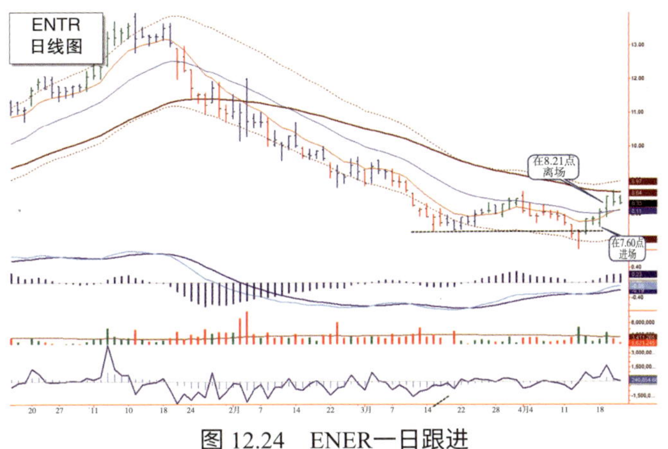

图 12.24 ENER一日跟进

你可能已经注意到了，这三个交易都涉及同一只股票。每个示例中的交易设定都满足了我的交易标准，于是获得优异成果。我毫不介意重复钓上同一条大鳟鱼。如果同一只股票能重复带来获利机会，我也不介意重复操盘。

根据本章的示例，对交易重新施加上限有助于我们改善交易行为的方方面面。我相信这些鲜活的细节最终会印刻在操盘手的 DNA 中，并开始逐渐改变并积极地塑造我们的思维和完善我们的方法。

当我们钓了一整天鱼回到家里，朋友不会问谁的抛线最美或是谁的出击最准，也不会问谁把鱼钓上岸时最顺利，他们只会急着看照片比谁钓到的鱼最大，比谁的奖品最好。同样，选股、分析、资产升值、进场、操盘管理以及获利离场等多个重要步骤相结合才能产生“大鳟鱼交易”。这些都是关键和重要的步骤，你可能除了一步之外其余都做对了，比如回拉利润时出错，于是回报就受损。如果想把一条鳟鱼挂在墙上，就要全神贯注地执行每个步骤，才能达到最终结果。否则所有努力只会沦为口中“那条差点钓到的鱼”。

第十三章 溜掉的鱼

每次出行钓鱼都会让我回忆起一次至今还历历在目的难忘瞬间。

在深度大、流速慢的河边，我用一只大若虫在水底托竿，突然感觉鱼竿挂底。恰好那也是最后一只可以在底部托竿的飞蝇，所以我不愿意弃之不管。

我从每个角度轻柔地拽拉，希望鱼竿能从挂底中脱离。在停下来喘口气时，我惊奇地发现鱼线慢慢转出渔轮，嘀答作响。在我还不明就里时，渔轮底部露了出来，我才意识到其实是钓到了鱼，而且是一条大鱼！

伙伴汤姆在离我大约 100 米外的上游，他注意到了这里的骚动，问我有没有带相机。我告诉他我把相机扔在了车上，他立即回到岸边向下走，用他的相机拍照。

因为水很浑浊，我从开始就用了 3 倍粗的子线以防碰到大鱼时线的力道不足。为了让持续逃窜的棕色鳟鱼反转，我决定铆足劲回拉鱼线。它逃窜一段，我便回拉一段，持续较劲，直到它终于显出疲态。回拉距离足够后，我把鱼竿上提，向后收鱼想把这条巨兽抄入网中。此鱼巨大无比！我首次尝试失败。第二次鱼线收得更近却突然听到“啪嚓”一声！我的 6 号 Orvis 飞钓竿折成两段。刹那间一切都化为乌有——鱼线、兴奋还有希望。在岸边不远处站着的汤姆立即问道：“鱼还挂着吗？”我立即反应过来鱼还可能被钩住，但我愚蠢地直接抓鱼线，导致鱼线绷得过紧。“对的！鱼还在——”砰！鱼线最薄弱的子线部分因为鱼逃窜产生的拉力而绷断了。

我犯了钓手的大忌：千万不可直接抓挂着鱼的鱼线。一旦抓着鱼线，就会因为钓竿缺少弹性而把力施加在鱼线最薄弱的子线。子线之所以够纤细是为了迷惑鱼。这么做，鱼线十之八九会断。遗憾的是，我并不是幸运的少数人，因为那条鳟鱼的块头是罕见地大。好吧，还是要活到老学到老啊。

这次经历发生在六年前，之后我再也没有遇到过了。进行操盘时，当我们看到大鱼上钩了，兴奋会扭曲我们对结果的预期并分散注意力，从而无法预测事情的正确进展。

GLF交易

可以说明被过度兴奋迷住双眼的一个恰当的例子是 GLF 交易（图 13.1 至图 13.3）。它的结果确实让人苦涩难耐。但是，我也在与恐慌抛售的多头、回补的空头以及匆匆投入的新买家的互动中学到了很多知识。

这是我周末分析线图的呈现（图 13.1）。股票价格升至价值区内（B），随后 8 日 EMA 盘整（B—C）形成看涨旗形。最后一个柱图在两倍成交量上形成看涨吞没柱形（C）。

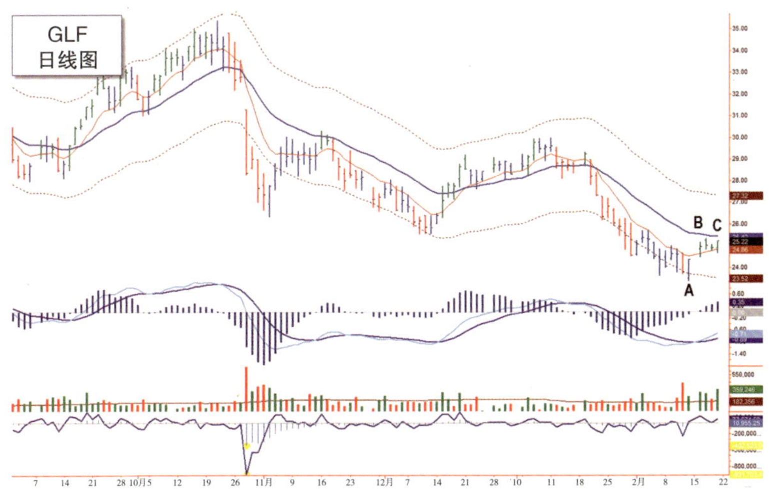

图 13.1　挣扎着留在价值区

GLF，日线图，见附录二第8号指标列示。

交易设定的日线特征：

- 假下行突破。脉冲由红变蓝，伴随着看涨MACD交叉（A）。
- 跳空进入价值区内，将脉冲颜色转为绿色（B）。
- 4天的盘整出现（B—C）。
- 看涨吞没柱以强成交量收于当日高点（C）。

周三收市后预计会宣布收益。我希望捕捉一个在收益前超过21日EMA的上扬趋势，并在宣布前离场。事件按以下情节发展（图13.2）：我在周一早上以25.20点在高点A运动时进场。价格快速升至21日EMA，被立刻阻断，之后以较低成交量下跌。这让我认为这次交易完蛋了。当价格无法跟进并升至更高的高点时，熊市很可能会立刻出现。此处，价格很可能下跌，然后再次测试此前低点。周二的行为跌出支撑位后恢复（B），形成下行蜡烛芯。尽管MACD柱状图、成交量和强力指数指标都在变弱，但还是让我有信心继续持股。

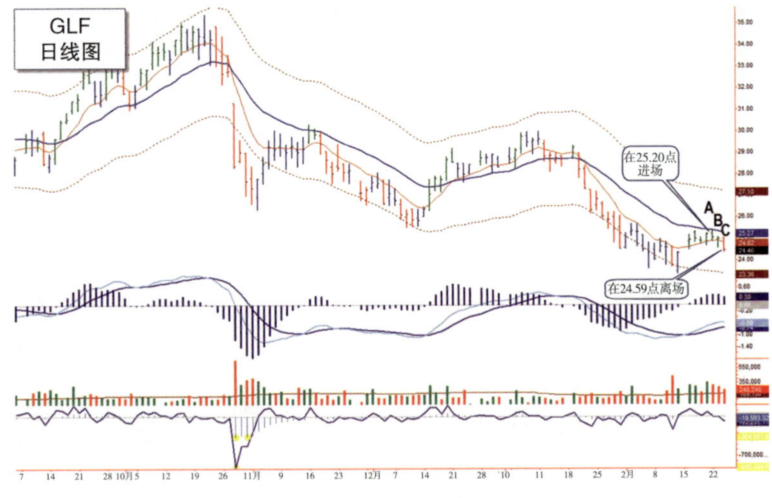

图 13.2　滚动和再次测试

GLF，日线图，见附录二第8号指标列示。

交易进程：

- 开盘且抓住前一日高点（A）。在25.20点补仓。

- 价格跌出但在收盘时回到价值区（B）。
- 开盘并下跌，至一周新低点并把脉冲从绿色转为红色（C）。我在24.59点止损离场，3天损失2.4%。

周三开盘位于价值区内，此后开始下降。我在 24.59 点止损离场，损失 2.4%。价格继续下降至收盘（C）。

公布的收益让人失望，周三收盘后价格持续下跌（图 13.3）。那些极为紧张、差一点就触发恐慌卖出指令（不管什么价格都卖出），但是坚持持仓挺过公布后一晚的多头们十分勇敢。而空头则守株待兔，希望 8 天前恢复或接近前一日低点的机会再次出现。我的看法是：股票由于当晚所有卖出指令以跳空下跌开盘（A）。聪明的空头已经对此有了预测并在开盘时设置了市价委托（A），聪明的逢低买入者在反转处做多（B），而愚蠢的空头则继续持有空头，期望回归至更低价格，结果被轧空（C）。价格一路飙升超过 21 日 EMA，当日从 23.27 点涨至 26.01 点，提升 2.74 点收益率，高达 11.8%。

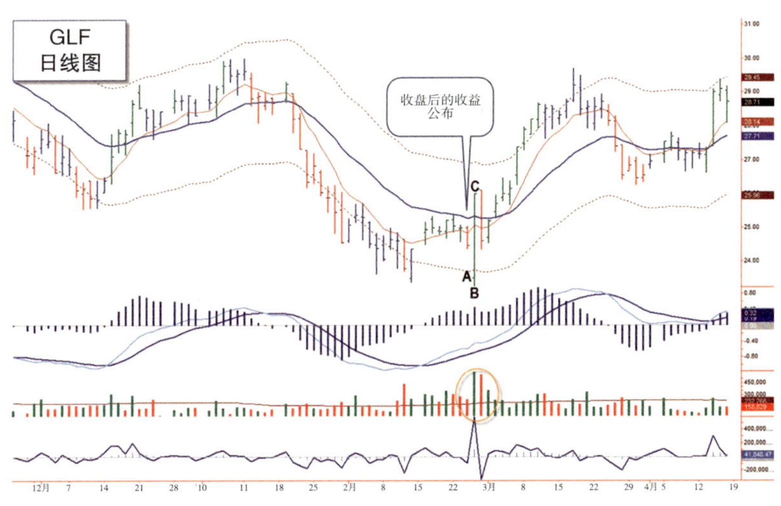

图 13.3 大的反转形态柱

GLF，日线图，见附录二第8号指标列示。

收益公布后的事件顺序：

- 股票开盘时跳空下跌（A）。
- 空头回补，多头买入（B）。
- 反转形态把价格上推突破阻力位，高出8日和21日EMA并收于当日高点（C）。

这一交易真是溜掉的大鱼，教训就是如果我更加主动地提前做了预测，就会明白谁在买入、谁在卖出以及可能变化的时间及方式。而且一定要明确：

- 敌人是谁、朋友是谁。
- 市场要怎么做才能让敌人成为朋友，让朋友成为敌人。

知道这些细节的操盘手可以预测并利用罕见的交易机会，这些机会往往只有在复盘后才会被发现。

JTX交易

另一个溜掉的交易是 JTX（图 13.4 和图 13.5）。5 个月前我在该股票进行了漂亮的春季自下而上（类型 2）交易，但此时已到秋季。可是我却以为形态跟之前一样，也想当然地认为结果会一样。但预期跟实际大相径庭，我使用的策略与季节不匹配——这是第一个错误，从此开始走下坡路。

周线图反映了日线图的“牛性”，也展示了过去 5 周极高的成交量，并暗示会出现反转。图 13.4 的交易设定很美好：强力指数指标的看涨背离；脉冲转为蓝色；8 日 EMA、MACD 柱状图和成交量都在上扬。

注意图 13.5 出现的形态变化。如果形态破裂，交易也破裂。

进场交易后不久，股票被抛售，股价抓住了前一柱形的低点。最初的止损点为 2.24 点，本应触发，但我愚蠢地将止损点降低，认为股票最终会按我的预期突破，这是第二个错误。次日开盘就确认了形态变化，是更接近不利的下降三角形形态，伴随着后续的下行蜡烛芯。最终，我不得不在 2.13 点处痛苦止损，损失 8.97%。后两个交易日股票跌至 1.88 点，最终损失 19.75%。这证明交易策略形态变化或被打破，最好立即离场，避免大量资金回撤。

图 13.4 准备发射

JTX，日线图，见附录二第19号指标列示。

交易设定的日线图特征：

- 强力指数指标看涨背离（绿色箭头所示）。
- MACD柱状图上行，随着价格收于价值区内的最后柱形的当日高点，脉冲由蓝色变绿色。

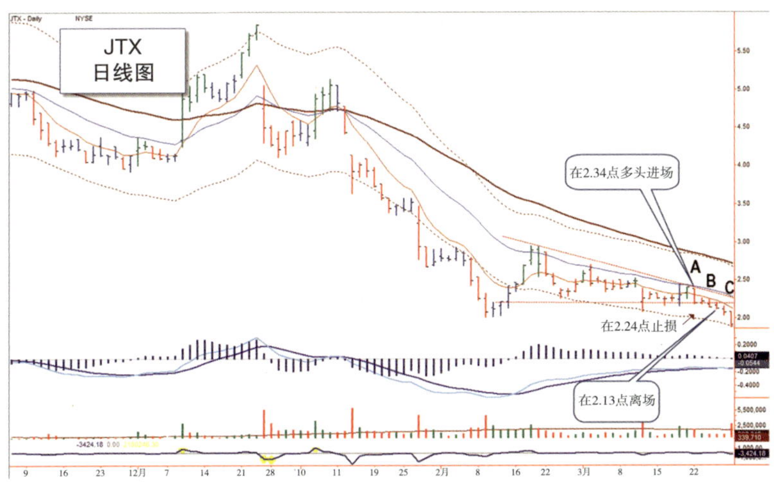

图 13.5 形态变化

JTX，日线图，见附录二第19号指标列示。

交易进程：

- 我在2.34点的开盘进场。价格当日持续下跌，将脉冲由绿色变红色（A）。
- 价格持续下跌，标志着一周新低点（B）。次日我以2.13点止损离场，比低点B略低，4天损失率为8.97%。
- 下行动能积累，由成交量确认（C）。

RMBS交易

让鱼溜走的最后一例中我对于预期过于执着，所处背景是对一宗版权侵权判定的关注。Rambus 公司（RMBS，图 13.6 和图 13.7）起诉 NVIDIA 公司侵犯版权，Rambus 证据确凿且舆论偏向它。如果进展顺利，对 Rambus 将是一剂强心针，股价会快速飙升。判定结果定于周一收盘后宣布。

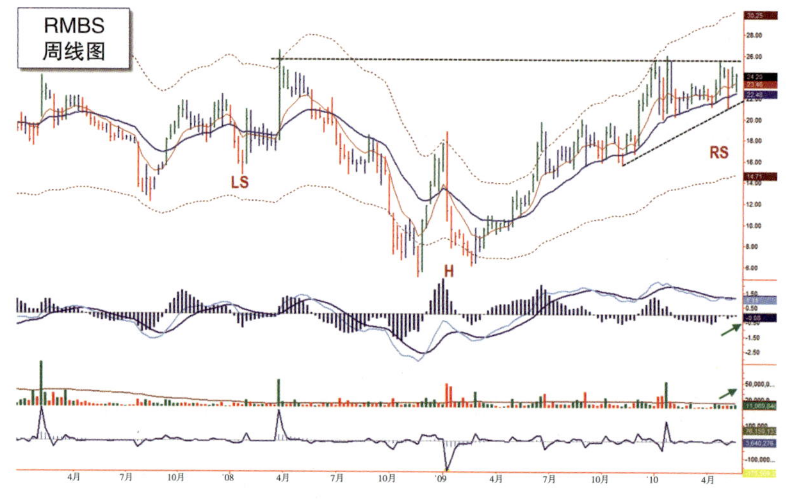

图 13.6　内部突破正在累积

RMBS，周线图，见附录二第13号指标列示。

交易设定的一周特征：

- 反转头肩形态（由LS、H、RS表示），预示着内部突破将至。
- 上升三角形形态在右肩区形成。
- MACD柱状图和成交量上涨（由箭头指示）。

图 13.7 假上行突破导致严重抛售

RMBS，日线图，见附录二第8号指标列示。

交易进程：

- 我在下行趋势线之上的突破以24.33点多头进场。当日前期价格继续上升，之后跌进三角形内（A）。
- 价格开盘跳空下跌，早上一直疲软，在23.14点触发止损，损失4.9%。价格从上行趋势线反弹，下午飙升并收于当日高点（B）。
- 次日随着价格升到新高点，开盘缺口出现（C）。
- 三角形被下行突破后下行动能加强，导致价格严重下跌（D）。

周一，股票开盘价接近周五收盘价，此后以小成交量震荡出波动范围（A）。股价交叉下行趋势线时我以 24.33 点补仓。止损设定在 23.69 点。周一市场疲软，价格以低成交量回归突破点以下，形成上行假突破。这些都是熊市迹象。

收盘后的消息是结果延迟至周三收盘后再公布。很明显，多头非常紧张，表现之一就是周二的开盘缺口下跌（B）。市场疲软已经触发了止损，但是价格持续下跌使我变得异常紧张。我决定在中午把风险控制在 23.14 点，并触发止损，损失 4.9%。注意跳空高开和低降，这反映了审判结果的延迟公布使投资者产生迷茫。

这次交易我犯了 4 个错误。

1. 我不应基于舆论报道交易股票。外行寻找突破，而专家则淡化预期。

2. 我本应当在股价高出阻力位时就获利离场，尤其是在出现低成交量和疲软信号的情况下。

3. 由于假上行突破，我本应在进场的同一天离场。

4. 我本应当要么更早获损离场，要么扩大止损允许价格从三角形底边反弹（B）。股价确实反弹了，次日以大成交量出现开盘缺口，升至 25.50 点（C）。

同样，当支持或反对当前价格的证据出现时，会释放出一个强烈的信号：要么留在交易中，要么转向并从中逃脱。最终，结果公布再次被推迟，且一推就是两个月。显然，股价也大跌（D）。

一定要记住，无论我们如何尽力，都无法操纵股价，使其变得更高或更低。如果所处环境引诱我们去尽力，那么最正确的回应就是离场并继续前进。无休止地、高傲自负地想去超越市场，最终是搬起石头砸自己的脚。

结论

人们往往会陷入错误的懊悔情绪中。无论坏掉的是鱼竿还是失败的交易，如果从错误中吸取教训，我们会避免再次犯同样的错误。我相信这会减缓痛苦并改善对操盘的气馁情绪，避免金钱和心理上的双重创伤。

断掉的 Orvis 飞钓竿可以当作不错的飞钓故事，但是挂在墙上的将近 80 厘米长的棕色鳟鱼能成为一生的纪念。如果往日重现，我需要如何应对才能有效改变结果？对此，我一遍遍地不断演练。同样，定期咀嚼交易失败的痛楚和成功的喜悦，也会帮助我们调整和细化我们的交易行为。一个交易接着另一个交易，在执行交易计划中我们开始本能地应用新习得的技能。

第十四章　成功的结构

离父亲的小木屋下游方向三个房子间距的位置，矗立着世界著名的鳟鱼飞钓旅馆。我在小时候探索发现了旅馆建成前的一片处女地，并在附近的河边钓鱼。不远处是一个巨大的岩崩坝，形成了巨大的天然鱼穴。

我们在这些巨型圆石周边的深洞中捉到了很多大鱼。还记得那悲伤的一天，伴随着电锯的声响，这片私人天堂被人发现了。一支施工团队抵达，要把这片地夷平建造旅馆。那时我才恍然大悟，自己今后要跟全世界分享我曾经独享的钓鱼天堂。

爸爸跟我经常去建筑工地查看，眼看着打地基、垒砖块、搭梁木，直至一件巨大而美丽的艺术品慢慢成形。如今，全球的飞钓者都涌向这个旅馆度假，尝试飞钓世界上最狡猾的虹鳟鱼。大多数人携带了最先进的飞钓服、飞钓竿和渔轮等金钱可以买到的装备。

与住客们类似，太多的钓手纠结于使用哪些装备和如何使用，进而偏执到花费大量精力选择最佳装备组合而无法充分发挥每件装备的作用以提升钓鱼成功的概率。多年以来，父亲和我都看着住客站在岸边规整自己的工具。而在同一时间，我们父子俩早就按着正确的方法进入溪流，使用合适的接钩绳和飞蝇，勾起那些最大型鳟鱼的食欲。

纵观本书，我一直强调过程的重要性，无论是飞钓抑或操盘。关键点在于对过程的谨慎关注程度。例如，建筑工人单纯地堆积砖头和圆木无法建成结实美观的旅馆，他们需要有每个必要步骤的详细规划图。

操盘方法应如出一辙。当把建筑原则应用于操盘中，我们确实会明白每个构成元素的重要性以及互相结合后产生的放大效益。

在建筑上，一份蓝图首先会要求打地基。地基是最重要的元素，支撑着整个建筑结构。基于此，地基要基于坚实的底层，如基岩。基岩是大多数建筑物所依赖的最坚硬的基础物质。我们一直看着建筑工人把旅馆建在坚固的基岩之上。

蓝图的第二页会列出构成基础外形的建筑模块。首先是用于地基的模块，被称作“基石”，它的作用是引导其他模块或砖块的堆积，构成结构的整体。楔石和顶石也很重要，分别为结构提供核心力量和作最后修饰。最后，就要靠灰浆来黏合所有模块。没有它，独立的模块将松散无力，各自的功能也无法发挥。灰浆可以强化整体结构。

我们可以把每个模块的具体特征用于操盘系统中。

建筑模块概念

下面介绍每个建筑模块如何用于操盘。

基岩

Wiktionary.org 是由匿名网民创建的网站，它对基岩做了如下定义。

1. 基岩是存在于地表以下的坚硬岩石。基岩是原本就在的岩石，而不是由于气候变化或侵蚀从另一个地点转移来的材料。

2. 基岩是地基的根本。

操盘系统的基岩由哲学、心理、方法三部分构成。

哲学　操盘哲学是指一个人对长期和短期投资的展望。喜欢长期买入并持有，还是喜欢在数日、数周或数月内进行波段交易，抑或喜欢日内交易。你是享受黏在电脑屏幕前进行多次短期日内交易操作以获得微薄收益？还是喜欢进行少数长期操作收获大额利润？喜欢操作的股票是什么类型：小盘股还是大盘股？成长股还是价值股？个人操盘哲学将解答所有上述问题并帮助管理所有操盘决策。

心理 你了解自己的个性吗？你的心理品质会促进还是限制你的操盘哲学？埃尔德博士在《以交易为生》一书中分享了如下理念：

> 操盘手学了几招，获了利，情绪高涨，然后自我毁灭。大多数操盘手立刻把收益还给市场。市场充斥着从赤贫到暴富再到赤贫的故事。成功操盘手的标志性品质是具有持续增长股本的能力。

要做到这一点则要培养管理心理预期和控制不利情绪的能力。马克·道格拉斯在其著作《交易心理分析》（*Trading in the Zone*）中对操盘和预期做了如下讲解：

> 若把操盘提炼成最简单的形式，那将是一个模式识别数字游戏。我们用股市分析法明确模式、定义风险并决定获利时间。这样操作可能有效也可能无效。无论如何，我们继续下一个操作。这听起来简单但其实并不简单，因为操盘或许是最难掌握的事情，因为它不需要智力；恰好相反，懂得越多反而越不容易成功。操盘的难点在于你需要以无知的状态操作，尽管技术分析有时看起来完全正确。但要以无知状态操作，则必须合理地管理预期。

能成功操盘的人有能力在市场沉浮中保持情绪的稳定。

方法 此部分包含两大要素：

1. 动态操盘系统——提供利用全部市场情况的匹配策略。（本书第八章介绍过我的策略。）

2. 资金管理规程，包括管理头寸大小、每头寸风险、总风险、头寸数量等。

在《以交易为生》一书中，埃尔德博士进一步阐述资金管理的做法：

> 操盘必须基于界定明确的规程；必须剖析操盘时的感觉，确保决策合情合理；必须要系统规划资金管理从而不会因为一连串损失而出局。

我采纳了埃尔德博士的 2%/6% 规则。我定期使用该规则进行风险控制，尤其是在顶端过渡期和资金回撤期。

2% 规则指任何一个头寸可允许出现的最大损失是 2%。例如，若计划进场点是 10.00 点，则保护性止损设置在 9.80 点，0.20 点是允许的风险部分。如果股票账户是 50000 美元，2% 相当于 1000 美元。以该额度（1000 美元）除以止损风险率（2%）得到可以买入的全部股份。即，最大股份为 50000 美元。

6% 规则允许最大账户价值的 6% 暴露于风险。如果股票账户还是 50000 美元，那么额度为 3000 美元。如果操作场景不变，可以操作 3 个相同的头寸。但是如果其中 1 个出现有利运动，可以提高止损持平，那可以额外增加 1000 美元增加操作。

我曾被问过一个问题：

> 你是否制定了规矩，要求自己在每个操作中都不得使用超过总额固定比例的资金？这与 1% 还是 2% 的风险规则不一样。比如，我在进行小额操作（约 30000 美元）时，有时发现在应用回报风险比和 1% 规则（有时低于 1%）后，可以买入高达 10000 美元的股份。这对于小额操作来说实在太高（即，将账户的 1/3 用于一个操作）。你有没有制定规则以限制用于每个操作的账户总额的比例？

我的回答是：

> 在技术层面并不需要此类规则，因为风险控制会根据规程防止损失，对吧？但是，如果操作的是小盘股，则会在你晚上睡觉时因为贬值或开盘缺口让账户大亏。基于此，我把每个股票头寸的账户总价值的 3%~15% 暴露于风险中，无视 2% 规则的要求。而实际上，除非设定完美契合有利市场，股票有成交量，我更倾向于在任何头寸中都把 5% 设定为最大划拨额。

从此例可以看出，在特定情况中，无论 2% 或 6% 规则都无法限制投资于任何头寸的金额。前面提到的 50000 美元额度中，止损设定使得投资中的 1000 美元暴露于风险中。但是，规则允许买入每股 10.00 美元的股票 5000 股，相当于

50000美元，即全部账户价值用于一个头寸！不少人都知道把所有鸡蛋放在一个篮子里是愚蠢的，因此我应用了自己的风险管理组合并结合市场的季节性，限制所有可以投资于单一头寸的全部额度。

表14.1的风险管理指南列出了这一组合的细节。每个位置从进场与离场到头寸大小和获利目标都融合于每个对应的市场季节，并由市场季节决定。操盘行为的各个方面需要掌握的关键就是市场季节。

表14.1　风险管理指南

市场季节	浮漂进场间隔	刹车系统间隔	风险头寸/总额账户	最大头寸大小	操作模式	周收益目标
春季	5~10分钟	30~60分钟	2%/6%	10%	摆动	1.5%
夏季	10分钟	30~60分钟	2%/6%	15%	摆动/买入持仓	1%
秋季	10分钟	10分钟	1%/3%	5%	日内交易	0.5%
冬季	10分钟	10分钟	1%/3%	3%	日内交易	0.25%
过渡期	10分钟	10分钟	1%/3%	3%	日内交易	0.25%

表14.1将我全部的操作方法和风向标的成果进行了大融合。

例如，如果重点是春季，股价触底反弹，我要以最少投入获得最大收益。股价剧烈运动，利润在多头侧快速增长。

夏季我会投入更多股本，因为小幅波动的趋势显现出安全性。股价在该季节沿着规律的上行轨道运动。不过跟春季相比，我对夏季预期更低，因此能在上行轨道线之间的多个波段交易中获得薄利就很满意了。同样，我在夏季做更频繁的操作，因为波动更小，从而使保护性止损范围更小。春季和夏季我使用2%/6%资金管理规则（如前所述），但也允许将账户总价值最高的15%划拨给一个头寸。

秋季一到，我操作频率更低，而且由于波动率上涨头寸更小。我仍在增加股本，但是增加频率的连贯性更高。在探顶时期我将比率限制在任何头寸的5%。另外，我把资金管理限制在1%/3%。

冬季的大波动把我的操作模式变为日内交易、两日交易或时不时地交易。我并不担心该市场将周期性地增长，而更担心如何维持股本。尽管我主要在该季节做空股票，但是盘整后反弹会迅猛突击，快速把利润拉低。对此，我尽可能把操作限制在日内交易模式中，不跨日。该时间不适合长线操作以弥补此前损失。我的头寸拨款在此季节进一步减少。

最后，在被不确定性笼罩的过渡期市场中，我遵守的指导方针与冬季一致。

总之，风险管理指南对操盘行为有重要影响，有助于确保成功，这体现在以下方面：

- 操盘与市场季节的需求和限制同步，如进场和离场。
- 鼓励我更青睐低风险或高增长周期，如春季和夏季。
- 操盘体量和获利预期与每个季节的波动性影响特征相匹配。
- 在波动时期我不得不额外警惕，注重保股本、少操作。
- 由于高波动、高风险时期对操作股本的限制，我的组合风险得到了控制。

风险控制在连续损失过程中尤其重要，首先它对操作头寸重要，其次对股票账户也很重要。在决定好实际应用的风险比例，并定下止损之后，再决定合理的头寸大小来明确 2% 规则和最大配额。

操作无论向好向坏，都要保持好心态。我们坚决不能因为损失而改变心态或方法，唯一要调整的是资金管理。这一变量需要控制资金回撤。通过风险控制可以做到这一点，首先是头寸风险控制，之后是整体账户内风险控制。这就相当于加固了地基，即便上层结构被烧掉或吹倒，地基仍在。

当我们与市场不协调或市场自身出现紊乱时，尤其要稳住阵脚、设定正常的止损水平（不可因恐惧而过度收紧）。但是，需要风险控制调整的变量是头寸大小。

哲学、心理、方法互为补充，缺一不可，三者一旦没有被全部激活，股票账户会遭受重创。股票交易者间流传着一句老话：“任何事都可能发生，并可能发生在任何时间。”当手头上的操盘结构完善，且因为设定好得无可挑剔，就把大量资金暴露在风险中，那么一则坏消息或一次跳空下跌就能让账户损失一大笔资金。这还不是全部损失。下次操作中迎面而来的诱惑会使你心态扭曲并侵蚀优势。我们现在受到了贪婪和恐惧心理的负面影响，多半还会继续遭受复合型的损伤。在有认识前，我们请进来的损失已经侵蚀了操盘系统之下的基岩，把它的地基变成了疲软的细沙。

如果没有牢固且详细地完成自己操盘系统基岩的三大构成，那么你需要扪心自问并把投资的地基打牢。要进行反复尝试，之后你的第一页蓝图会呈现跟预想完全不同的内容，最终把个人的哲学、心理和方法同个性完全糅合。

基石

建筑模块的另一个重要组成部分是基石。Wikipedia.org 网站对基石的定义如下：

> ……建筑垒在地基的第一块石头……作用关键，因为此后的石头都依次垒在上面，因此决定了整个结构的位置。

我的操盘系统的基石是市场季节，并通过风向标明确。知道市场季节后，我可以应用与季节匹配的策略（本书第八章已详细说明），并开始以此归类操作。只有市场季节会通过改变我操作的具体形态策略进而影响我的操作方法。成功和资金回撤周期都不会影响这一重要方法。

如表 14.1 所示，风险管理指南示范了操盘行为的各个方面是如何协同并依赖于特定的市场季节的。

砖块

接下来就是砖块。操盘的砖块包括股票的基本面以及价格形态。很明显，积极的基本面最终证实股票价格。当积极的基本面与股价相背离，大环境有时像真空泵，提升股价以匹配基本面。因此，有新闻价值的基本面变化或关于前瞻指引和新合同的媒体宣传——任何可能影响公司利润率的事情，都应被视为砖块。

趋势线内和周围的价格形态和行为以及移动 EMA 也是操盘结构的砖块。多个时间线图的策略性价格形态构成操盘结构。识别的砖块越多，操盘越强。我也分析了价格与价格轨道、脉冲系统和强力指数指标的关系，从而进一步定义价格形态。

楔石

Infoplease.com 网站如此描述楔石：

1. 拱形顶端一个呈楔形的构成部分。

2. 为其上的物件提供支撑。

楔石在操盘中对应的就是成交量。成交量显示的是股市参与者对技术形态的兴趣。我们可以把操盘的整体结构搭好，使之立于坚实的基础上，但是如果没有楔石（没有成交量），利润就无法实体化。部分操盘设定直到出现轧空或突破后才显示大成交量。话虽如此，价格向阻力位或支撑位运动时仍然存在根据成交量反应而引起的极致运动的细微指标（图 2.19）。而且，还要记住尽管设定很完美，但楔石（成交量）通常见效晚，操盘手要有耐心等下去才能见证上行并激发操盘。

顶石

顶石是建筑结构的完工证明或修饰。我的技术分析用到了一些经典图表模型，包括三角形、吞没形态、楔形、双重顶形态或双重底形态等。有时在形态背后有基本原因（媒体公布、盈收电话会议、合同或其他事件），这些都会成为操作的催化剂。

灰浆

最后需要的元素是灰浆。它由古罗马人发明，由沙子、水泥拌水混合而成，有一定的稀薄度和柔性，可以在砌石接缝间流动。灰浆本身质地很稀软，但可以使砌石变得强硬。

灰浆可以黏结并强化建筑结构。这一特点用于交易则能最终决定一个操盘结构是强劲还是疲软。如果堆砌的石头没有用灰浆黏合，则无异于一堆杂石。

MACD 指标的作用正如同灰浆。MACD 指标所解读的信号将所有其他操盘变量黏合从而增加成功的概率。

本书第二章讲过我关注的以下几点：

- 与指标的位置：中心线、趋势线。
- 交叉：买卖信号线、中心线。
- 背离：线、柱状图、线和柱状图之间。

大多数教材很少提及 MACD 指标的效力和结合用法。直到你走进操盘手的思想，并从他的视角去观察和见证如何把 MACD 指标与其他工具结合前，你永远无法理解它作为交易工具的威力。

下面向诸位展示我是如何把“模块”理念应用到实际操作的。

第一个操作如图 14.1 至图 14.3 所示，这是我 2010 年第四季度末提交的最后一只 Spike 选股。我还差 5% 的收益，需要一只好股引领才能获胜。于是我选择了 AOB（美国东方生物工程），原因如下：我知道基石是夏季，意味着回调或触底的股票和显示反转形态特征的股票总体表现向好。

图 14.1　由深度回调形成双底形态

AOB，周线图，见附录二第11号指标列示。

交易设定的周线图特征：

- 看涨背离（A—B）。
- 脉冲在C变成蓝色，允许多头操作。

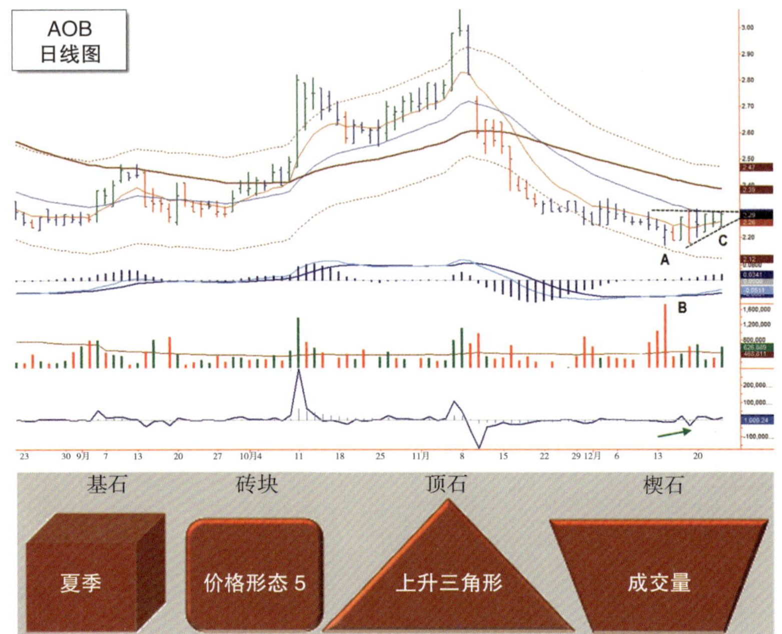

图 14.2 “建筑模块”分析

AOB，日线图，见附录二第8号指标列示。

下列是强化该操盘力量的元素：

- 基石：夏季。
- 砖块（共5个）。

周线图：①指标看涨背离的双底形态（A—B）。②脉冲为蓝色（C）。

日线图：③假下行突破（A）。④体现强力指数指标看涨背离的圆形底（箭头所示）。⑤最近柱形收于当天高点的价值区内（C）。

- 顶石：上升三角形（A—C）。
- 楔石：随着向阻力位靠近成交量上升（线图的最后一个柱形），威胁形成上行突破。
- 灰浆：MACD。

周线图：中心线柱状图排斥。

日线图：看涨交叉出现在中心线下最远端（B）。

进场位于下一柱形，位于2.27点的阻力位之上的上行突破。我设置的保护止损恰好低于上行趋势线。离场位于突破处，3天后达到2.40点，收益率为5.73%。这一成绩正好能让我排到第一名，赢得该季度竞赛。

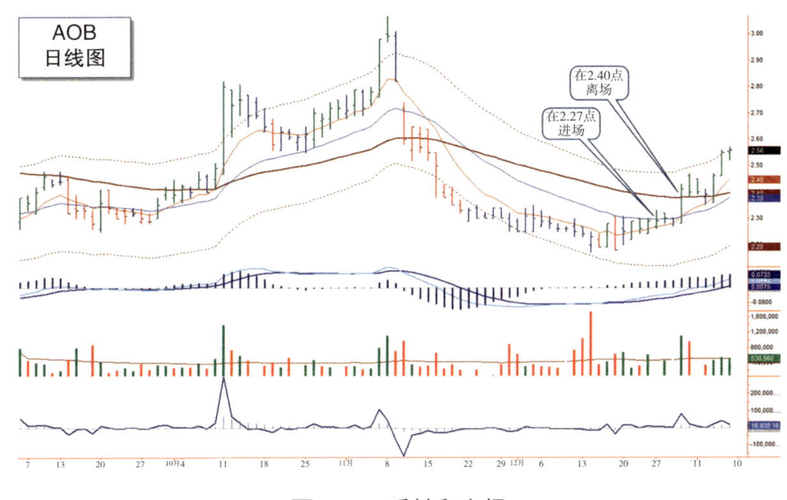

图14.3 反转和上扬

AOB，日线图，见附录二第8号指标列示。

在2.27点进场，位于21日EMA之上的突破处。离场紧随50日EMA的突破点2.40点，4天收益率达5.73%。

回过头看，通过应用建筑模块分析，能清楚地看到该股票的所有有利特点以及MACD带来的强化。夏季把绩优股以结构性、技术性的方式投放。

下一只股票则体现了看涨形态能快速变成看跌形态。图14.4至图14.6展示了刊登在“我如何赚得金子”中TIE的做空操作。在日线图中以对称三角形盘整体现的“牛性”由于周线图中更具凌驾性的“熊性”的头肩顶形态而消退。

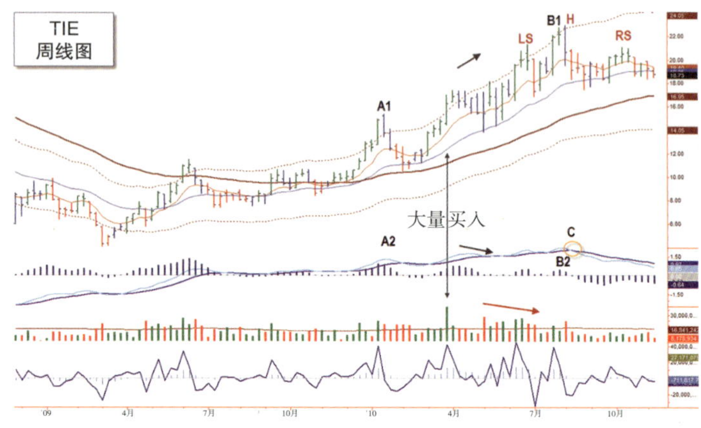

图 14.4　头肩突破

TIE，周线图，见附录二第11号指标列示。

价格在更低动能形成更高的高点后大量买入。

- 看跌MACD柱状图背离（A2—B2）。
- 价格更高的高点（B1）出现在下降的成交量上（红色箭头所指）。
- 顶点（B1）过后出现抛售，伴随着看跌MACD交叉（C）。

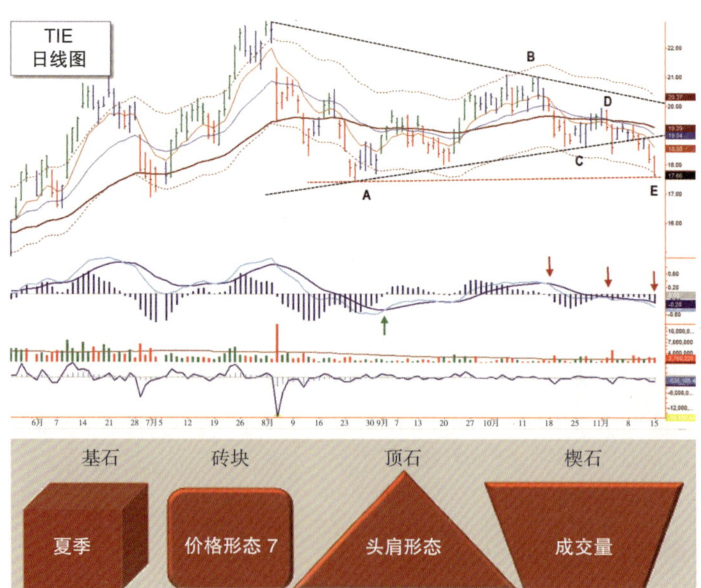

图 14.5　牛市形态转熊市形态

TIE，日线图，见附录二第8号指标列示。

看跌对称三角形（A—D）突然破解成为头肩形态。

模块列表：

• 基石：夏季。

• 砖块（共7个）。

周线图：①52周高点的疲软再次测试（B）。②价格无法维持价值区，过去几周跌到更低的低点形态（D和E）。

日线图：③死亡交叉（由21日EMA和50日EMA构成，D）。④EMA全部下行。⑤价格测试主要支撑位（E）。⑥强力指数指标下跌。⑦价格波动提升。

• 顶石：头肩形态。注意看涨对称三角形（A—D）上，价格从底边反弹（C）而后跌出三角形（D—E）。当看涨形态跌破，跌得很严重。

• 楔石：随着价格跌回支撑位，成交量扩张，相当于崩盘警告。

• 灰浆：MACD。

周线图：从最高顶峰出现看跌交叉。

日线图：MACD穿过中心线失败后下滑（箭头所示）。

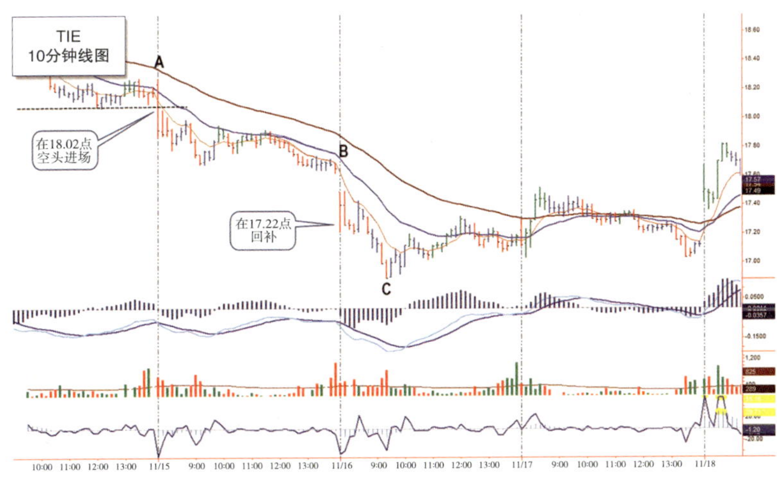

图 14.6 不可在交易中停留太久

TIE，10分钟线图，见附录二第15号指标列示。

操盘管理包括：

• 在支撑位上以18.02点停止限价指令进场（A）。

• 次日在开盘缺口下跌处以17.22点回补（B）。

• 90分钟后，一周低点出现（C）。在一周低点后，价格在此周余下时间上扬。

我使用了10分钟回拉管理收益。进场位于支撑位突破后设置的止损限价指令为

18.02点。次日早上跳空下跌时回补，一小时后价格到达一周低点。

注意MACD如何从该点的底部反转，使得股票再次上扬。我在17.22点退场，2天收益4.44%。

在这类操作中的成交量衰竭前我进行快速回补，因为市场仍处于夏季而且市场的主导趋势是上行，从而限制了股票抛售的程度。进行这些操作时都容易因为要避免回补过晚而犯回补过早的错误。千万不要逾期交易。

在牛市反趋势交易（做空）如同用浮漂钓鱼。我曾经讲过，浮漂就是在鱼线末端连着的泡沫球。钓手必须时刻注视着浮在水面上的泡沫球，如果泡沫球突然被拉下去则要立即行动。当鱼去咬水面下连着鱼线的假蝇时会把泡沫球拉下水，但是鱼一旦发现饵是假的则会立刻松口。这种回升跟牛市类似。

在春季或夏季，市场有一定程度的回升。此时我们做空是在逆流而上，而最终股价会反弹回表面，具有良好基本面的股票尤其如此。它们从 52 周高点处跌下并在 50 日移动平均线附近找到支撑位，呈现出类似于回调类型 1 策略的形态。相反，在熊市（秋季和冬季），市场则呈现下沉效应。最终在拉回 50 日 EMA 的股票时可能遭遇坚固的阻力位，从而遭到阻止。

下一个操作（图 14.7）全面诠释了市场回升现象。纵观全图，你会发现抛售情况严重，直到需求反涨而空头放弃才激发强力反弹。本书此前在解释支持看涨设定的关键元素时，也给出了与 PUDA 的同样操作（图 2.27）。

可以发现，以此方式结合所有关键结果后，按此类结构进行完整的操作可以带来惊人的收益。

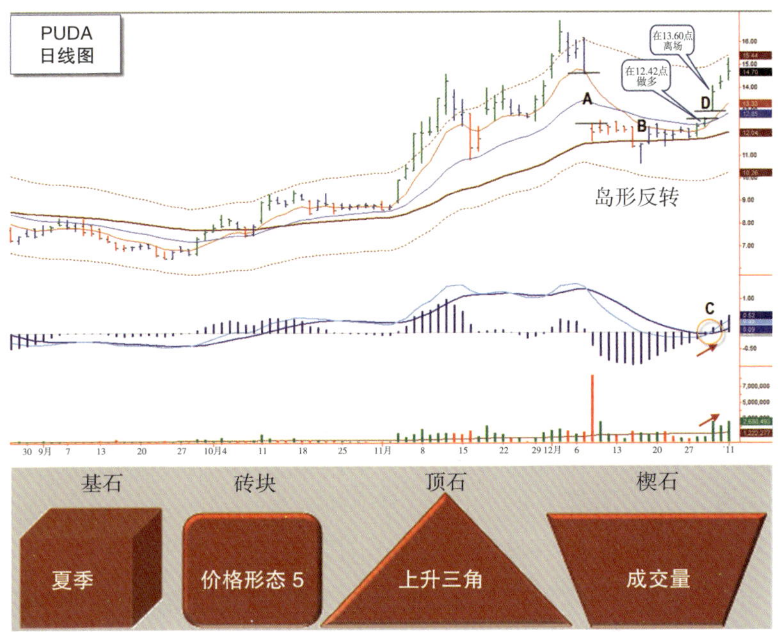

图 14.7 空头松口，价格回升

PUDA，日线图，见附录二第7号指标列示。

PUDA日线图展示了价格对缺口回应出现的特征，假下行突破（B），随后MACD看涨交叉（C），导致持续向上跳空缺口并逃逸（D）。

模块列表：

- 基石：夏季。
- 砖块（共5个）。

①突破缺口（A）。②股票以假下行突破回应50日EMA（B）。③50日EMA之上的盘整。④快速、慢速和50日EMA都在上升（D）。⑤公司具有积极的基本面。

- 顶石：上升三角形（B—D）。
- 楔石：21日EMA之上的突破后成交量扩张。次日，以强劲成交量产生突破缺口（箭头所指）。
- 灰浆：MACD。

中心线出现看涨交叉（C）：中心线排斥表明缺少下行跟进和力量。

我在12.42点进场，在位于持续缺口后的13.60点离场，导致看涨岛形反转，收益率为9.5%。

结论

若操盘建立在以认真分析形成的以良好结构为基础的动态交易系统之上，并依靠坚实的基础，我们就可以满怀信心地操作了。

我们会犯错吗？会。

会不会即使每一步都做好了但股票还是反其道而行之？会。

但是我们可以摆脱影响而进入下一个操作，因为成功的概率对我们有利，但前提是我们必须保持操作的前后一致，并且以结构完善的规划保证基础的稳定。

灾难性结果的出现是由于缺失了楔石、基石或灰浆，更为糟糕的是我们可能还不知道地底是基岩还是沙子。当交易与地基分离，市场中的随便一场大风就能把整体结构吹倒，使其跌下悬崖。

“建筑模块”的概念可以用于阐述操作计划构建的方式——一砖一瓦，从下至上。当一个模块放大了另一个模块的信息，就构建出稳定的结构并引领成功，同时会把可能损害账户的灾难事件的影响最小化。

图 14.8 展示了成功交易的金字塔结构。我们时不时地会在巨大收益和下跌周期间“坐跷跷板”。但如果有这样的结构作支持，持续性就会让我们在长跑中领先于群雄。当我们具备了持续性，我们只需要把跷跷板尽可能向更多收益上翘而非回撤资金，就能保持住长期成功。

如果操盘有完善的结构支撑，我们只需些许比回撤略高的优势就能保持长期的增值。

成功是多个元素组合的产物。当质量得到保证，高质量成果就水到渠成。

用钓鱼的行话来讲，重要的不是你如何收集各种钓鱼装备，而是你如何找准时机并协调其用法。在正确的季节、正确的河流，选择正确的一天，用正确的装备钓鱼，就一定会成功。有时绑的饵是大蚂蚱，有时绑的是需要用放大镜才能看到的小虫子。建筑模块概念帮助你了解应在何时、在何种情况下，以及为什么使用某一种交易策略，而非完全不同的另一个策略。

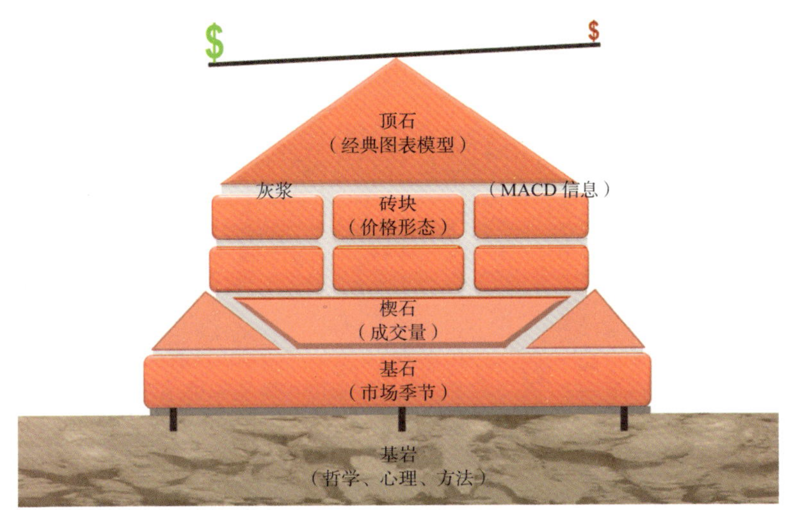

图 14.8 成功交易的金字塔

如前面章节所说，细节很重要，无论是盯着看墙上挂着的大鱼还是盯着电脑上的操作。细节强化信心并鼓励必要的路径改变。在此前两章中，我同你们分享了自己成功和不成功的操作。在成功的操作中可以明确发现重复出现的制胜元素，而在失败的操作中却有缺失。成功和失败的共同特征是都仰赖结构，操盘尤其如此。通过分析本章提供的操作案例，你们能更容易地发现每个操作的强化元素和不一致构成。

C 结语 onclusion

本书取名为《飞钓股市：从入门到精通，跟高手学炒股》，意在暗指两方势力：猎手（飞钓手）和猎物（鱼）。

猎手把猎物诱往陷阱，先任其尝试逃窜再拉回捕获区，然后与之谨慎地博弈。这项运动与所谓的操盘游戏类似，都是通过把持有的弱股本价值变成强价值而得分。游戏设定的环境由“物竞天择的适者”所霸占。

在如今的市场中，操盘手必须占据游戏高点以期获利和存活。在他们的分析和操盘计划执行过程中必定存在节奏和背后的理由。买入并持有直到你慢慢变老还不够，获得成功需要的要素更多。精心研究方法，结合理性决策和良好的资金管理，并与市场季节的节奏性波动和谐一致，能保持操作优势，从而一举取得成功。另外，主动地记日记，详细记录成功和失败并形成操作矩阵，可以为未来更多的进步勾勒蓝图。若不作一定程度的专注的回顾，我们注定会因无法吸取教训而重蹈覆辙。

在今天的市场环境里，大部分操盘手都在索求一套系统作为交易的“圣杯”和“黑盒子”——全天候连续工作，告知他们进场和离场的最佳时机。然而很不幸，这样的系统并不存在。尤其不幸的是，在得出这一结论前，人们的股票账户可能已遭受重创。对于手动操盘手，再次回归探索的起点反而能获得成功，这实在讽刺。成功是失败的提炼物。一旦决定从失败的废墟中重整旗鼓，我们就要开始提问、思考、研究、学习并建立一门完善的交易实践哲学。

当具备有规划的目标后，思想、方法和管理构成的基础金字塔以及强化这三者的规则会向我们揭示此前所不知道的真理。之后，我们便能轻松识别并摆脱阻碍发展的不利个性。制订出个人的商业交易计划是一码事，实时而全面地执行计划是另一码事。当掌握了这种能力后，我们会上升到更高层次的纪律面和收获更坚定决心。达到这一级别的付出才能为成功操盘的个人哲学提供建筑模块。

无论你是已经制订出高质量操作计划的操盘老手，还是正在学习进场和离场机制的新手，我都尽可能地在书中提供了有益的内容。

全书使用飞钓比喻，旨在帮助你巩固对各种操盘概念的记忆，同时提供一点娱乐气息。飞钓先擒后纵的每个方面几乎都可以应用到股市交易中，它们包括匹配季节性羽化、用浮漂上钩、以刹车系统博弈、拉回、大鱼纪念照和钓鱼日记。这些步骤同等重要，所对应的操盘步骤的重要性也彼此相当。当我们致力完善全部步骤，持续成功的结果就是资金开始在经纪账户中逐渐变多。

在理想世界中，我们会因最佳选股（分析）、最佳操作（从无到有）和最佳失败操作（资金回撤最小的操作）而得到奖励。所有这些对培育成功都一样重要。我们能掌握三个中的两个，却会因为缺少第三个而遭遇“滑铁卢”。三者但凡有一点偏颇，我们卓越的能力会被扭曲，而后果则是使人倾向于做放手一搏的交易。当致力追求完美，我们就开始收获持续的成果。

最后，必须提及的操盘和飞钓最重要的关联是：操盘越好，收益越高，我们就能获得更多“学费”去探索和研究世界上更多的飞钓河流。随着不断提升操盘技能，我们也能继续优化飞钓技巧。何须达到完美，仅仅操练这两者就已经让我足够愉悦。

如果你恰好是幸运的少数人，感受到了操盘和飞钓的乐趣，那么你就会知道生活是美好的。

附录一 Appendix 1 我的操盘日记

任何一位全情投入的飞钓手都有一本钓鱼日记，例行记录每次外出钓鱼的细节，包括地点、时间、季节、鱼穴、水流、水温；钓到鱼的数量、大小；最好用的假蝇类型（若虫式、羽化上浮式、成虫式）；诸如此类。

每次翻翻日记温故而知新很有趣。同样，我也有一本操盘日记助我提升操作。我记录每一次成功，而更重要的是，每一次失败也如同忏悔文一般有了白纸黑字的记录。如果有催化操盘手进步的药剂，那这本秘籍当之无愧。它的核心功能在于记载错误、成功和力争进步的承诺。跟进并执行不断丰富的秘籍，这提高了我的学习曲线。每个习得的宝贵教训都提高了我的资金曲线轨迹，而每次纠错都为周期性未来资金回撤提供缓冲。

本附录中特别列出几条突出的记录。有些记录为操盘商业计划和后续修订版本作出了贡献，一条条内容成了铺设通往成功操盘手道路的砖石。

或许其中的行动准则会对你们有所帮助。

价值与动能

动能可以连接买进的贴现值和卖出的抛物状狂热。让价值成为动能需要以下两点：

焦虑感 由空头不惜代价退场和新多头不愿错失良机而进一步加剧。这种独特的心理趋同引出最佳的“轴心点”。

群众参与 黄金交叉等移动平均线交叉会传播并放大突破运动，导致成交量扩张。这类条件吸引喜欢把价格定在疯狂水平的动能操盘手。

分析

获得完整和透彻分析的方法是聆听技术信号：谁受益，谁失控？这就是交易的骨骼框架。加上基本面分析和市场心理的血肉，你很快便会认识并理解股市这只野兽的行为。

哪些股票是备选的前五名？决定最终排名的因素是什么？以下是决策标准：

• 资本总额（需要足够多的参与者才能构成分配曲线）；

• 周线上看涨背离的出现和质量；

• 回报风险比；

• 一日成交量飙升。

在大盘的顶部，周线或更长期线图内容更翔实、准确度更高，所传递的信息比日线图多。注意周线，上面的三角形突破在日线图中最好是自相矛盾且疲软无力的，并把空头困在倾轧中。

在市场底部，日线图在预测后续短期趋势强弱方面则更有发言权。

看跌背离

如果出现背离，永远要通过观察导致明显疲软的价格形态来进行确认。如果价格形态在盘整收益时显示常规的低成交量和波动，则忽视背离信号，让形态占主导。

绝不要做空看涨价格形态。绝不要做空含有经典线图的看涨价格形态。

行业实力

在“狂欢购物”时期，大笔资金流入新行业，可以通过意气相投或协同行动来观察行业行为，找准发展方向。

很少看到股票违背行业其他股票的趋势做反向运动。主要的行业力量和疲软最终由个股反映。

自下而上形态

在设定评估策略时，要注意导致疲软并吸引了众多空头投资的技术因素，例如，出现消解并跌透低谷的双重顶形态会继续跌向目标低点。很多人饥不择食地吞吃弱势股而没有意识到股票已经把技术上可以传递的价值全部释放完了，开始准备盘整和反转。一旦到达轴心点，剧烈的反转出现，轧空也随即而来。

波动市场交易和头寸大小

在波动熊市使用较小头寸让较少资金处于风险中。

做好调查、规划、资金配置，该冒险就冒险，对结果要有信心，因为止损离场的概率是 1/3。让自己的体系尽量运转起来，不要受每天的起起伏伏影响。在波动的股市中一个操盘手需要保持冷静与克制才能获得成功。缺少这一品质正是“牛性”和“熊性”都在大熊市被大幅削弱的原因。

要么远离动荡不安的股市，要么缩短持有期。降低预期。耐心等待设定。

不要在一个疲软的市场追逐股票，因为随时会回调。记住 3 日、5 日和 8 日反转形态后的股市趋势。

要对超卖市场有耐心。你通常会达成自己预期的价格目标。如果没有达成就放弃，没事，继续找下一个机会。在进入更大头寸前等待市场复苏。

犯错误是这场游戏的一部分。进行适当反思，找出错在哪里以及如何防范，千万不要陷入不良情绪中。一定程度的反思很好，有利于进步。但过度自责和懊悔却会让人脱离正轨，导致下次犯更多的错误。高尔夫球运动就是局中局，游戏中的游戏，各自有始有终。每个操作也是一样，有始有终。当失手打了个双柏忌后迎来一记精彩的小鸟球，你就知道自己在进步了。“早知如此”“本应该”和“理应”这类词语应该避免使用。它们会吸走能量并对内心造成创伤，它们不应存在于你的词汇库里。

市场不会妥协，对熊买者和牛卖者都冷酷无情。在动荡环境中，操盘手的账户价值遭受的损失远低于内心受到的冲击。犯了错误或经历了重大损失，一定要在悲痛中做出理智、冷静的决策。决策时刻将是放大账户价值的转折点。

操盘管理

让股票上钩很简单，安全收网则是另一番景象。合理的操盘管理的秘诀在于对收益既不贪多也不嫌少。

回撤

低买，高卖。回调时买入，等待下一次支撑。智慧箴言能保证你的财富，对吧？

在飞钓中等待后手类似于进行“节奏型杠杆”，这在交易中很关键。无论进行短程或是远程飞钓抛钩（日内交易或波段交易），抛出的线越长，等待后手弹回的时间越久。含义就是：股价冲出天际后，自然会在 5 分钟、10 分钟或 30 分钟线图上反弹。耐心等待，寻找日内将被抓获的高点。如果找不到就收线，你可能发现鱼线还打了结。

抛线时每增加 2 英尺的鱼线，反弹距离就会变长。注意最后的前推力，鱼线会射出并沿着推力前进。这相当于股市线图中的熊市旗形或股市线图的下一个支撑位。重点在于时机，不同时间线图上的时机不同。当你培养出同步能力后，选择时机就成了本能。如果不进行刻苦训练，那么这一技能花钱也买不来、啃书也学不会。

管理操盘时不要短视。列出阻力区间以及提振运动的区间，观察成交量对运动的影响程度。

在自下而上形态中，一个突破会产生下一个突破。若该情况发生，在股票喘息期间要留出空间进行一日回调止损设置。

如果 30 分钟 MACD 反转形态或高出中心线并需要回归价值再次测试，则使用浮漂（10 分钟）进场。

在非常强劲的延续两三天的运动中，价格会回归 10 分钟 21 柱 EMA，但通常不会违背。这次回调促使30分钟MACD再次测试并再次回升。30分钟MACD将汇合而不会交叉。那就要注意随后的疲软。

MACD与顶端极值交叉并不意味着MACD将跌穿基线。有时它仅代表正在流血的超买情形。实际在标准普尔500指数周线图中，如果MACD下跌并在穿过中心线前反转，代表的是牛市的回调或调整期而非熊市的到来。一旦MACD的的确确向下跌穿中心线，严重的熊市将至。

使用刹车系统进行获利管理的好处是有时间让价格跌进价值区内，冲走止损，引诱新多头上钩，之后再恢复上行。但硬止损不允许这样做。如果下跌未能在柱形持续时间内吸引买家，就相当于出现疲软，可以获利。

不要由于贪婪而更改目标，不要由于恐惧而降低止损。

> "到底了，"一位操盘手哀嚎着：
>
> "到底了——看袋鼠尾巴！早知道我找双重底啊！天呐，当日新低点……但是成交量低。也许看涨背离要形成……确实。放松，现在我们反弹。（10分钟之后）……我讨厌这只股票。大哥，我本应在开盘就卖出。我当时预感到了。等等，这是一个下降楔形？而现在成了看涨吞没柱形？……不会吧？新低点！我受不了了。"（卖吧，股价反弹，见底了。）

当形态变化时，卖了就跑吧。千万别犯傻不动。市场总会让你今天高兴明天后悔。犯了错没事，换个心情就好了。

> 如果要在改变个人想法和证明没必要改变之间做抉择，几乎每人都忙于找证明。
>
> ——约翰·肯尼思·加尔布雷思（John Kenneth Galbraith）

股票（或股指）不会因为我们担心下跌而不下跌，也不会因为我们希望它们上升就上升。如果指标还有指导意义那就保持不变。

即使采用了“放饵并等待”策略，积极操作而非坐等和无视信号在如今仍是至关重要的。

突破

留心假突破反转形态，尤其当三重看跌背离在前时。股票通常会下跌至少三天，或跌至支撑区。如果保持不动，价值会快速腐蚀。

当在等待（期望）出现一个突破时，股票是“要么行动，要么闭嘴”。如果没有在合理时间内行动，就会失败。有耐心是好事，然而在这类情况下应该更注意合理调整。

如果以阻力位之上价格缺口为起点出现轧空，但是没有出现“火灾”，之后价格会下跌填补缺口。

股票跳空“跑走”是一回事，跳空“走开”是另一回事。这种情况下，重点肯定在于什么时候填补缺口，而不要担心是否填补缺口。

获利

不要过早收割利润，留一些做30分钟推拽以便将收益最大化并把机会成本最小化，赢家恒赢的原因恰在此。当拿“赌赢的钱”炒股而且牛市在持续时，他们的离场策略会变得宽松。

进场/离场审视

一定要在买入前对每只股票进行“进场审视”。同样，无论是因为触发了软止损还是获利离场闪现卖出信号，一定要在离场前对每只股票进行常规的“离场审视”。

在三种时长线图上进行审视，信号将因此得到确认。同时可以注意到即便股票设定向好，大盘也可能在走下坡路。

在离场时，时不时会发现30分钟线图上更有深度的盘整，但是日线图上会形成看涨背离双底形态的假突破。这可以视为要启动保护性止损并接受反转的提示。该反转会因为执行的止损得到助推。

操盘系统

很多操盘手在探求操盘法的万能“圣杯”：A 加 B 会一直获利。但他们永远也不会找到，因为这东西压根就不存在。

操盘系统并不是全部答案，而仅仅是答案的一小部分。最全面的答案是与各个股市季节相匹配的系统。

当我加入 SpikeTrade 成为会员后，从这个聚集着操盘手的网络社群里吸取了不同等级的经验和知识。通过拿自己的分析、选股和总结与他人相比较，我开发出了一套最匹配自己个性的策略和操盘风格。基于此，我从以前的沮丧和困惑变成可以依靠良好的心理调整和操盘方法取得明晰、持续的成功。我的日记也成为答案的组成部分。

交易策略

如果将交易策略与飞钓类比，那么每个策略与飞钓形态的深度一样各有不同。用若虫可以在底端之下钓上来最大的鱼 [自下而上 (类型 1)、自下而上 (类型 2)]。最多产的形式是让干的假蝇浮在水面（动能操盘），最全能的工具是刚好在水面以下的羽化虫（回调类型 1)。

学习和进步

你平时做得不好的方面你可以怎么改进？要了解自己性格的优势和操盘的特色，也要了解自己的劣势。利用好前者，最小化后者。

A 附录二 ppendix 2 指标列示表格

指标列示编号	描述
1	8 日、21 日和 50 日 EMA，技术指标与信号，50 日 EMA 成交量。 数据：图 2.13、图 2.15、图 2.16、图 2.18、图 2.19
2	50 日 EMA，50 日 EMA 成交量。 数据：图 2.8、图 2.11、图 2.12、图 2.14
3	8 日、21 日、50 日和 200 日 EMA，技术指标与信号，50 日 EMA 成交量。 数据：图 2.21
4	8 日、21 日和 50 日 EMA，技术指标与信号，MACD（12、26、9），50 日 EMA 成交量。 数据：图 2.7、图 2.24、图 2.25、图 2.27
5	50 周 EMA，脉冲系统，MACD（12、26、9），50 周 EMA 成交量。 数据：图 2.26
6	50 日 EMA，MACD（12、26、9），50 日 EMA 成交量。 数据：图 2.28
7	8 日、21 日和 50 日 EMA，技术指标与信号，脉冲系统，MACD（12、29、9），50 日 EMA 成交量。 数据：图 2.29、图 14.7

续表

指标列示编号	描述
8	8日、21日和50日EMA，技术指标与信号，脉冲系统，MACD（12、26、9），50日EMA成交量以及强力指数指标2日EMA并伴随强力指数指标13日EMA的柱状图。 数据：图5.2、图5.3、图6.1、图6.3、图6.4、图6.6、图6.8、图6.9、图6.10、图6.11、图7.10、图8.2、图8.3、图8.4、图8.5、图8.6、图8.7、图8.8、图8.11、图8.12、图8.13、图8.14、图8.15、图8.17、图8.18、图8.19、图8.20、图8.24、图8.25、图8.27、图8.29、图8.31、图8.32、图9.3、图9.4、图9.5、图10.1、图10.7、图13.1、图13.2、图13.3、图13.7、图14.2、图14.3、图14.5
9	8柱、21柱和50柱EMA，脉冲系统，MACD（12、26、9），50柱EMA成交量以及强力指数指标2柱EMA并伴随强力指数指标13柱EMA的柱状图。 数据：图8.9
10	8日、21日和50日EMA，脉冲系统，50日EMA成交量，MACD（12、26、9）以及强力指数指标2日EMA并伴随强力指数指标13日EMA的柱状图。 数据：图8.28
11	8周、21周和50周EMA，技术指标与信号，脉冲系统，MACD（12、26、9），50周EMA成交量以及强力指数指标2周EMA并伴随强力指数指标13周EMA的柱状图。 数据：图8.10、图8.16、图8.26、图14.1、图14.4
12	8周、21周、50周和200周EMA，技术指标与信号，脉冲系统，MACD（12、26、9），50周EMA成交量以及强力指数指标2周EMA并伴随强力指数指标13周EMA的柱状图。 数据：图6.7
13	8周、21周和50周EMA，脉冲系统，MACD（12、26、9），50周EMA成交量以及强力指数指标2周EMA并伴随强力指数指标13周EMA的柱状图。 数据：图8.22、图8.23、图13.6

续表

指标列示编号	描述
14	8柱和21柱EMA，脉冲系统，MACD（12、26、9），50柱EMA成交量以及强力指数指标2柱EMA并伴随强力指数指标13柱EMA的柱状图。 数据：图8.28
15	8柱、21柱和50柱EMA，脉冲系统，MACD（12、26、9），50柱EMA成交量以及强力指数指标2柱EMA并伴随强力指数指标13柱EMA的柱状图。 数据：图8.30、图10.6、图14.6
16	20日和50日EMA，脉冲系统，MACD（12、29、9）。 数据：图7.9
17	8日、21日、50日和200日EMA，脉冲系统，50日EMA成交量，MACD（12、26、9）以及强力指数指标2日EMA并伴随强力指数指标13日EMA的柱状图。 数据：图8.17
18	8柱、21柱和50柱EMA，脉冲系统，MACD（12、26、9），50柱EMA成交量，强力指数指标的2柱EMA。 数据：图10.2、图10.3、图10.8、图10.9、图10.10
19	8日、21日和50日EMA，技术指标与信号，脉冲系统，MACD（12、26、9），50日EMA成交量，强力指数指标的2日EMA。 数据：图13.4、图13.5
20	8周、21周和50周EMA，技术指标与信号，脉冲系统，MACD（12、26、9），50周EMA成交量，强力指数指标的2周EMA。 数据：图10.4、图10.5

R 参考文献
eferences

[1] BULKOWSKI T N. The Encyclopedia of Chart Patterns[M]. 2nd ed. Hoboken: John Wiley & Sons, 2005.

[2] DOUGLAS M. Trading in the Zone[M]. New York: New York Institute of Finance, 2000.

[3] ELDER A. Come Into My Trading Room: A Complete Guide to Trading[M]. Hoboken: John Wiley & Sons, 2002.

[4] ELDER A. Trading for a Living: Psychology, Trading Tactics, Money Management[M]. Hoboken: John Wiley & Sons, 1993.

[5] GERALD A. Technical Analysis: Power Tools for Active Investors[M]. Upper Saddle River: Financial Times Prentice Hall, 2005.

[6] StockCharts. Gaps and Gap Analysis[EB/OL]. [2011-07-27] http://stockcharts.com/school/doku.php?id=chart school:chart analysis:gaps and gap analysis.

[7] StockCharts. Moving Average Convergence-Divergence[EB/OL]. [2011-07-27] http://stockcharts.com/school/doku.php?id=chart school:technical indicators:moving average convergence.

[8] MURPHY J J. Technical Analysis of Financial Markets[M]. Paramus: NewYork Institute of Finance, 1999.

[9] MURPHY J J. The Visual Investor[M]. Hoboken: John Wiley & Sons, 2009.

[10] NISON S. Japanese Candlestick Charting Techniques[M]. 2nd ed. Paramus: New York Institute of Finance, 2001.

[11] O'SHAUGHNESSY J P. What Works on Wall Street: A Guide to the Best-Performing Investment Strategies of All Time[M]. New York: McGraw-Hill, 1997.

A 关于作者
bout the Author

斯蒂芬·莫里斯博士是土生土长的美国爱达荷州布莱福特人。他的大部分夏天是与父亲和胞兄在著名的蛇河支流亨利福克河上飞钓度过的。莫里斯于1987年获得克雷顿大学牙科学院口腔外科博士学位，并于1989年获得理学硕士学位和西北大学的口腔正畸学专业学位。

自1989年至今，他一直在爱达荷州博伊西从事全职牙医工作，1998年成为全美口腔正畸学委员会持证医师。

莫里斯博士自1998年成为兼职操盘手后，开始对金融市场产生兴趣。2008年他加入SpikeTrade.com，与其中二十余名专业和半专业操盘手进行每周竞赛。2010年，他在该网站的每个季度积分和股权都排名第一，这样的成就前所未见。他享受在不同类型的投资机构进行教学和演讲，而在闲暇时间则喜欢在世界不同流域飞钓。莫里斯博士与妻子米谢尔结婚31年了，育有3子。

A 关于网站
About the Website

请登录本书对应网站 www.wiley.com/go/flyfishingstocks.com。

本网站提供以下内容：

- 《飞钓股市报告》，每周邮件推送，包含以下特色内容：

解读风向标进行每周市场前瞻。

市场季节和环境的讨论。

基于市场季节策略和风险管理推荐策略型操作，另有对浮漂和刹车系统的评论。

- 渔具店：教学视频、图书和软件。
- “先擒后纵”操盘系统软件，含 TradeStation 工作空间，如气象台、风向标、匹配羽化雷达屏、自动浮漂和刹车系统。
- 图表库。
- 市场季节信息。
- 匹配羽化操盘策略信息。
- FlyFishingStocks.com 博客。